Moralidade & Ética de Líderes Mundiais

ROLF MÁRIO TREUHERZ
Especialista em economia e finanças

Moralidade & Ética de Líderes Mundiais

VOLUME I

das Cruzadas às Grandes Navegações

ALTA BOOKS
GRUPO EDITORIAL
Rio de Janeiro, 2024

Moralidade e Ética de Líderes Mundiais Vol. 1

ISBN: 978-85-508-2303-4

Impresso no Brasil — 1ª Edição, 2024 — Edição revisada conforme o Acordo Ortográfico da Língua Portuguesa de 2009.

Dados Internacionais de Catalogação na Publicação (CIP)
(Câmara Brasileira do Livro, SP, Brasil)

Treuherz, Rolf Mário
Moralidade e ética de líderes mundiais : vol. 1 / Rolf Mário Treuherz. -- 1. ed. -- Rio de Janeiro : Alta Books, 2024.

ISBN 978-85-508-2303-4

1. Ética (Moral filosófica) 2. Líderes 3. Moral I. Título.

24-195342 CDD-170

Índices para catálogo sistemático:

1. Ética 170

Eliane de Freitas Leite - Bibliotecária - CRB 8/8415

Grupo Editorial Alta Books

Produção Editorial: Grupo Editorial Alta Books
Diretor Editorial: Anderson Vieira
Editor da Obra: J. A. Ruggeri
Vendas Governamentais: Cristiane Mutüs
Gerência Comercial: Claudio Lima
Gerência Marketing: Andréa Guatiello

Assistente Editorial: Ana Clara Tambasco
Revisão: Denise Himpel e Paulo H. Aragão
Diagramação: Rita Motta
Capa: Karma Brandão

ALTA BOOKS
GRUPO EDITORIAL

Rua Viúva Cláudio, 291 — Bairro Industrial do Jacaré
CEP: 20.970-031 — Rio de Janeiro (RJ)
Tels.: (21) 3278-8069 / 3278-8419
www.altabooks.com.br — altabooks@altabooks.com.br
Ouvidoria: ouvidoria@altabooks.com.br

Editora **afiliada à:**

ASSOCIADO

SUMÁRIO

INTRODUÇÃO

Livros de História sempre foram os meus preferidos. Entre os diversos temas, interessava-me a atuação de líderes célebres, tais como reis, imperadores, papas, governadores, nobres e demais figuras de relevância. O meu exame tinha como principal objetivo determinar até que ponto esses personagens respeitavam princípios morais e éticos no desempenho das suas funções.

Logicamente, seria necessário acompanhar os eventos históricos em que viveram essas figuras, o que me levou a empreender uma viagem ao passado. Escolhi então o ano de 1200, início do século XIII. Foi nessa época que surgiu a família imaginária de nome Vivone, que iria interagir com os citados protagonistas nesses oito séculos até os dias de hoje.

A criação da dinastia Vivone e sua participação em todo esse período caracteriza a parte de ficção do livro. Por outro lado, os diversos momentos da História constituem a modalidade de não ficção, com os principais eventos devidamente referenciados.

No primeiro volume são abordados os anos de 1200 a 1600, uma época rica em guerras, disputas políticas, crises, epidemias e em inovações importantes, com ênfase nas grandes navegações e nas artes.

Na conclusão, é apresentado um quadro-resumo com análise e classificação dos respectivos líderes e demais personagens durante esses 400 anos, com ênfase no comportamento, em termos de padrões morais e éticos. No segundo volume, a investigação abrange o período entre 1600 e 1800 e, no terceiro, de 1800 até 2022.

Desejo-lhe uma boa leitura.

O Autor

01

FRANCESCO VIVONE, patriarca da família, nasceu em Roma no ano de 1200. Escritor famoso, especialista em linguística, dono de uma vasta cultura e extremamente religioso. Seus livros foram todos escritos à mão (pois Johannes Gutenberg só inventaria a imprensa por volta de 1440)[1] e, além da sua dedicação às letras, destacava-se a sua honestidade a toda prova. Foi ele quem mais usou a palavra "VIRTUOSO" na sua época. Apesar de já utilizada há centenas de anos, a palavra ficou mais conhecida no século XIII, em plena época da Inquisição da Igreja Católica Romana.

Em 1231, Francesco redigiu a sua obra-prima *Moralidade e Ética*, na qual definiu os principais padrões de caráter que deveriam ser respeitados por todos os grandes líderes em suas funções. Dentre essas regras, destacam-se a honestidade, a aversão à mentira, o respeito à lei e à vida, a pureza de propósitos, a decência, a fidelidade e, principalmente, a incorruptibilidade.

Francesco era considerado um mestre, e seu nome chegou aos ouvidos de Frederico II (1194–1250), Imperador do Sacro Império Romano-Germânico[2]. Impressionado com as qualidades do nobre Vivone, Frederico II nomeou-o "Arauto Absoluto das Letras do Vaticano e Símbolo da Perfeição do Império Romano".

1 http://www.britannica.com/EBchecked/topic/249878/Johannes-Gutenberg

2 http://www.britannica.com/EBchecked/topic/217800/Frederick-II

Com uma persistência inabalável, Francesco conseguiu produzir quatro cópias do seu livro, uma das quais ofereceu ao imperador. Guardou a segunda num baú de sua esposa e doou as duas últimas à Biblioteca do Vaticano.

Frederico não deu a devida importância ao presente e simplesmente juntou-o à sua coleção de livros particulares. Não teve a curiosidade de abri-lo nem para ver do que se tratava.

Por outro lado, ao presentear um exemplar do livro a Frederico II, Vivone esqueceu-se de reservar uma das obras para o papa Gregório IX (1145–1241) o que foi facilmente descoberto por Sua Santidade. Revoltado com tal desconsideração, ele enviou seus emissários à casa de Vivone, exigindo que lhe entregasse uma das cópias do *Moralidade e Ética*, porém sem resultado.

A invasão da privacidade do escritor contribuiu para acirrar ainda mais os ânimos existentes entre ele e o papa. Gregório havia se revoltado com a tática adotada pelo imperador Frederico durante a Sexta Cruzada, de dar preferência ao diálogo com os muçulmanos em vez de atacá-los[3], razão pela qual resolveu excomungá-lo. Em 1231, Gregório criou o Tribunal da Inquisição, destinado a investigar pessoas acusadas de heresia, ou seja, que iam contra os ensinamentos da Igreja Católica[4].

Nesse mesmo ano, Francesco casou-se com Larissa Fracti, uma ex-freira da Ordem das Santas Almas que havia tido sérios desentendimentos com a Madre Superiora do Convento, pois, aos 30 anos, desejava poder se casar e gerar filhos como as outras mulheres.

Do casamento nasceram trigêmeos do sexo masculino, algo inusitado no século XIII. Aparentemente, o parto, ocorrido em 1232, foi normal e nenhum dos filhos teve qualquer má-formação ao nascer. O único problema, na época, foram as desavenças entre o casal, em virtude de Francesco ser um religioso convicto, acreditando em tudo

3 http://www.infoescola.com/idade-media/sexta-cruzada/

4 *Inquisição*. In Britannica Escola Online. *Enciclopédia Escolar Britannica*, 2015. Web, 2015. Disponível em: <http://escola.britannica.com.br/article/481570/Inquisicao>

o que a religião católica havia lhe ensinado, enquanto sua esposa se recusava a continuar praticando a religião.

O conflito se acentuou rapidamente, e o casal optou por uma separação devido à impossibilidade de conciliar a vida familiar com as diferenças de caráter religioso. A separação aconteceu no ano de 1240, afetando especialmente o marido, que passou a viver em estado de forte depressão, enquanto sua esposa voltou à sua cidade natal, próxima a Roma, levando os três filhos.

Sem saber da doação feita à Biblioteca do Vaticano, o papa Gregório IX, ainda inconformado pela desconsideração de Francesco, decidiu enclausurá-lo em uma masmorra. Apavorado com a ameaça de ser decapitado, caso não entregasse o livro ao papa, Vivone se comprometeu a escrever mais um exemplar de *Moralidade e Ética* especialmente para Sua Santidade.

Após um ano dedicado exclusivamente a essa tarefa, terminou o derradeiro livro em 1241, justo no ano do falecimento de Gregório IX. Poucas semanas antes da sua morte, já apresentando nítidos sintomas de demência, Gregório, num raro momento de lucidez, resolveu libertar o autor do confinamento. Gregório não teve forças de ler qualquer trecho do livro escrito para ele. A obra, no entanto, foi cuidadosamente guardada num estojo, na cripta, junto aos seus restos mortais.

02

Os registros históricos mostram que tanto Frederico II quanto Gregório IX agiram de acordo com o espírito da época, na qual se considerava normal o sacrifício de hereges[1], obedecendo às estritas regras da religião católica.

Libertado da prisão graças a um dos últimos atos de Gregório IX, Francesco não produziu novos escritos até 1250. Sem notícias dos seus filhos, levados por Larissa, decidiu viajar para a cidadezinha rural para onde ela se mudara. Os três jovens, Godofredo, Sinibaldo e Rolando, já com 18 anos, ressentiam-se da ausência do pai e ansiavam por vê-lo.

Com a chegada de Francesco, os três irmãos puderam aproveitar sua imensa cultura. Resolveram consultá-lo sobre a Igreja Católica, sobre as religiões de outros povos e sobre as diferenças entre "Inquisição" e "cruzadas".

A habilidade de Vivone em ensinar os rapazes teve definitiva influência sobre os seus sonhos da juventude. O longo relato sobre a diferença entre as duas palavras, pode ser resumido assim:

A ideia da "Inquisição" surgiu, inicialmente, para funcionar como um tribunal interno da Igreja Católica. Ela tinha o objetivo de perseguir, julgar e punir pessoas acusadas de heresia, o que incluía

1 http://www.paginaoriente.com/santos/papas.htm e *Inquisição*. In Britannica Escola Online. *Enciclopédia Escolar Britannica*, 2015. Web, 2015. Disponível em: <http://escola.britannica.com.br/article/481570/Inquisicao>

todos os que discordassem da ordem religiosa. Os hereges eram geralmente torturados, alguns queimados vivos, outros enforcados ou estrangulados. Vários historiadores afirmam que as condenações à morte eram exceções, aplicadas em casos mais graves. Eram considerados criminosos aqueles que se recusavam terminantemente a admitir sua culpa[2].

As "Cruzadas", por outro lado, tiveram como objetivo o envio de tropas à Palestina para recuperar o acesso dos cristãos a Jerusalém, impedidos pela presença dos turcos muçulmanos que passaram a proibir ferozmente a peregrinação dos europeus, por meio da captura e do assassinato daqueles que visitavam o local. Essa guerra pela Terra Santa foi iniciada no século XI. A Primeira Cruzada fracassou, e muitos dos seus homens foram mortos nas batalhas. Criou-se, em seguida, a Ordem dos Cavaleiros Templários que tiveram importante participação nos combates. Após a primeira derrota, outro exército ocidental, comandado pelos franceses, invadiu o Oriente para lutar pela mesma causa. Seus soldados usavam, como emblema, o sinal da cruz costurado sobre seus uniformes de batalha. Sob a liderança de Godofredo de Bulhão, esses guerreiros massacraram os turcos durante o combate e tomaram Jerusalém, permitindo novamente livre acesso aos peregrinos europeus. Os combates atraíram grandes reis como Ricardo I, também chamado de Ricardo Coração de Leão, e Luís IX. Não podemos deixar de lembrar que as Cruzadas aumentaram as tensões e hostilidades entre cristãos e muçulmanos na Idade Média. Mesmo após o fim das Cruzadas, o clima tenso entre os integrantes das duas religiões continuou[3].

Cada vez mais interessados no assunto, os filhos indagaram sobre a quantidade de cruzadas realizadas. Para os nossos leitores, poderá ser interessante mencionar também as ocorridas em datas posteriores:

2 http://www.significados.com.br/heresia/

3 http://www.suapesquisa.com/historia/cruzadas/

Até 1250
Cruzada Popular ou dos Mendigos (1096)
Primeira Cruzada (1096 a 1099)
Cruzada de 1101
Segunda Cruzada (1147 a 1149)
Terceira Cruzada (1189 a 1192)
Quarta Cruzada (1202 a 1204)
Cruzada Albigense (1209 a 1244)
Cruzada das Crianças (1212)
Quinta Cruzada (1217 a 1221)
Sexta Cruzada (1228 a 1229)
Sétima Cruzada (1248 a 1254)

Após 1250
Cruzada dos Pastores (1251)
Oitava Cruzada (1270)
Nona Cruzada (1271 a 1272)
Cruzadas do Norte (1193 a 1410)

Rolando, o filho mais ligado a eventos esportivos e guerras, adorava ouvir histórias de batalhas e de heróis. Impressionado com a narrativa do pai, decidiu se juntar aos exércitos comandados pelo rei francês Luís IX, que havia se oferecido ao papa Inocêncio IV (1195–1254)[4] para liderar o levante contra os muçulmanos.

Rolando era conhecido pela habilidade com a espada e pela extraordinária força física e, apesar da oposição do pai, juntou-se às tropas. Em 1248 partiu com a Sétima Cruzada, composta de 35 mil homens que alcançaram o Egito. Após algumas investidas, Luís IX obteve vitórias importantes e o domínio de alguns territórios.

4 Luz, Marcelo da. **Onde a Religião Termina.** Foz do Iguaçu: Associação Internacional Editares, págs. 276/277, 2011.

Lamentavelmente, os cristãos foram surpreendidos por uma inundação do rio Nilo e os muçulmanos aproveitaram a oportunidade para saquear suas provisões, gerando fome e permitindo que doenças como o tifo e o escorbuto assolassem as tropas de Luís IX. O rei acabou caindo prisioneiro dos muçulmanos.

Rolando foi um dos poucos a não contrair o tifo — mas acabou aprisionado pelos inimigos até a libertação do rei. Como prova de gratidão, Rolando foi promovido a Oficial Maior das Tropas e acompanhou Luís IX à Palestina, onde cooperou nas negociações para a libertação dos prisioneiros cristãos. Em 1254, retornou à sua terra natal acompanhando Sua Majestade, que faleceu alguns anos mais tarde durante uma epidemia de peste — e posteriormente foi canonizado como São Luís.

Desapontado com as sucessivas derrotas e com as numerosas e violentas mortes nos combates das cruzadas, Rolando desistiu da vida militar e voltou para a companhia dos pais.

Enquanto isso, Godofredo e Sinibaldo seguiram caminhos diferentes. O primeiro tornou-se pintor e escultor, enquanto Sinibaldo, seguindo os passos do pai, dedicou-se às letras. Interessou-se sobremaneira pelo livro *Moralidade e Ética*, descoberto por ele no baú de sua mãe. Ideias brotaram de sua mente ativa, e logo se dispôs a investigar um pouco mais os dogmas da Igreja Católica e as ações dos seus membros. O seu objetivo era verificar até que ponto os prelados poderiam ser considerados virtuosos. Para isso, seria necessária uma visita ao Vaticano, para entrevistar os sacerdotes em seus vários níveis.

Em 1256, com idade próxima dos 25 anos, Sinibaldo pediu conselhos ao pai sobre como chegar aos membros do clero, e queria sua opinião sobre o tipo de perguntas que deveria fazer.

— Pai, eu tenho imensa curiosidade em saber o que os prelados pensam sobre alguns assuntos polêmicos, como o relacionamento com o papa, o celibato, os hereges, o contato com freiras, a homossexualidade, a pedofilia, o casamento de sacerdotes, as cruzadas e a Inquisição.

— Espere um pouco — argumentou Francesco. — Em primeiro lugar não é fácil conseguir permissão para uma pesquisa desse tipo. Mas é possível que eu consiga uma ordem do meu prezado amigo, o papa Alexandre IV[5], para você visitar o Vaticano. Em segundo lugar, acho que essa é uma pesquisa extremamente difícil, pois cada pessoa se considera honesta e dona de elevados sentimentos de moralidade. Seria o mesmo que perguntar a qualquer imperador ou ao próprio papa se eles se consideram honestos. A resposta seria óbvia.

Francesco, muito bem relacionado com o papa, conseguiu autorização para Sinibaldo passar alguns dias no Vaticano, para inquirir os dignitários eclesiásticos — desde os iniciantes até os mais qualificados. Seria uma tarefa ingrata, pois certamente haveria resistência em revelar segredos sobre o que ocorre no interior da Santa Sé. Mas, autorizado pelo papa, seus subordinados se viam na obrigação de atendê-lo. Pela hierarquia da Igreja Católica (papa, cardeal, arcebispo, bispo, padre) pode-se imaginar o trabalho que Sinibaldo se dispunha a enfrentar.

Com modéstia e diplomacia, conseguiu informações que nenhum outro poderia imaginar. As conclusões foram interessantes.

Relatando os resultados de suas pesquisas ao pai, Sinibaldo tentou ser prudente, pois sabia da religiosidade de Francesco, e não queria de forma alguma influenciar sua fé na Igreja Católica. No entanto, foi obrigado a ser coerente com o que ouvira nos vários níveis hierárquicos.

— Pai, perdoe-me se o que tenho a dizer lhe cause surpresa, mas é necessário que eu mantenha as informações de acordo com o que pude ouvir dos diversos sacerdotes.

— Fale, meu filho — retrucou o pai.

— Discutimos vários assuntos extremamente controvertidos. Em primeiro lugar, pude concluir que a maioria não admira o papa Alexandre IV. Os cardeais e arcebispos alimentam uma inveja da sua posição elevada e distante, queixando-se do pouco prestígio que

5 Papa Alexandre IV (1199–1261), eleito em 1254.

dá aos seus subordinados. As decisões são somente dele e de ninguém mais. Pai, conforme seus ensinamentos, a inveja é um sinal de mau caráter, portanto quem se deixa influenciar por ela não pode ser virtuoso.

"Senti também que há uma série de grupos dentro dos diversos níveis. Cada grupo se reúne para combinar determinadas ações, e tem como objetivo obter vantagens junto aos seus superiores que, por sua vez, também formam grupos de poder. Para mim não foi muito surpreendente essa formação de conjuntos de religiosos com intenções semelhantes, pois essa é uma das formas de defesa da sobrevivência em qualquer sociedade. É difícil avaliar se o hábito da formação de grupos pode ser considerado um ato amoral. Porém, em minha opinião, quem forma uma equipe para obter vantagens sobre outras, não pode ser considerado virtuoso.

"Alguns arcebispos e cardeais se declararam contra qualquer tipo de tortura, estrangulamento ou morte de hereges, castigos adotados regularmente na Inquisição. Consideravam também legítimo as pessoas terem outras crenças além da religião católica. Trata-se de um fato alvissareiro perceber que alguns dos membros da igreja adotam esse enfoque. Caso eles não tivessem outros defeitos, poderiam certamente ser considerados virtuosos. Infelizmente essa não é a regra geral entre a maioria deles, pois muitos apoiam plenamente o castigo a hereges e infiéis."

Francesco ouvia atento o relato de Sinibaldo, sentindo um leve desapontamento pelo que assimilava até o momento. Curioso, pediu para o filho continuar o relato.

— Pai, como sabe, o celibato é algo obrigatório na Igreja Católica. A Bíblia ensina que o celibato é um estado de honra. O apóstolo Paulo[6] escreve em 1 Coríntios 7[7]: "*É bom para um homem não ter relações sexuais com uma mulher. Mas, devido à tentação de imoralidade sexual, cada homem deve ter a sua própria mulher e cada*

[6] Paulo de Tarso ou São Paulo (c. 5– c. 65)

[7] http://bibliaportugues.com/kja/1_corinthians/7.htm

mulher seu próprio marido. [...] Desejo que todos sejam como eu sou. Mas cada um tem o seu próprio dom de Deus, um de uma espécie e outro de outra. Para os solteiros e as viúvas, digo que é bom para eles permanecerem como eu sou. Mas se eles não podem exercer autocontrole, devem se casar. Por isso é melhor se casar do que queimar com paixão.

"Discuti longamente com os sacerdotes sobre esse trecho de Paulo de Tarso. Argumentei que parece estranho que eles se contenham ou que não tenham desejos iguais aos de todas as pessoas, sejam homens ou mulheres. As respostas de quase todos foi a seguinte: 'Sem dúvida somos pessoas iguais às outras, mas fizemos o voto de castidade; portanto temos um compromisso firmado com Jesus e acatamos as determinações de Paulo de Tarso, obedecendo fielmente a essa determinação superior.'"

— Bem, Sinibaldo — aduziu o pai —, acho seu argumento muito plausível. Aliás, eu sempre me perguntei como é que um sacerdote ou uma freira que adotam essas práticas ou, na verdade, se abstém dessas práticas, consegue sobreviver sem ter contato com o sexo oposto. Tenho a impressão de que a sua mãe acabou se revoltando com essa imposição sem nexo e sem sexo."

— Em seguida — continuou Sinibaldo —, perguntei a todos se a imposição do celibato não teria uma relação direta com a riqueza em terras de propriedade da Igreja Católica. Se o casamento fosse permitido, certamente as terras também pertenceriam aos padres e aos seus filhos e filhas, como herdeiros. Essa multiplicação acarretaria uma divisão maior dessa imensa riqueza, o que, por sua vez, não seria de interesse da Santa Sé. Será que essa não seria uma das razões maiores para evitar que os sacerdotes celebrassem o matrimônio?

"A maioria dos entrevistados declarou que não tinha conhecimento de algo desse naipe. Nunca pensaram que os papas continuavam a proibir o casamento por essa razão, mas admitiram que a ideia tem certa lógica."

Antes de dar sequência ao seu relato, apareceu repentinamente o filho Godofredo com notícias sobre a sua viagem a Roma. Nervoso, mas com felicidade estampada no rosto, comunicou entusiasmado:

— Pai, imagine com quem estive hoje.

— Não posso imaginar, mas pelo seu entusiasmo deve ser alguém muito importante.

— Estive com Nicola, imagine.

— E quem seria esse tal Nicola?

— Nicola Pisano, o maior escultor de púlpitos da Igreja Católica[8]. Ele é considerado por muitos como o fundador da escultura na Itália. Acaba de entregar um púlpito de mármore na Catedral de Siena. Pois ele me convidou a participar dos seus trabalhos e irá me ensinar a arte da escultura e da engenharia, assim poderei fazer púlpitos com ele em outras igrejas. Em seguida, poderei ensinar essas artes maravilhosas aos meus filhos.

— Parabéns, você está começando a se destacar com seu trabalho. Mas ouça-me. Você não gostaria de participar da nossa conversa sobre o trabalho de Sinibaldo no Vaticano?

— Claro, estou curiosíssimo.

— Bem, voltando às entrevistas — prosseguiu Sinibaldo —, abordei outro tema delicado. O contato dos sacerdotes com as freiras. A maioria deu a entender que existe um respeito muito grande entre as duas partes. É evidente que existem casos de atração entre os dois sexos, mas os limites aparentemente são bem respeitados.

"Em seguida, tive que ter extremo cuidado ao tocar no assunto da homossexualidade. Todos os sacerdotes com os quais conversei reafirmaram a sua convicção de que isso não existe no Vaticano! Argumentei que essa afirmação deve ser no mínimo tendenciosa, consequência da doutrinação a que são submetidos todos os elementos da igreja. Como entre a população mundial existe uma determinada proporção de homens e mulheres com atração pelo mesmo sexo, é de se supor que no meio eclesiástico tal proporção também seja válida. Mesmo assim, todos declararam desconhecer qualquer ato dessa natureza ocorrido na Santa Sé. Recebi igual resposta a respeito

8 Nicola Pisano (c. 1220–c. 1284). http://www.britannica.com/EBchecked/topic/461722/Nicola-Pisano

da pedofilia, algo que consideram um pecado mortal. Tenho que admitir que não fiquei muito convencido da honestidade das respostas. Mas, por terem sido unânimes, temos que lhes dar certo crédito.

"Com relação ao casamento de sacerdotes da religião católica, tive a impressão de que alguns ficaram em dúvida. A maioria confessou que 'se houver alguma mudança nas regras estritas da igreja, é de se supor que o casamento seria benéfico e não prejudicaria o nosso trabalho; no entanto, está bem longe qualquer modificação proveniente dos nossos superiores'.

"Toquei depois no assunto das Cruzadas. Perguntei sobre o que achavam das mortes provocadas pelas tropas a caminho da cidade santa. Foi geral a aprovação dos assassinatos de muçulmanos pelos soldados da Igreja Católica, pois impediam a chegada de peregrinos a Jerusalém. Achavam que a vitória só seria possível através de lutas heroicas, especialmente dos cavaleiros templários.

"Enfim, considero que minha visita à Santa Sé foi extremamente esclarecedora, e quero agradecer sua interferência com o papa Alexandre IV, que tornou tudo isso possível."

— Muito interessante o resultado do seu trabalho junto aos membros da igreja — disse Francesco. — Confesso que desconhecia uma série de opiniões do clero. Devo me recolher para meditar sobre elas.

03

Francesco, apesar de separado de Larissa Fracti Vivone, voltou a morar com os filhos na mesma casa para onde se mudaram na zona rural. Ela propôs uma trégua ao ex-marido e, aparentemente, sentiu demais a sua ausência. Sinibaldo contou-lhe os resultados da sua permanência no Vaticano, a qual comemoraram alegremente com leitoa e vinho.

Durante o jantar, escutaram fortes batidas à porta. Apresentam-se três emissários do papa Alexandre IV. Sem mais delongas, entregaram uma ordem para que Francesco e Sinibaldo se apresentassem urgentemente à Sua Santidade.

Surpresos pela convocação dirigiram-se imediatamente ao Vaticano.

O papa aguardava, em seu trono, a entrada de Francesco e Sinibaldo. Seu semblante não inspirava nenhuma simpatia. Irritadíssimo, Alexandre IV se dirigiu imediatamente a Francesco.

— Como pôde desrespeitar-me depois que autorizei seu filho a visitar a Santa Sé? Como se atreve a autorizá-lo a invadir a privacidade dos meus sacerdotes, com perguntas totalmente descabidas e tendenciosas? Não imaginou que a maioria do clero se ofenderia com esse atrevimento? Jamais permitirei algo do gênero. Só o fiz por respeito a você, Arauto Absoluto das Letras do Vaticano e Símbolo da Perfeição do Império Romano! Senti que todos os meus cardeais me condenaram com seus olhares e tive o desprazer de ouvir de alguns deles que foi discutido o casamento entre os membros da Santa Sé. O absurdo ainda foi maior quando surgiu o tema da homossexualidade entre nós, algo totalmente inadmissível e inexistente.

"Além disso, chegou ao meu conhecimento que você, Francesco, presenteou um dos meus antecessores, Sua Santidade Gregório IX com um livro de sua autoria, intitulado *Moralidade e Ética*, uma obra que deveria ter sido doada à Biblioteca do Vaticano, como seria obrigatório em caso de falecimento do papa. Onde se encontra esse volume? Exijo que seja trazido à minha presença."

— Vossa Santidade me permita afirmar que meu filho Sinibaldo não teve jamais a intenção de ofender os sacerdotes com os quais teve a honra de conversar. Seu objetivo foi meramente o de conhecer melhor a elevada virtude daqueles que vivem para a graça de Deus e Jesus Cristo. Se ele cometeu esse pecado, irá solicitar vosso perdão e nunca mais tentará melindrar o clero em sua humildade com o Senhor.

— Retirem-se e só voltem aqui depois que meus emissários descubram onde se encontra o *Moralidade e Ética*.

Aliviados por terem sido poupados de castigos maiores, voltaram ao lar com novas ideias oriundas da visita ao papa.

04

Francesco pensou muito sobre as entrevistas no Vaticano. Verificou que Sinibaldo não tocou no assunto considerado o mais importante: a existência ou não de Deus e Jesus Cristo. Evidentemente, tal pergunta seria ridícula, pois todo o clero lá se encontrava em virtude do seu compromisso com o Todo-poderoso e seu filho. Convenceu-se igualmente de que todos os possíveis defeitos, que Sinibaldo conseguira extrair da sua visita, não invalidavam sua dedicação à Igreja Católica. Achava que todos tinham defeitos e, por essa razão, sua fé em Deus não seria abalada.

Os irmãos, Rolando e Godofredo, entretanto, pensavam de forma diferente. Não se conformavam com o fato de grande parte dos sacerdotes serem favoráveis à tortura e a outros castigos, inclusive o assassinato de hereges. Como poderiam favorecer algo tão cruel, se a maldade era o que Deus chama de pecado capital? Portanto, algo devia estar errado. Comunicaram esse pensamento ao pai.

Francesco ficou seriamente abalado com o episódio e, mais uma vez, entrou em profunda depressão, certamente porque sentia que seus sentimentos em relação a Deus haviam sido estremecidos. Lutando com sua consciência, e incapaz de suportar suas dúvidas, sentiu repentinamente uma forte dor no peito. Os filhos tentaram socorrê-lo, mas apesar dos esforços do facultativo chamado com urgência, Francesco não resistiu e veio a falecer em 1257, aos 56 anos.

O desgosto com sua morte afetou profundamente a família e os eruditos da época. Francesco representava a honestidade, a cultura e a dedicação à arte de escrever, e foi enterrado com todas as honras. O papa Alexandre IV se sentiu pessoalmente responsável pelo tratamento inamistoso com que o havia recebido no Vaticano. Em consequência disso, ordenou a seus subordinados para abandonarem a procura do livro, e divulgou o completo perdão a Francesco.

Em sua lápide, os filhos escreveram uma homenagem ao pai, resumindo sua vida com a seguinte frase:

AQUI JAZ FRANCESCO VIVONE,
NOSSO PAI, UM HOMEM VIRTUOSO
1200–1257

Larissa passou a se dedicar somente aos filhos, pois a morte de Francesco a afetou seriamente. O amor por seu marido era tão forte que sua vida perdeu totalmente o sentido. Aos poucos, ela foi se apagando, e praticamente não comia. Os filhos, preocupados, faziam de tudo para consolá-la, mas foi inútil. Sua fraca resistência física, provocada pela deficiência na alimentação, acabou por matá-la. Ela faleceu dormindo em 1258, com a certeza de que encontraria Francesco no Céu. Foi sepultada ao lado do marido.

05

Godofredo tornou-se grande amigo de Nicola Pisano, e ficou famoso por suas obras com o ilustre artista. Alimentava a esperança de poder passar para seus futuros filhos as noçoes aprendidas com o mestre. Em 1273, casou-se com Matilda, uma francesa de Marseille, nascida em 1240. Com ela teve dois filhos, uma menina e um menino, Michele e Luigi, nascidos, respectivamente, em 1274 e 1275. Godofredo recebia sua remuneração em moedas de ouro, e seu trabalho como escultor de púlpitos rendeu-lhe uma verdadeira fortuna, toda oriunda do tesouro do Vaticano.

Rolando, por sua vez, voltou-se ao trabalho pastoril, onde especializou-se na criação de carneiros. Por ser bastante forte, não tinha necessidade de empregar muitos funcionários para a tosa dos animais. Vendia lã, usada para tecer agasalhos e cobertores. Também em 1273, por coincidência, casou-se com uma camponesa, Giovanna, nascida em 1234, com a qual teve dois filhos, Alfredo e Salvatore. Sua produção de lã, devido à alta qualidade das fibras, deu-lhe mais do que apenas um sustento. Teve a sorte de vendê-la aos mais ricos mercadores que o procuravam vindos dos mais longínquos países.

Sinibaldo casou-se igualmente em 1273, com Anabela, nascida em 1236, uma amiga de infância com a qual teve duas gêmeas, Alina e Bianca, nascidas em 1274. Continuando o trabalho do pai, Sinibaldo aprofundou-se no estudo do livro *Moralidade e Ética*, e começou a dar os primeiros passos para a formação de uma associação preconizada por Francesco. Chamou-a de **L'ISTITUZIONE DEGLI VIRTUOSI**. Ao mesmo tempo, prometeu aos irmãos que, oportunamente, redigiria o *Código de Conduta da Moralidade*, que deveria ser adotado por todos aqueles que viessem a fazer parte da instituição. Aproveitou-se do fato de que, até então, só ele havia lido a obra. Soube preservar os seus segredos como se fosse um tesouro. Entretanto, por justiça, entregou a única cópia do livro aos irmãos que assumiram o juramento de jamais divulgá-lo. Contou a eles seu plano para o futuro. Ao contrário dos irmãos, Sinibaldo não conseguiu ter o mesmo sucesso financeiro, ganhava seu sustento escrevendo contos infantis.

A formação da **L'Istituzione degli Virtuosi** foi extremamente trabalhosa devido à necessidade de mantê-la em segredo. Por seus emissários, o papa Honório IV (1210–1287) tomou conhecimento de que uma sociedade com esse nome estava em processo de constituição. Os três irmãos sabiam que a associação poderia gerar conflitos com a religião católica. O papa, então, ordenou uma rigorosa investigação a respeito da **L'Istituzione**, porém seus emissários foram incapazes de obter qualquer informação mais consistente. Durante dezessete anos a sociedade foi mantida na obscuridade.

Finalmente, em 1290, após a morte de Honório IV, a instituição foi oficialmente fundada. Os filhos dos três irmãos já tinham cerca de 17 anos, e foram instruídos pelos pais a manterem total segredo — o que cumpriram religiosamente.

O Papa Nicolau IV (1227–1292), eleito em 1288, permaneceu na Santa Sé até 1292. Após sua morte, houve o que a igreja chamava de interregno ou vacância, significando um intervalo entre dois papas. A ausência de uma autoridade no Vaticano foi inteligentemente aproveitada por Sinibaldo e seus irmãos para finalmente iniciar a constituição da nova sociedade.

Para dificultar possíveis investigações dos cardeais e dos arcebispos, Sinibaldo estabeleceu a sede na propriedade de Rolando, situada em Fiumicino, a 25km de Roma, próxima ao litoral. O nome pintado numa placa na entrada dizia:

ISTITUZIONE DELA CHIESA DI CARITÀ DELLE BEATITUDINI (ICCB)

Este nome, significando "**INSTITUIÇÃO DA IGREJA DE CARIDADE DOS BEM-AVENTURADOS**", disfarçava suficientemente a **L'Istituzione degli Virtuosi**.

A construção das enormes instalações obedeceu ao estilo da Igreja Católica, com colunas e arcos feitos por Godofredo e desenho de Nicola Pisano. Tais obras de arte foram admiradas por todos que se dirigiam à ICCB para descobrir do que se tratava. Era uma novidade jamais vista na região. Toda a obra foi financiada por Godofredo e Rolando, ficando Sinibaldo com a incumbência de administrar seu funcionamento.

Os filhos do triunvirato de irmãos se entusiasmaram com os planos delineados por Sinibaldo. No ano de 1292, por motivos estratégicos, as filhas foram matriculadas na Escola da Virgem Maria, e os filhos na Escola do Santo Cristo Redentor. Assim, poderiam assimilar os dogmas da igreja e a doutrinação característica dos padres e das freiras.

A experiência foi frustrante. Em ambas, os alunos eram obrigados a levantar às 3h30 da madrugada para as primeiras rezas, sem qualquer alimentação até as 7h. Em seguida, todos recebiam um pão com queijo e leite de cabra. Às 8h começavam as aulas de religião, que se prolongavam até 13h. Com uma dieta baseada em beterraba, couve, espinafre, nozes e ovos cozidos, os alunos eram castigados se não comessem tudo o que lhes era oferecido. O castigo consistia em golpes de vara nas mãos e nas costas.

À tarde, eram ministradas aulas de música sacra, francês, inglês, alemão e história da Inquisição e das Cruzadas. Todas as referências aos episódios históricos eram feitas em termos elogiosos, salientando o heroísmo dos soldados que representavam a Igreja Católica. As barbaridades cometidas pelos muçulmanos contra os templários eram consideradas ofensas mortais. Nada se comentava, porém, sobre o comportamento dos soldados de Cristo nas batalhas para libertar Jerusalém. Em seguida, era ensinada a história da religião católica e a constituição do clero em todo o Vaticano e em outros locais. No fim do dia, novos cantos religiosos eram praticados até as 18h. Os seis estudantes puderam, assim, avaliar o tipo de educação da época, algo que influiu definitivamente no conceito que tinham de religiosidade.

Após a formatura, em 1299, os jovens decidiram dedicar-se exclusivamente à Instituição fundada pelos pais. Os cargos foram distribuídos equanimemente entre eles. Matilda, Giovanna e Anabela, esposas dos três irmãos, engajaram-se como mentoras e organizadoras do fluxo de candidatos. Determinaram que todas as roupas usadas pelos participantes deveriam ter um bordado com as letras **ICCB.**

06

Em 1300, para comemorar a passagem do Século XIII para o Século XIV, Sinibaldo resolveu detalhar um pouco mais os princípios gerais do Código de Conduta da Moralidade. Resumiu-os assim:

1. **Objetivos da Instituição**: A) Por meio de investigações sobre a personalidade de autoridades civis, militares e eclesiásticas, descobrir quais poderão ser enquadradas na categoria de "virtuosos". B) Divulgar os conceitos do Moralismo pela sociedade em geral, visando alcançar a harmonia, a honestidade e a excelência em matéria de princípios morais entre os habitantes de todos os países da Europa.
2. **Seleção de Candidatos:** Os candidatos ao curso deverão ser julgados por uma junta de administradores. Serão selecionados apenas os considerados pré-virtuosos, mediante entrevistas sobre temas como honestidade, princípios morais, bondade, respeito à verdade e outras qualidades do gênero. Poderão ser admitidos candidatos de qualquer religião ou mesmo os não religiosos.
3. **Deveres dos Candidatos**: Os deveres envolverão a total confidencialidade quanto aos objetivos da instituição, e será exigido apenas o comparecimento às reuniões em datas a serem anunciadas. Não será exigido qualquer tipo de pagamento, seja na forma de dízimo ou de contribuição voluntária.

4. **Direitos dos Candidatos**: À medida que os participantes se destacarem em sua conduta, poderão ser nomeados para cargos específicos. Terão também o direito de opinar sobre o desempenho dos líderes da instituição. Novas ideias serão sempre bem-vindas e consideradas contribuição importante. Serão considerados virtuosos aqueles que completarem os dois anos na instituição.

Em seguida, Sinibaldo programou uma festa da família Vivone com a finalidade de divulgar mais a ICCB entre os habitantes de Fiumicino. Como os filhos já haviam atingido a idade de 26 a 27 anos, estavam ansiosos por conhecerem outros jovens. A festa serviria para esse fim e para a divulgação da ICCB. Cartazes pendurados estrategicamente no enorme salão diziam: "APÓS A FESTA, FICAM TODOS CONVIDADOS A CONHECER A ICCB, A RECÉM-CRIADA **ISTITUZIONE DELA CHIESA DI CARITÀ DELLE BEATITUDINI**". Um convite especial foi enviado ao bispo de Fiumicino, Dom Cornélio Urbano, pois uma desconsideração poderia ser encarada como ofensa ao clero.

As mulheres, inexperientes em matéria de diplomacia e política, esqueceram-se de convidar o prefeito da cidade. Atraído pela solenidade e desgostoso com a omissão, ele enviou seu ajudante de ordens à sede da ICCB e intimou os responsáveis pela festa a comparecerem à prefeitura. Calmamente, o prefeito Armando Gallucci mencionou a Sinibaldo ter chegado ao seu conhecimento que haveria uma comemoração da chamada **ISTITUZIONE DELA CHIESA DI CARITÀ DELLE BEATITUDINI.** Por ignorar do que se tratava, e como prefeito de Fiumicino, gostaria de poder avaliar essa nova entidade.

Sinibaldo imediatamente percebeu o erro cometido e pediu mil desculpas pelo lapso. Ao mesmo tempo declarou que seria uma honra para a ICCB poder contar com a presença de Sua Excelência na data especificada.

A festa transcorreu conforme planejado, com a presença das autoridades, e atraiu um número considerável de interessados em participar da instituição. Um dos presentes era Divo Grassi, oficial comandante da segurança da prefeitura, propositalmente trazido por Gallucci. Ele percorreu as instalações e procurou detalhes que a um leigo não chamariam a atenção. Mas, acostumado a investigações, confidenciou ao prefeito Gallucci:

— Senhor prefeito, respeitosamente comunico a Vossa Excelência que há algo de estranho nesta instituição. Não sei exatamente onde está o mistério, mas tenho certeza de que está sendo formada uma associação que não se coaduna com os preceitos e as regras da Igreja Católica. Qual seria a razão de convidar tantos jovens de todas as partes de Fiumicino para participarem de reuniões? O que seria discutido nesses encontros? Por que não deixam tais reuniões a cargo da igreja? Além disso, o que fazia o bispo Urbano nessa festa? Seria um despiste? Conforme sabemos, o bispo não reza exatamente pela cartilha da Santa Sé. Humildemente, sugiro que aprofundemos as nossas investigações.

07

Caros irmãos e queridas esposas, queridos filhos e filhas, solicitei esta reunião para analisar a presença do prefeito e do comandante Grassi na festa — alertou Sinibaldo. — Senti nitidamente que ele obedecia às ordens do prefeito para obter informações sobre nossa sociedade. Apesar de a denominação de **ISTITUZIONE DELA CHIESA DI CARITÀ DELLE BEATITUDINI** ser um nome bem elaborado, a convocação de candidatos deve ter despertado alguma suspeita. O que me amedronta é que a chamada de participantes poderá dar a entender que estaríamos organizando alguma seita ou formando uma sociedade que se opõe à Igreja Católica. Se eles puderem provar que temos outras intenções, seremos imediatamente considerados hereges, e vocês sabem o que isso significa.

"Além disso, temos que recapitular onde se encontram os cinco livros escritos pelo nosso pai. Eu estou de posse de um exemplar. Assim que ele terminou as quatro primeiras cópias, presenteou o imperador Frederico II com uma obra. Estou também ciente que o imperador não deu a devida importância ao livro e mandou levá-lo à sua biblioteca. Dois outros foram doados à Biblioteca do Vaticano. Portanto, falta achar o quinto livro. Não lembro exatamente seu destino.

— Tenho certeza de que nosso pai, quando esteve preso por ordem do papa Gregório IX, redigiu a quinta cópia e ofereceu-a ao próprio papa no ano de 1241 — informou Rolando. — No entanto, Gregório faleceu no mesmo ano e não teve forças para ler essa via do *Moralidade e Ética*. Pelo que ouvi na época, o livro foi colocado dentro de um estojo, na cripta com seus restos mortais.

— Acho que devemos nos adiantar a possíveis sanções, quer venham do Vaticano ou da prefeitura — disse Godofredo. — Tenho uma sugestão a fazer. Devido ao meu trabalho com Nicola Pisano, consegui um excelente relacionamento com as principais autoridades eclesiásticas. Caso vocês autorizem, irei com Michele e Luigi visitar um dos arcebispos que deve ter alguma informação a respeito da visita do prefeito e de suas consequências. Tenho quase certeza de que o prefeito Gallucci, que estudou no mesmo colégio que o papa Bonifácio VIII[1], já lhe mandou informações sobre o evento e sobre as suspeitas do oficial Divo Grassi.

Aprovada a viagem, Godofredo chegou ao Vaticano e procurou seu amigo arcebispo, Guillermo Fillippo, sendo recebido imediatamente.

— Mas que bela surpresa, mestre Godofredo Vivone. A que devo a honra da sua visita?

— Estou aqui para prestar minhas homenagens ao meu dileto amigo Dom Fillippo e apresentar-lhe os meus filhos, Michele e Luigi. Eles pretendem viajar para a França para estudar arte e, talvez, seguirem meus passos, especialmente na construção de púlpitos. Esse desejo foi muito festejado pela família em uma festa que tivemos no mês passado. No momento, desejam visitar a Biblioteca do Vaticano à procura de livros sobre a especialidade.

— Pois esteja totalmente à vontade para visitar a biblioteca. Tenho a certeza de que seus filhos serão tão bons profissionais como o pai, talvez até melhores. Quanto à festa, fico muito feliz com a comemoração e gostaria de ter podido comparecer. Fui informado pelo prefeito de Fiumicino do sucesso do encontro, e soube também da nova

1 Papa Bonifácio VIII (1235–1303). http://www.dec.ufcg.edu.br/biografias/PPBoni08.html.

sociedade que vocês estão organizando. Quando oportuno, gostaria de saber mais a respeito.

— Ficarei pessoalmente responsável por trazer a Vossa Reverendíssima todos os detalhes da organização. Desejo ainda agradecer a simpática recepção e ficarei feliz em poder visitar a biblioteca com meus filhos. Desejo paz e saúde, com a minha gratidão.

A visita à biblioteca foi um sucesso. De primeiro momento, não conseguiram encontrar os dois livros doados por Francesco. Não havia naquele tempo uma forma fácil de encontrar determinada obra. Assim, percorreram longamente os corredores para ver se teria sido armazenado em outro local. Depois de várias horas, conseguiram encontrá-los entre os livros iniciados pela letra "P." Dessa forma, certamente seria difícil a possíveis interessados localizar os livros *Moralidade e Ética*.

A alegria sentida com o "desaparecimento" dos livros dissolveu-se em razão da informação de Dom Fillippo, confirmando que o papa Bonifácio VIII já havia sido informado do que ocorria em Fiumicino. Seria apenas uma questão de tempo até que todos os membros da família Vivone fossem qualificados como hereges.

Sinibaldo propôs nova reunião da família para analisar o futuro.

— Sou da opinião de que devemos nos mudar imediatamente. Temos que fechar a instituição, levar conosco o que pudermos e procurar um país onde possamos continuar com o nosso objetivo de divulgar o sonho do nosso pai e avô.

— Mas o que diremos aos nossos amigos e a todos os candidatos que se apresentaram para participar? — perguntou Luigi.

— Não podemos assumir qualquer risco. Nossa situação é gravíssima, e vocês sabem como a igreja trata os infiéis.

— Proponho então que nos mudemos para Marseille, na França, onde viveram meus pais — disse Matilda. — Depois de seus estudos de medicina em Montpellier, meu pai passou a se dedicar à produção de vinho numa enorme vinícola que herdou dos seus antepassados. A propriedade produz um dos melhores vinhos da França, e papai se tornou o principal fornecedor do palácio do rei Felipe IV[2]. Tenho certeza de que eles nos receberiam com grande alegria se ainda estivessem vivos. Conhecer a nossa família era o seu maior desejo.

— Se todos concordarem, devemos nos preparar para deixar nossa residência e as instalações em 24 horas — acrescentou Sinibaldo. — Sei que uma decisão desse tipo é muito penosa, especialmente depois de termos tido tanto sucesso e tantas alegrias em Fiumicino.

2 Rei Felipe IV da França (1268–1314). http://www.dec.ufcg.edu.br/biografias/RFFili04.html

08

Cada ramo da família Vivone era composto de quatro pessoas (marido, esposa e dois filhos). Ficou decidido que os grupos viajariam de forma independente, percorrendo uma distância de aproximadamente 900km por estradas desconhecidas. Sinibaldo procurou três carruagens que pudessem percorrer essa distância em várias etapas. Deveriam percorrer o litoral da costa oeste da Itália, com intervalos de descanso em estalagens ao longo da estrada. Dividiram parte das moedas de ouro, que Godofredo e Rolando haviam ganhado com seu trabalho, para pagar os cocheiros.

A oportuna decisão proposta por Sinibaldo surtiu efeito, pois não houve tempo para que a prefeitura ou o Vaticano fossem avisados da fuga dos Vivone. Em pouco mais de 10 dias, as 3 carruagens alcançaram La Spezia, a 400km ao norte de Fiumicino. Com mais 20 dias, parando alguns dias para ganhar fôlego, alcançaram Marseille e a propriedade de Dr. Pierre Bonimond e Natalie, pais de Matilda, nascidos, respectivamente, em 1200 e 1203. Com muita tristeza, Matilda descobriu as datas de falecimento dos pais, ocorridos, respectivamente, em 1260 e 1264.

A propriedade estava sendo administrada por um antigo funcionário do vinhedo, que ficou surpreso com a quantidade de pessoas que formava a família Vivone. Eram doze, e seria impossível hospedar todos na sede da fazenda. Havia espaço apenas para Godofredo, sua mulher e os filhos Michele e Luigi. Rolando e Sinibaldo, e suas respectivas famílias, tiveram que procurar estalagens onde permaneceriam provisoriamente.

Sinibaldo havia levado o livro e o código do Moralismo. Assim, a ideia poderia ser divulgada também na França. Para isso, porém, seria necessário saber em que pé estava o relacionamento do papa Bonifácio VIII[1] com o rei Felipe IV, o Belo. Sinibaldo ficou ciente de que Bonifácio considerava o poder do papado superior a qualquer reinado, exigindo subserviência de reis e imperadores. Em oposição, Felipe IV da França[2] desafiou tais ordens, expulsou o clero da administração e exigiu que a igreja pagasse impostos, a fim de financiar suas guerras contra outros países. O excesso de autoridade de Bonifácio foi um dos motivos para que o poeta Dante Alighieri, em seu livro *A Divina Comédia*, classificasse Bonifácio como pertencente ao "Oitavo Círculo do Inferno".

Portanto, delineava-se uma oportunidade para Sinibaldo tentar desenvolver, na França, a ideia da **L'ISTITUZIONE DEGLI VIRTUOSI**, tendo em vista a disputa entre Felipe IV da França e a Igreja Católica. Evidentemente, a família Vivone necessitava mais tempo para fazer as indispensáveis pesquisas na região, para avaliar até que ponto a comunidade aprovaria tais ideias. Pelos cálculos, deveriam contar com um prazo de dois a quatro anos para elaborar um novo projeto.

No final de 1303, com a morte de Bonifácio VIII, foi eleito um novo papa que adotou o nome de Bento XI (1240–1304), falecido logo depois, sendo então eleito Clemente V (1264–1314)[3]. Filipe IV, o Belo, exerceu seu poder e influência para eleger Clemente, principalmente porque desejava que fosse retirada a excomunhão da família real francesa, imposta pelo papa Bonifácio VIII.

1 http://contraimpugnantes.blogspot.com.br/2011/12/o-papa-mais-caluniado-da-historia-i.html

2 http://www.historiadomundo.com.br/francesa/o-julgamento-dos-cavaleiros-templarios.htm

3 http://www.dec.ufcg.edu.br/biografias/PPClmn05.html

À época, os três irmãos Vivone já estavam com mais de 70 anos de idade. Sinibaldo havia sofrido muito com a viagem de Fiumicino a Marseille. As permanentes mudanças de tempo durante o trajeto deixaram-no debilitado e com uma febre que não cedia. Apesar dos esforços da família e dos médicos da região, sua situação passou a ser gravíssima. Sinibaldo chamou todos os membros da família, e comunicou-lhes que sua esposa, Anabela, seria a guardiã do livro *Moralidade e Ética* e do seu Código.

— Agradeço a todos vocês por terem, com tanto entusiasmo, abraçado as ideias do nosso pai. Tenho certeza de que elas despertarão nos homens a honra de serem virtuosos. É o destino da humanidade amar o próximo, não se deixar influenciar pela desonestidade, adotando os mais altos princípios morais, rejeitando a mentira e a falsidade, não compactuando com a corrupção e a inveja. Enfim, todos vocês assimilaram essas noções e tenho certeza de que as divulgarão adequadamente.

Com essas palavras, Sinibaldo pediu a Anabela que escondesse o livro e o código num lugar onde somente a família tivesse conhecimento, e que deixasse uma anotação para cada um dos familiares sobre o seu paradeiro.

Não é necessário descrever a tristeza que se abateu sobre a família com o falecimento de Sinibaldo, ainda mais que todos o consideravam o líder que deu impulso aos pensamentos de Francesco.

Devido à quantidade de episódios negativos que afetaram a família Vivone, todos necessitavam de um interregno para repensar a estratégia de implantar o Moralismo onde fosse possível. Todos deveriam ter a oportunidade de ganhar maior experiência para que os erros em Fiumicino não se repetissem.

Cada um tinha um desejo diferente. Godofredo queria ir a Paris, com a esposa e os filhos, para prosseguir com seu trabalho de escultura, arquitetura e engenharia e aprender novas técnicas. Sabia que os franceses haviam se especializado no tipo de trabalho executado por ele, e essa troca de experiências poderia ser extremamente valiosa. Rolando, por sua vez, decidiu visitar a Escócia, pois queria conhecer as formas adotadas na produção de lã. Um dos seus principais concorrentes era escocês, e Rolando ficava abismado com a qualidade que alcançava, supondo que possuía uma melhor raça de carneiros. Anabela e suas filhas, Alina e Bianca, tinham intenção de visitar a Espanha, pois ouviram falar da excelência dos seus artistas, especialmente pintores e escultores.

Os preparativos foram feitos para a saída em 1305. Todos levavam consigo a anotação do local onde se encontravam os cinco livros. Os dizeres da anotação eram os seguintes:

1. Anabela tem um livro e o Código.
2. Duas cópias encontram-se na Biblioteca do Vaticano, erradamente arquivados entre os livros iniciados com a letra "P".
3. Uma cópia estava na biblioteca de Frederico II da Germânia, que a havia colocado entre seus livros.
4. Uma cópia foi dada ao papa Gregório IX, depois guardada dentro de um estojo, na cripta com seus restos mortais.

09

A distância entre Paris, Espanha e Escócia certamente não facilitava as comunicações da época. Poucas vezes as famílias conseguiram notícias umas das outras. Apenas em 1310 chegou ao conhecimento de todos o falecimento de Rolando; depois o falecimento de Giovanna em 1311, na Escócia, e o de Godofredo em 1312, em Paris.

O ano de 1312 foi extremamente triste para Matilda, devido à morte do marido. Posteriormente, ela soube que herdara os bens dos Bonimond, e decidiu voltar para Marseille a fim de tomar posse definitiva da propriedade. Pouco depois de chegar com Michele e Luigi, Matilda conseguiu ainda passar a fazenda para o nome dos filhos, mas, em 1313, teve um fulminante ataque cardíaco.

Anabela, esposa de Sinibaldo, faleceu em Barcelona, em 1316.

Após todos esses episódios, os filhos de Matilda decidiram permanecer na vinícola para administrar a produção de vinho. Com a morte da mãe e dos casais Rolando e Giovanna e Sinibaldo e Anabela, acharam oportuno deixar para a posteridade a genealogia da família Vivone:

GENEALOGIA DA **FAMÍLIA VIVONE** EM 1316

Francesco Vivone (1200-1257) e
Larissa Fracti Vivone (1201-1258)

- Rolando (1232–1310) e Giovanna (1234–1311)
  - Alfredo (1273–)
  - Salvatore (1273–)
- Sinibaldo (1232–1303) e Anabela (1236–1316)
  - Alina (1274–)
  - Bianca (1274–)
- Godofredo (1232–1312) e Matilda (1240–1313)
  - Michele (1274–)
  - Luigi (1275–)

Restavam, portanto, os seis filhos dos trigêmeos Rolando, Sinibaldo e Godofredo. Todos nasceram nos anos de 1273 e 1274.

Alfredo e Salvatore, por não falarem perfeitamente o inglês, eram tratados como intrusos e não conseguiram ter um contato mais amigável com os escoceses.

Alina e Bianca, após a morte dos pais na Espanha, não se acostumaram e nem mesmo entendiam o espanhol nem o catalão, não aguentaram o tipo de alimentação típica do local e ficaram horrorizadas com a distribuição de renda desigual entre seus habitantes. Os quatro primos voltaram para a vinícola herdada pelos irmãos Michele e Luigi. Ao chegarem, em 1330, souberam que os primos haviam se casado naquele mesmo ano. Michele, com um nobre francês de nome Robert Valois, nascido em 1273, e Luigi, com uma norueguesa de nome Sigrid Andersen, nascida em 1305. A alegria do reencontro foi extraordinária.

Durante vários anos, os primos viveram tranquilos na vinícola, novamente beneficiados pelas excelentes vendas de vinho ao rei e aos nobres franceses, a partir de 1326.

— Não sei se vocês tomaram conhecimento da disputa entre a Inglaterra e a França em 1328, após a morte de Carlos IV, filho de Felipe IV, o Belo — perguntou Michele. — O confronto ocorria entre o rei inglês Eduardo III[1], sobrinho do falecido monarca pelo lado materno, e Felipe, conde de Valois, sobrinho de Felipe, o Belo. Imaginem vocês, Eduardo III não pôde assumir a coroa por ter vindo da linhagem materna, algo proibido pela chamada Lei Sálica. Enfim, em 1329, com a concordância de Eduardo III, Felipe, conde de Valois, foi aclamado com o título de Felipe VI[2].

— Mas, será que o Robert é parente desse rei? — perguntou Bianca.

— Pois é mesmo — disse Michele —, ele é tio do rei Felipe VI, imaginem.

— Vocês acham que deveríamos contar para o Robert e para a Sigrid sobre o livro escrito pelo nosso avô Francesco? — indagou Alfredo.

— Meu marido é um homem de uma integridade modelar — argumentou Michele —, portanto eu votaria que sim. Deveríamos, inclusive, esclarecer a razão pela qual viemos para a França, e oferecer o livro para os dois lerem.

— Se todos concordarem, falaremos com eles hoje, durante o jantar.

À noite, depois de um brinde a todos, Michele se dirigiu a Robert e a Sigrid.

— Gostaria de aproveitar a oportunidade para contar a vocês o motivo pelo qual viemos da Itália para a França. Na realidade, preciso confessar: nós estávamos fugindo. Vocês vão perguntar o que

1 Eduardo III (1312-1377). https://www.britannica.com/biography/Edward-III-king-of-England

2 Felipe VI (1293-1350). https://www.britannica.com/biography/Philip-VI

houve de tão grave para motivar uma fuga de toda a família? Bem, vocês já ouviram falar do nosso avô, Francesco. Pois ele escreveu um livro que, na realidade, foi o que ocasionou toda essa nossa viagem.

— Havia somente cinco cópias da obra. Felizmente, ficamos com uma que está em poder de Anabela. Para encurtar um pouco a história, o livro é uma espécie de manual de honestidade, de bondade, de altos princípios morais, de decência e incorruptibilidade. Ele o intitulou *Moralidade e Ética*. Seu grande desejo era mostrar ao mundo que, por meio desse comportamento, a humanidade estaria mil vezes melhor do que se encontra no momento.

"Sinibaldo, pai de Alina e Bianca, elaborou um código de conduta baseado nos conceitos emitidos no livro e iniciou um trabalho em Fiumicino, visando implantar essa filosofia entre os habitantes. Para isso, fundou uma sociedade chamada **L'ISTITUZIONE DEGLI VIRTUOSI**, Instituição dos Virtuosos, mas para que a Igreja Católica não pensasse que era um tipo de seita ou doutrina criada para combater as regras da Santa Sé, meu tio, após construir uma sede maravilhosa, resolveu chamá-la de **ISTITUZIONE DELA CHIESA DI CARITÀ DELLE BEATITUDINI**.

"Para inaugurar as novas instalações, foi feita uma festa à qual compareceram o bispo e o prefeito de Fiumicino. Lamentavelmente, o prefeito trouxe consigo um militar que desconfiou do real propósito da entidade. Meu pai averiguou que essa suspeita chegou até o papa Bonifácio VIII. Caso ele descobrisse o real propósito da sociedade, certamente todos os Vivone seriam considerados hereges e executados. A minha mãe propôs que viéssemos para cá."

— Que história mais incrível — declarou Robert. — Na verdade, pelo que você me contou, a sociedade tinha objetivos belíssimos, e tenho que me curvar ao idealismo do seu avô. Gostaria muito de ler o livro, caso isso seja permitido pela família.

— Claro — disse Salvatore. — Pelo que a Michele nos contou, você tem uma reputação que prova sua qualidade de homem virtuoso. Seria uma honra ter sua opinião sobre os conceitos do livro.

Aliás, gostaria de oferecer também à Sigrid, caso esteja curiosa sobre o assunto.

— Agradeço muito pela confiança depositada em nós, e tenho a certeza de que podemos aperfeiçoar esse projeto aqui na França.

10

Desejo informar um fato bastante auspicioso — informou Robert, uma semana depois de receber o livro. — Sem autorização de vocês, fiz uma visita ao meu sobrinho, o rei Felipe VI, e tive uma longa conversa com ele. Bem, fiz um resumo da excelente obra que vocês me deram a honra de ler. Expliquei que as ideias expostas constituem uma inovação que fará grande diferença para a moral da nossa sociedade. Exemplifiquei que as mortandades às quais assistimos diariamente são condenáveis, as torturas e os assassinatos de hereges são atos cometidos por bárbaros e que isso não se coaduna com a educação e o caráter de homens nobres que ordenam tais horrores.

"Mostrei a ele as qualidades definidas por Francesco Vivone para que uma pessoa possa ser considerada *virtuosa*. Felipe VI está ciente das maldades cometidas, não somente pela igreja, mas também por reis, quer sejam ingleses, franceses ou de outra nacionalidade. Parece-me que ele apelou para a própria consciência e meditou sobre esse tipo de alerta de Francesco, sobre o que é bom e o que é mau. No final do encontro, fez questão de convidar toda a família para um almoço no castelo daqui a dez dias."

O entusiasmo da família com a notícia foi contagiante. Todos perguntaram a Robert como deveriam se comportar na presença de Sua Majestade e passaram a aguardar ansiosamente o encontro com o rei da França.

No dia do almoço, após toda a cerimônia dos cumprimentos, Felipe VI, extremamente jovial e simpático, não esperou muito para abrir o diálogo com a família.

— Fiquei emocionado com o relato do meu tio Robert sobre o que Francesco elaborou em seu livro. Nos dias de hoje, as premissas definidas por ele não devem ter encontrado muito eco, nem na Igreja Católica e nem nos diversos reinos do passado recente. As lutas entre os cruzados e os muçulmanos são uma prova incontestável do desrespeito às regras contidas no *Moralidade e Ética*. Como o livro está envolto em certo segredo, pergunto se existiria a possibilidade de vocês me emprestarem uma cópia, se é que existe mais de uma.

Alina, filha da falecida Anabela Vivone, havia recebido o livro da mãe e concordou imediatamente com a solicitação do rei.

— Na verdade, só temos mais um exemplar do livro, mas teremos a maior honra de fazer com que chegue às vossas mãos. O meu avô conseguiu fazer cinco cópias, quatro delas foram presenteadas a autoridades eclesiásticas e reais, quando ele ainda vivia na Itália. Tenho certeza de que o quinto livro estará seguro nas mãos de Vossa Majestade.

— Prometo a vocês que o livro ficará comigo, com ninguém mais, e será devolvido o mais rapidamente possível. Foi muito simpático nosso almoço, e eu gostaria sinceramente de repeti-lo mais vezes.

O ano de 1337 foi de muita atividade para Felipe VI. Depois do sucesso de uma campanha bem-sucedida na Escócia, Eduardo III declarou-se herdeiro legítimo do trono francês, desrespeitando a chamada Lei Sálica. Com essa reivindicação, iniciou-se um conflito entre o reino francês e o inglês, o que posteriormente ficou conhecido como a Guerra dos Cem Anos.

Um mês transcorreu para Felipe VI voltar a se referir ao livro de Francesco, e pediu para Robert transmitir a todos o resultado de sua leitura. Ficou encantado com o conteúdo e sugeriu que a família se dedicasse à implantação do Moralismo na França, a começar por Marseille. Considerou inadequado o nome que Sinibaldo havia inventado na Itália e sugeriu que se chamasse a nova instituição de **ECOLE ROYALE FRANÇAISE DE MORALITÉ**. Felipe lamentava não poder se dedicar mais ativamente à formação da escola, e colocou à disposição de Robert dois dos seus melhores professores, pois considerava importante a participação de homens letrados e de grande prestígio na sociedade de Marseille. Nomeou Robert como interlocutor entre a família Vivone e os professores e, caso surgissem assuntos urgentes, ele poderia ser consultado.

Em 1338, cinco dos seis netos de Francesco já beiravam os 65 anos, assim como Robert. O mais moço dos irmãos era Luigi com 62, pois nascera em 1275, e Sigrid era de 1305, portanto tinha 32 anos. Como constituir a **ECOLE ROYALE FRANÇAISE DE MORALITÉ** com cinco pessoas já idosas e apenas duas com energia para conduzir a entidade? Para piorar, Sigrid manteve em segredo sua gravidez, o que certamente a impediria de participar ativamente do plano de Sua Majestade. Portanto, seria temerário iniciar neste momento a escola, ainda mais que a França acabava de se envolver definitivamente na guerra contra a Inglaterra.

Todos se conformaram com a ideia de deixar para outra oportunidade a fundação da escola, e resolveram se dedicar com mais afinco à produção de vinho. Robert explicou o problema à Sua Majestade e se colocou à disposição para auxiliá-lo nos preparativos para a guerra contra os ingleses.

— Estou com problemas no condado de Flandres, uma região produtora de lã para a indústria têxtil flamenga — confidenciou Felipe VI a Robert. — Os rebeldes burgueses se rebelaram e eu tive de atacá-los. Felizmente, consegui neutralizá-los, e as minhas tropas tomaram as terras adversárias na região. Meu apoio a David II da Escócia foi uma enorme afronta a Eduardo III. Em resposta, ele voltou a levantar sua pretensão ao meu reino[1].

O verdadeiro conflito começou em 1337, com vitórias e derrotas de ambos os lados. Os franceses eram ricos e numerosos, com uma população de 12 milhões de habitantes. Tinham o apoio das cortes

[1] http://www.infoescola.com/historia/guerra-dos-cem-anos/

do reino de Nápoles e do reino da Hungria Cristã, além de aliados no Império Romano-Germânico e no Papado de Avignon. Eduardo III, por outro lado, possuía um reino mais coeso e estratégias militares das mais avançadas. As constantes guerras contra os escoceses acabaram por aprimorar suas táticas militares, com destaque para o uso do arco e flecha. Os franceses, no entanto, faziam uso de uma cavalaria feudal tecnologicamente ultrapassada·

— Caro Felipe, com relação ao livro que lhe emprestamos, eu gostaria de saber se ainda necessita tê-lo por mais tempo, considerando que só temos este exemplar — perguntou Robert.

— Mas, Robert, há quase uma semana solicitei ao professor Gerard Vigni para levá-lo diretamente à vinícola, não entendo como não o receberam.

— Bem, aguardaremos mais alguns dias, deve ter havido algum imprevisto.

Esperaram mais uma semana e não receberam o livro. Não querendo incomodar o rei, decidiram entrar em contato com o professor que era também um militar de alta patente. A sua esposa informou que ele havia sido convocado para o front de batalha e não tinha ideia do seu destino.

Alina ficou estarrecida quando recebeu a notícia. Ela se arrependeu de não ter feito uma cópia do livro, prevendo que ele poderia se perder ou ser divulgado inadequadamente. E se fosse parar no Papado de Avignon? O papa Bento XII (c. 1280–1342) certamente já havia sido informado dos problemas ocorridos na Itália e da investigação frustrada sobre a família Vivone devido à sua fuga repentina. Seria uma calamidade e todos estariam novamente em perigo.

Caso não recebessem o livro, teriam que voltar à Itália para obter um dos exemplares da Biblioteca do Vaticano. Mas como retirá-lo do local que só eles conheciam (entre os livros da letra "P")? Os ensinamentos de Francesco proibiam qualquer ato desonesto como, por exemplo, roubar o livro da biblioteca! E como teriam acesso ao local se poderiam ser descobertos? Sinibaldo era o único que conhecia o arcebispo Guillermo Fillippo que, a esta altura, já deve ter morrido.

Mesmo se ainda estivesse vivo, não poderia ajudá-los, sob pena de ser condenado por auxiliar fugitivos.

Além disso, teriam que empreender uma viagem que levaria, no mínimo, vinte dias, com todos os perigos a que estariam sujeitos devido à guerra. Como resolver esse dilema?

— A única forma seria achar o professor Vigni — disse Robert. — Eu posso indagar no castelo sobre o destino do destacamento ao qual ele pertence, e é possível que a tropa ainda esteja na vizinhança. Farei isso agora.

Milagrosamente, Robert conseguiu descobrir o paradeiro do professor Gerard. Ele foi enviado a Toulon, a cerca de 70km de Marseille.

— Em um dia de viagem seria possível encontrá-lo, se ainda estiver na cidade. Irei pessoalmente e pretendo levar Michele comigo.

Qual não foi o desapontamento quando souberam que o professor havia sido enviado de volta para Marseille. Robert perguntou a um dos seus subordinados se ele teria deixado um pacote com o lacre de Sua Majestade, Felipe VI. Dois deles lembraram-se de que Gerard levava consigo um volume lacrado quando voltou de Toulon para Marseille. Por precaução, Robert obteve os nomes de ambos para o caso de necessitar maiores informações. Eram Ozires e Domecq.

11

Finalmente, após longa procura, Robert conseguiu encontrar o professor Vigni. A primeira pergunta foi:

— Onde está o livro?

— Tenho que confessar um triste evento que ocorreu durante a minha viagem de Marseille a Toulon — disse o professor. — O pacote lacrado com a marca de Sua Majestade foi furtado no meio do caminho. Estava na algibeira que fica presa ao lado do meu cavalo e, numa das manhãs, percebi que havia desaparecido. Peço mil desculpas por não ter comunicado o fato.

— Pelo seu relato, entendi que o volume foi furtado antes da sua chegada a Toulon, certo?

— Exatamente.

— O senhor procedeu a algum tipo de investigação para descobrir quem poderia ter levado o pacote?

— Sim, destaquei dois dos meus subordinados para isso, mas foi inútil.

— Bem, agradeço a sua gentileza de me informar e lhe desejo muita sorte na sua campanha em favor de Sua Majestade.

Robert e Michele perceberam imediatamente que Vigni estava mentindo. Se o seu subordinado em Toulon afirmou que viu um pacote lacrado na mão do seu comandante, é porque ele ainda estava de posse do livro quando saiu da cidade. Portanto, não poderia ter sido roubado antes de chegar a Toulon.

O dilema agora seria como provar esse malfeito. Tratava-se de um professor e oficial de alta patente de Sua Majestade. Vigni deve ter aberto o pacote, achado o livro e lido seu conteúdo. O segredo de Francesco, tão bem guardado, estaria perdido.

Robert e Michele pediram uma audiência a Felipe. Estarrecido e irritado com a mentira, mandou imediatamente chamar Vigni. Convocou também Ozires e Domecq, que confirmaram o relato feito a Robert. Gerard não conseguiu convencer Felipe VI de que o livro havia sido furtado. O rei mandou prendê-lo imediatamente. Ordenou a seus carcereiros que o interrogassem até que descobrissem o paradeiro do livro.

O resultado do interrogatório foi terrivelmente frustrante. Vigni confessou que estava a serviço de Eduardo III, que lhe prometeu uma grande extensão de terras a serem conquistadas, caso revelasse a estratégia de Felipe VI nas próximas investidas contra a Inglaterra. Vigni julgou, erradamente, que o pacote continha informações que seriam de altíssimo valor para os ingleses. A entrega foi feita a emissários, especialmente enviados à França pelo Rei Eduardo III.

Vigni foi julgado culpado por alta traição à França e condenado à prisão perpétua. No entanto, negou-se a revelar a quem e onde exatamente havia entregado o pacote, o que acentuou ainda mais o desespero da família Vivone e de Robert.

Tristes e desapontados com o desaparecimento do livro, a família achou melhor voltar suas atenções à produção e à venda dos vinhos. Todos estavam com dinheiro suficiente para aproveitar a vida, e foi o que decidiram fazer. Aguardavam ansiosamente o nascimento do filho ou da filha de Luigi e Sigrid. No ano de 1338, ela deu à luz dois gêmeos do sexo masculino, que receberam os nomes de Houston e Harold.

Em 1340, a esquadra francesa partiu com o objetivo de invadir a Inglaterra por mar, mas se defrontou com a frota inglesa — composta por 250 navios e mais de 15 mil homens —, à frente da qual se encontrava o rei Eduardo III[1]. Os franceses foram praticamente aniquilados nesse confronto, denominado Batalha Naval de Sluys. Com isso, não só a tentativa de invasão preparada por Felipe VI fracassou, como os ingleses conseguiram facilmente invadir a França, que sofreu grandes perdas de navios e de homens.

Em 1346, nova derrota dos franceses, desta vez na Batalha de Crécy, ao sul de Calais, na qual foram utilizados os primeiros canhões. Os ingleses, em menor número (cerca de 12 mil homens), derrotaram uma tropa de mais de 30 mil soldados franceses. O ponto alto do sucesso dos ingleses foi a estratégia usada nos combates. Enquanto os franceses perderam quase 12 mil homens, consta que o número de mortes de ingleses não chegou a 300. Além dos combatentes, morreram na batalha dois nobres: Carlos II de Alençon (nascido em 1297), irmão de Filipe VI, e João da Boêmia (nascido em 1296), pai de Carlos IV. Era imprescindível, portanto, que o exército francês se modernizasse, o que requeria elevados gastos. Caso contrário estaria arriscado a perder a guerra e o trono para a Inglaterra.

Além do flagelo da guerra, uma epidemia se alastrou, proveniente da Ásia. Em 1347, ela chegou à Europa pela Rota da Seda, e se espalhou por praticamente todos os países do continente. Era a Peste Negra ou Peste Bubônica, que matava implacavelmente as suas vítimas. Essa doença alcançou também a França e, o que foi pior, atingiu o vinhedo onde moravam os Vivone e Robert de Valois. Ele foi o primeiro a sentir seus efeitos e faleceu em três dias. Em seguida, sem qualquer possibilidade de reação, a peste atingiu Alfredo, Salvatore, Alina, Bianca e Michele. O sofrimento foi atroz, com febre altíssima, inchaços nas pernas e virilhas, com tumores, manchas negras e sangramentos, que só tiveram fim com a morte. Os únicos sobreviventes foram Luigi, Sigrid e as duas crianças. Somente em 1351, a epidemia perdeu a sua força[2].

1 http://www.universitario.com.br/noticias/n.php?i=10041

2 https://drauziovarella.uol.com.br/drauzio/a-peste-negra-artigo/

O drama que se desenrolou logo após tantas mortes e o medo de perder mais entes queridos abalaram profundamente a família. Notícias chegaram ao vinhedo de que muitos habitantes culpavam os judeus pela peste, e passaram a persegui-los implacavelmente — um absurdo apenas explicável pela ignorância da população da época. Os judeus eram na sua maioria comerciantes, e foram acusados de espalhar a praga durante suas viagens.

12

Em 1346, os gêmeos Houston e Harold, então com 8 anos de idade, foram matriculados numa das melhores escolas da França, com o intuito principal de que aprendessem inglês, alemão e italiano, além da sua língua natal, o francês, bem como pintura e escultura. Tal objetivo coincidia com os desejos de Luigi, que havia acompanhado seu pai, Godofredo, a Paris, onde aprendera novas técnicas de construção de púlpitos e de outras obras de engenharia. A escola de artes certamente serviria para os dois meninos seguirem a carreira do pai e, nos dias de folga, Luigi lhes transmitiria uma boa parte da sua experiência.

Excelentes alunos, Houston e Harold aprenderam muito mais do que se esperava. Além de arquitetura e engenharia, tiveram imenso sucesso em matemática, o que lhes propiciou diversos prêmios por resolverem problemas de grande complexidade.

Formaram-se em 1356. Após um período como aprendizes em diversas construções, decidiram conhecer a Inglaterra, ainda em guerra com a França. Era um plano perigoso, pois poderiam ser capturados como inimigos. Falando perfeitamente a língua, conseguiram se engajar num navio inglês em Calais, cidade conquistada pelos ingleses em 1347. Desembarcaram em Southampton, um porto ao sul da Inglaterra.

Por sorte, seus nomes não despertaram qualquer suspeita por serem comuns na Inglaterra. Logo conseguiram trabalho como professores de matemática elementar e de princípios de arquitetura e engenharia. Suas habilidades com projetos arquitetônicos despertaram a atenção das empresas de Southampton.

Luigi, sabiamente, havia transmitido as técnicas e a arte aprendidas com o pai, Godofredo, que, por sua vez, havia convivido vários anos com Nicola Pisano. Curiosos a respeito de conhecimentos tão avançados, os engenheiros ingleses indagaram como e onde os gêmeos haviam adquirido experiência, ainda mais por serem tão moços.

— Nosso pai e nosso avô eram italianos, conviveram longamente com um grande arquiteto que construiu púlpitos e outras obras de engenharia nas principais igrejas do Vaticano. Papai chama-se Luigi, foi ele quem nos ensinou sua arte durante o período que passamos na escola. Foi difícil para nós porque éramos muito jovens, mas conseguimos assimilar o mais importante dos seus ensinamentos.

Em seguida, os dois contaram aos ingleses as peripécias e fuga da família, da Itália para a França, e depois a viagem deles de Calais para Southampton. Todos admiraram a coragem dos dois rapazes e ficaram ansiosos para aproveitar seus conhecimentos.

Alguns desses engenheiros trabalhavam com Guilherme de Wykeham (1324–1404)[1], responsável pelas reformas do castelo de Windsor. Sabendo que os irmãos poderiam ser úteis na construção da nova capela do salão de São Jorge, eles os apresentaram ao chefe Wykeham. Depois de passarem por vários testes, que serviram para avaliar seus conhecimentos, foram contratados em 1358. Um ano depois de participarem ativamente na construção da capela, souberam que os franceses haviam sido derrotados nas batalhas de Sluys, Crécy, Calais e Poitiers, e que o castelo de Windsor seria utilizado para manter prisioneiros franceses capturados nessas batalhas. Souberam também que o Rei Felipe VI da França havia falecido em 1350[2] e que, após sua morte assumira o trono seu filho João

[1] http://www.ancientfortresses.org/windsor-castle-timeline-important-dates.htm

[2] http://www.infoescola.com/historia/guerra-dos-cem-anos/

II. Descobriram ainda que, em 1355, o rei inglês havia retomado a guerra na França enviando seu filho Eduardo, o príncipe de Gales ou Príncipe Negro, para devastar as terras centrais da França. As forças de João II encontraram as do Príncipe Negro em Poitiers, onde sofreram novamente uma esmagadora derrota. João II foi capturado e levado à Inglaterra.

Em reconhecimento a seu trabalho inicial na capela, Harold e Houston foram convidados para a festa do rei Eduardo III, para comemorar a construção da nova ala de São Jorge. A festa teve enorme reflexo na vida dos irmãos. Durante o baile, eles foram apresentados a duas jovens inglesas, filhas gêmeas de uma dama da corte do rei, já falecida. A paixão foi imediata. Nos dias que se seguiram, Harold e Houston entraram acidentalmente na alta sociedade inglesa, pois foram convidados pelas irmãs gêmeas, Grace e Audrey, para um passeio a cavalo pelas pradarias do pai viúvo, Lorde Alfred Baltimore. A propriedade era a famosa Baltimore Estate.

Melindrados, tiveram que recusar delicadamente o convite, confessando que não sabiam andar a cavalo. Rindo muito, as meninas resolveram convidá-los para um piquenique num dos lugares mais pitorescos da propriedade. Com mais duas semanas de contato quase diário, os dois pediram as irmãs em casamento. O fato de ser um casamento de gêmeos com gêmeas causou a maior sensação no castelo.

13

Em 1360, o rei Eduardo III negociou um acordo de paz preliminar com os franceses, pelo qual receberia grandes áreas de terras ao norte da França, em troca da liberdade do rei João II[1]. Foi nessa época que o filho de João, o Bom, o futuro Carlos V, atendeu às questões internas e negociou a paz com Eduardo III. Nesse mesmo ano, o Tratado de Brétigny, ratificado em Calais, deu a Eduardo uma considerável extensão de terras na França (Calais e todo o sudoeste francês) em troca do abandono de suas reivindicações ao trono francês.

Numa das suas visitas ao salão de São Jorge e à capela onde trabalhavam os irmãos, chamou a atenção do rei Eduardo III a semelhança entre Harold e Houston. Ao ver o belo trabalho executado por eles na capela, quis saber os seus nomes e a sua procedência. Ao ouvir o nome Vivone, lembrou-se de já tê-lo ouvido anteriormente. Pediu-lhes que refrescassem sua memória, já que se tratava de um nome difícil de esquecer.

Houston, o mais extrovertido dos irmãos, tomou a iniciativa e esclareceu:

— Majestade, o nome provém de nosso bisavô italiano Francesco Vivone. Ele ficou famoso na época por ser um dos grandes especialistas em linguística. Em 1231, escreveu um livro intitulado *Moralidade e Ética*, no qual especificou as qualidades que caracterizariam uma

1 http://www.infoescola.com/historia/guerra-dos-cem-anos/

pessoa *virtuosa*, totalmente honesta e com outros predicados, todos baseados nos mais altos valores morais. O seu objetivo era melhorar o caráter das pessoas, mostrando-lhes o quanto é importante cada um possuir essas qualidades. Ele conseguiu fazer cinco cópias do livro. Uma foi presenteada ao rei Frederico II, outro ao papa Gregório IX, e duas foram doadas à Biblioteca do Vaticano. O último que pertencia ao nosso tio Sinibaldo Vivone foi roubado em Toulon, na França. Aparentemente, um militar traidor do exército do rei Felipe VI conseguiu enviar o livro para a Inglaterra, pensando tratar-se de algum segredo de guerra.

— Agora consegui me lembrar de onde surgiu esse nome na minha memória. Que coincidência incrível! Pois saibam que o livro está comigo, e eu o li várias vezes. Ele me foi entregue pelo emissário do militar francês que o roubou. Achei extraordinária a ideia do seu bisavô e sua coragem de recomendar esses preceitos tão lógicos e quase nunca respeitados pelos reis, pela igreja e por grande parte da população.

"Caso consigam se recordar, eu gostaria que vocês me fornecessem a sua genealogia. Assim saberemos mais sobre o seu bisavô e sobre o resto da sua família. Aliás, lembro-me agora de que o meu grande amigo Lorde Baltimore me informou sobre o casamento de suas gêmeas com dois irmãos também gêmeos, algo raríssimo aqui no castelo. Acabo de descobrir que são vocês. Quanto ao livro, pedirei a um emissário para entregá-lo, e acho que vocês deveriam fundar aquela sociedade que iam organizar na França."

Para satisfazer o rei Eduardo, os irmãos elaboraram a seguinte Árvore Genealógica:

ÁRVORE GENEALÓGICA DA **FAMÍLIA VIVONE** ATUALIZADA EM 1360

Francesco Vivone (1200-1257) e
Larissa Fracti Vivone (1201-1258)

Rolando (1232–1310) e Giovanna (1234–1311)

Alfredo (1273–1338)

Salvatore (1273–1338)

Sinibaldo (1232–1303) e Anabela (1236–1316)

Alina (1274–1338)

Bianca (1274–1338)

Godofredo (1232–1312) e Matilda (1240–1313)

Michele (1274–1338) e Robert Valois (1272–1338)

Luigi (1275–) e Sigrid Andersen (1305–)

Houston (1338–) e Grace Baltimore (1346–)

Harold (1338–) e Audrey Baltimore (1346–)

Depois de mostrar a árvore às esposas, a primeira pergunta de Grace foi:

— Onde estão os seus pais? Vocês não gostariam que eles viessem para cá? Nós queremos conhecê-los.

— O problema é que eles moram na França, que está em guerra com a Inglaterra. Seria muito difícil trazê-los para cá e, além disso, estão sozinhos administrando o vinhedo que herdaram, e não há muitas pessoas que poderiam substituí-los.

— Tenho uma ideia — disse Lorde Baltimore, que ouvira a conversa entre os casais. — Não sei se Grace ou Audrey lhes contaram algo sobre a minha profissão. Para vocês conhecerem um pouco da minha vida, já que agora somos parentes, devo esclarecer que tenho uma empresa de comércio exterior que opera principalmente entre a Espanha e o Marrocos. Tenho uma frota de 22 navios que, há mais de 15 anos, se dedica à negociação de seda, sal e pimenta provenientes da China. Como tenho uma viagem programada para a cidade marroquina de Tangier, seria possível passar em Marseille e trazer seus pais.

— Mas a Inglaterra está em guerra com a França, e certamente seu navio seria aprisionado no porto — disse Harold.

— Acontece que meus navios viajam com a bandeira da Escócia, portanto entram no porto de Marseille sem qualquer problema. É necessário que vocês escrevam aos seus pais para ver se estão dispostos a enfrentar o mar um tanto agitado nessa época do ano. Mas não se esqueçam de pedir para trazerem "algumas" garrafas de vinho.

Conforme previsto por Lorde Baltimore, a viagem foi terrível. Luigi e Sigrid juraram nunca mais enfrentar tempestades como a ocorrida no Estreito de Gibraltar, mas acabaram chegando à Inglaterra em 1363. Foi indescritível a alegria do reencontro com Harold e Houston, impacientes para exibir ao pai o trabalho na capela de São Jorge.

A chegada de Luigi foi um sucesso. Os engenheiros ingleses e o chefe, Guilherme de Wykeham, ao saberem da chegada do mestre, queriam ter a oportunidade de conhecê-lo. Ficaram maravilhados com suas observações sobre a obra e sentiram a necessidade de aprender as técnicas mais avançadas dos italianos.

— Caro mestre Luigi Vivone — disse Wykeham —, sabemos da sua longa experiência em arquitetura e engenharia adquirida dos especialistas italianos e principalmente do seu pai, Godofredo. Pelas informações que recebemos dos seus filhos, soubemos que ele foi amigo e discípulo do maior construtor de púlpitos da Itália, Nicola Pisano. Se tivermos sua permissão, poderíamos pedir uma audiência à Sua Majestade, Eduardo III, que tem verdadeira paixão pela capela do salão de São Jorge. Ele, certamente, teria prazer em conhecê-lo para discutir outros detalhes do projeto.

— Ficarei honrado por essa oportunidade, mas não sei se estarei à altura de responder todas as perguntas de Sua Majestade.

Não foi necessário marcar a audiência. Ao tomar conhecimento da presença do mestre Luigi Vivone, o rei solicitou sua presença no salão de São Jorge, com o chefe Wykeham e os filhos de Luigi. Como Sua Majestade não estava inteiramente satisfeito com o formato da capela, Luigi se prontificou a desenhar todos os detalhes do púlpito da Catedral de Siena, que tinha alguma semelhança com a parte externa da capela. O desenho teve a imediata aprovação de Eduardo, que solicitou a Wykeham que incluísse Luigi e seus filhos em sua equipe de engenheiros, com a finalidade de criar o formato escolhido, no estilo de Nicola Pisano.

— Vocês podem imaginar que eu gastei 51 mil libras renovando Windsor, quase uma vez e meia a minha renda anual? — perguntou o rei. — Ainda bem que consegui pagar grande parte dos custos com o dinheiro dos resgates que recebi dos franceses, após as minhas vitórias nas batalhas de Crécy, Calais e Poitiers.

14

Luigi, auxiliado pelos filhos, dedicou-se à capela por mais quatro anos, até 1367. Lamentavelmente, quando examinava um dos arcos na abóbada da capela, sofreu uma queda de grande altura e teve uma severa concussão no crânio, vindo a falecer no local. A notícia só chegou à sua esposa algumas horas depois. O drama repercutiu na corte de Eduardo III, que mandou chamar Simon Langham, arcebispo de Canterbury, para as exéquias. Com o falecimento de Luigi, os filhos encerraram também seu trabalho na capela de São Jorge.

Sigrid já havia se queixado amargamente durante o período em que ela e o marido permaneceram na Inglaterra, alegando o abandono a que estava sujeita em virtude do intenso trabalho de Luigi e dos filhos. Desejava ardentemente voltar à Noruega para a cidade onde nasceu. Sem o seu marido, decidiu que seria oportuno realizar o sonho, embarcando para a sua terra natal em 1367.

Convidados por Lorde Baltimore, Harold e Houston passaram a morar na propriedade que seria herdada pelas irmãs Grace e Audrey — e por eles como maridos. Quando chegaram a Southampton anos atrás, os dois irmãos não poderiam imaginar a mudança em suas vidas na Inglaterra, passando de uma família de vinicultores para a nobreza. Contribuiu para isso a especialidade aprendida com Luigi.

As duas irmãs descobriram o livro *Moralidade e Ética* numa das malas de Harold e perguntaram do que se tratava.

— Vocês gostariam de ler o livro do meu bisavô? — perguntou Houston.

— Claro, estamos curiosas para saber detalhes do que ele escreveu na Itália.

Algumas ideias surgiram nas mentes das irmãs depois de lerem a obra de Francesco. Assim como a maioria, elas também acharam que o livro deveria ser utilizado para aperfeiçoar o comportamento das pessoas. Entretanto, reconheciam que seria difícil mostrar aos outros que a honestidade e a decência devem ser adotadas por todos, e convencer aqueles que preferem seguir princípios opostos. Grace achou que Francesco havia sido vítima de um otimismo exagerado.

— Deve haver outra forma de implantar as ideias dele — disse Grace —, e por isso propus à minha irmã estudarmos mais a fundo a questão filosófica dessa implantação. Pensemos um pouco. Uma das grandes dúvidas que eu tenho, por exemplo, é a questão das guerras. É possível considerar como virtuoso um rei ou um papa que invade terras alheias ou que promove guerras? Eu acho que não, porque ele cometeu uma agressão. E quanto ao monarca que se defende quando atacado? Quer me parecer que no primeiro caso se trata de um ato de ganância, enquanto no segundo de legítima defesa, mas em ambos os casos morrerão soldados e pessoas inocentes.

— Gostaria de adicionar — disse Audrey — o caso de ataques de malfeitores a pessoas inocentes e a defesa contra eles, visando salvar as suas vidas. Qual seria a diferença entre esse episódio e o exemplo que você deu da guerra? Entendo que é necessário estudar melhor todas essas possibilidades.

— Eu queria fazer mais algumas observações — insistiu Grace. — Acho que Francesco não considerou as diferenças de caráter entre as pessoas no mundo. Tenho certeza de que é muito difícil convencer um bandido de que ele deve ser honesto, mostrando-lhe como é horrível roubar. Ele jamais se convencerá disso facilmente, mas também há outras formas de convencer as pessoas a serem boas e, com certeza, todas as religiões têm isso por princípio, ao pregar o amor. Além disso, os crimes cometidos são admitidos como normais pelos reis e pelo próprio povo, pois constituem regras aceitas por todos. Um exemplo é a condenação à morte de bruxas ou hereges. Talvez, no futuro, seja condenada por muitos a execução sumária dessas pessoas, mas hoje isso não é considerado um crime. Como avaliar se, o que é errado hoje, poderia ser certo ou aceitável em outro momento? Eu tenho mais uma dúvida: todos os membros da família Vivone adotaram os princípios de Francesco, mas vocês acreditam realmente que, durante toda a sua vida, eles nunca cometeriam algum ato que entraria em conflito com algumas dessas regras? Pode ser que os Vivone respeitem ao máximo tais princípios, mas algum dia cometerão um deslize, nem que seja pequeno. Ninguém é perfeito e não se pode esperar que seja.

— Bem, Grace, eu acho que você está certa — retrucou Houston —, mas acho que Francesco procurou elaborar regras de moralidade rígidas a fim de mostrar o que seria perfeito. Entretanto, tenho certeza de que ele conhecia a natureza humana. Por outro lado, tente imaginar se, ao escrever o livro, dissesse que o ideal é adotar os seus princípios morais, mas que existem questões culturais que transcendem o que outras sociedades consideram certo ou errado. Com isso ele estaria dando uma saída disfarçada a um possível pecador que usaria esse argumento para cometer o pecado. Quanto à questão das guerras, eu concordo que defender o seu país contra invasões não constitui um crime. Mas tudo tem os seus limites e, na verdade, nem tudo é tão rigoroso. Quanto a mim, tentarei de coração respeitar os conceitos do meu bisavô como norma para a minha vida, e sei que todos da família Vivone farão o possível para viver de acordo com esses princípios.

— Gostei dos seus argumentos, meu querido — completou Grace.

Em 1370, Harold e Houston estavam com 32 anos de idade, e Grace e Audrey com 24. Evidentemente, o pai das moças desejava que suas filhas lhe dessem netos que herdariam as suas propriedades e a empresa de navegação. Finalmente, em 1374, nasceu o primeiro herdeiro, Anderson, filho de Grace e Houston. Dois anos depois, em 1376, Audrey, esposa de Harold, deu à luz uma menina de nome

Lilian. Os sete anos após 1370 foram férteis em nascimentos. Em 1375 nasceu Jefferson, também filho de Grace. Em 1377, para tristeza geral, Harold e Audrey tiveram uma filha natimorta, Emily.

Cessaram temporariamente os esforços de fundar a sonhada instituição, em virtude do crescimento da família e dos cuidados necessários com as crianças. O livro foi cuidadosamente guardado por Harold, para posteriormente entregá-lo aos filhos. Ele, por sua vez, ansiava por voltar à vinícola em Marseille e adoraria levar a família e Lorde Baltimore para a França.

Após o falecimento do príncipe de Gales, o Príncipe Negro (1330–1376) e do rei Eduardo III (1327–1377), assumiu o reino seu neto Ricardo II (1367–c. 1400), com apenas 10 anos de idade. O início do seu reinado foi tumultuado, em virtude de um imposto de 1 xelim por adulto, que havia sido introduzido em 1377 como forma de financiar as campanhas militares no continente — continuação da Guerra dos Cem Anos, travada por Eduardo III. Os camponeses, como resposta, promoveram uma revolta por reformas e pelos direitos dos servos. Ricardo II concordou, finalmente, em introduzir modificações tais como rendas justas e a abolição da servidão — revogadas pouco depois.

No final de 1382, com as crianças um pouco maiores — e capazes de enfrentar a viagem planejada por Harold —, Lorde Baltimore aproveitou uma exportação de seda para o Marrocos para que a família pudesse conhecer a propriedade dos Vivone em Marseille. Desta vez não houve tempestades, como a enfrentada por Luigi e Sigrid. Chegaram à vinícola em 1383. Baltimore e suas filhas ficaram simplesmente deslumbrados com a beleza do local. Nunca haviam visto propriedade tão bem cuidada.

Os funcionários da fazenda lá se encontravam, cuidando da produção como se os proprietários nunca tivessem saído. Todo o dinheiro ganho com a venda de uvas e vinhos estava devidamente guardado e controlado. Foi uma surpresa para os irmãos, que não tinham certeza do que encontrariam. Em reconhecimento à excepcional honestidade dos leais empregados, Houston promoveu uma festa em homenagem a eles, com vinho, faisão e outras comidas típicas francesas.

— Gostaria de prestar uma sincera homenagem aos quatro leais amigos que, em nossa ausência, tão bem cuidaram da propriedade dos nossos queridos pais, Luigi e Sigrid. Posso afirmar categoricamente que vocês refletem tudo aquilo que o meu bisavô Francesco Vivone preconizou em seu livro *Moralidade e Ética*, ou seja, vocês são absolutamente virtuosos. Como retribuição pela lealdade demonstrada, decidimos outorgar a vocês um quinto da nossa propriedade para que possam produzir e usufruir os benefícios que a terra lhes oferecerá.

Enquanto Lorde Baltimore voltava para a Inglaterra, os irmãos decidiram permanecer na vinícola com as esposas e as crianças para aproveitarem a paz que a fazenda lhes proporcionava. Ao mesmo tempo, dariam aos filhos a chance de entender o tipo de vida na área rural e aprender perfeitamente o idioma francês. Antes de embarcar, Lorde Baltimore fechou um acordo com Harold e Houston para exportar para a Inglaterra os vinhos fabricados na vinícola, o que garantiria às duas famílias uma renda considerável.

15

Notícias sobre as disputas internas chegavam da Inglaterra, que arrefecia temporariamente a guerra contra a França. Ricardo II da Inglaterra teve de enfrentar rebeliões dos camponeses e da nobreza, culminando com a ascensão de Henrique de Lancastre (neto de Eduardo III) ao trono, em 1399, com o título de Henrique IV (1367–1413).

Na França, por sua vez, com a morte de Carlos V, ocorrida em 1380, ascendeu ao trono Carlos VI, com 12 anos de idade e chamado de "O Insensato". Logo surgiram disputas da nobreza francesa pelo poder, formando-se dois grupos, os chamados Armagnacs e os Borguinhões, iniciando uma guerra civil entre as duas facções. Por considerarem Carlos VI como incapaz, os Borguinhões pretendiam tomar o poder, mas foram derrotados, aliando-se em seguida aos ingleses.

Em 1400, início do Século XV, Harold e Houston tinham 62 anos de idade e as esposas 54, enquanto seus filhos tinham de 24 a 26 anos. Anderson, Jefferson e Lilian tornaram-se grandes empresários da indústria de vinhos finos e tiveram um retorno financeiro considerável. Foi definitivamente um ano de grande progresso para a família Vivone. Com a morte de Lorde Baltimore, em 1399, as filhas herdaram uma propriedade de tamanho descomunal na Inglaterra, e sua volta era aguardada ansiosamente pelos seus antigos amigos e funcionários. Nessa ocasião, a família soube que Sigrid, mãe de

Harold e Houston, havia falecido há quase 30 anos em Oslo, em 1369 — 2 anos depois de chegar à Noruega.

Para controle dos leitores, achamos conveniente apresentar mais uma vez a árvore genealógica da família Vivone, com as respectivas datas de nascimento e falecimento atualizadas:

ÁRVORE GENEALÓGICA DA **FAMÍLIA VIVONE** ATUALIZADA EM 1400

Francesco Vivone (1200-1257) e
Larissa Fracti Vivone (1201-1258)

- Rolando (1232–1310) e Giovanna (1234–1311)
  - Alfredo (1273–1338)
  - Salvatore (1273–1338)
- Sinibaldo (1232–1303) e Anabela (1236–1316)
  - Alina (1274–1338)
  - Bianca (1274–1338)
- Godofredo (1232–1312) e Matilda (1240–1313)
  - Michele (1274–1338) e Robert (1273–1338)
  - Luigi (1275–1367) e Sigrid (1305–1369)
    - Houston (1338–) e Grace Baltimore (1346–)
      - Anderson (1374–)
      - Jefferson (1375–)
    - Harold (1338–) e Audrey Baltimore (1346–)
      - Lilian (1376–)
      - Emily (1377–1377)

■

Para dar uma ideia da quantidade de monarcas que reinaram durante os séculos XIII a XV, achamos importante fornecer uma lista com três datas distintas. A primeira é a data de nascimento dos reis, a segunda informa a data em que assumiram o cargo e a terceira representa o seu falecimento:

Reis da França e da Inglaterra entre os Séculos XIII e XV

Reis da França	Reis da Inglaterra
Luiz IX (1214 – 1226 – 1270)	Henrique III (1207 – 1216 – 1272)
Felipe III (1245 – 1271 – 1285)	Eduardo I (1239 – 1272 – 1307)
Felipe IV (1268 – 1285 – 1314)	Eduardo II (1284 – 1307 – 1327)
Luis X (1316 – 1314 – 1289)	Eduardo III (1312 – 1327 – 1377)
João I (1316 – 1316 – 1316) cinco dias	Ricardo II (1367 – 1377 – c. 1400) Neto
Felipe V (1291 – 1316 – 1322) Tio	Henrique IV (1367 – 1399 – 1413) Neto de Eduardo III
Carlos IV (1294 – 1322 – 1328) Irmão	Henrique V (1386 – 1413 – 1422)
Felipe VI (1293 – 1328 – 1350) Neto de Felipe IV, o Belo	Henrique VI (1421 – 1422 – 1471)
Joao II (1319 – 1350 – 1364)	Eduardo IV (1442 – 1461 – 1483)
Carlos V (1338 – 1364 – 1380)	Eduardo V (1470 – 1483 – c. 1483)
Carlos VI (1368 – 1380 – 1422)	Ricardo III (1452 – 1483 – 1485)
Carlos VII (1403 – 1422 – 1461)	Henrique VII (1457 – 1485 – 1509)
	Henrique VIII (1491 – 1509 – 1547)

http://www.medieval-life-and-times.info/medieval-kings/medieval-kings-timeline.htm
http://www.timeref.com/people/rulefran.htm. Constam ainda outros reis depois de 1.500

Os últimos acontecimentos foram surpreendentes. Com a renda da vinícola e a herança na Inglaterra, os Vivone amealharam uma fortuna considerável, e precisavam decidir o que fazer com esses recursos e com a nova propriedade. Numa das reuniões da família, foram analisadas as inúmeras possibilidades que se apresentavam para o futuro. Uma delas seria vender a vinícola e voltar para a Inglaterra. Outra consistiria em arrendar a propriedade a outros produtores de vinho. Numa terceira hipótese, um dos casais com seus filhos ou filha poderia permanecer na vinícola e administrar normalmente a produção, enquanto os outros iriam para as terras herdadas, próximas ao castelo de Windsor.

Grace, por outro lado, havia se interessado muito pelo livro de Francesco e achava que seria oportuno investir uma parte do dinheiro para fundar uma escola com os fundamentos do Moralismo. Essa escola poderia ser construída na França ou na Inglaterra ou em ambos os países. Era necessário, entretanto, verificar como se achava a situação do papa e do rei atuais, e se haveria algum perigo em fundar escolas diferentes como essas.

— Como vocês sabem, neste momento existe uma disputa entre os papas — alegou Audrey —, ou seja, em Roma, o papa é Bonifácio IX[1] cujo pontificado foi marcado pela oposição dos antipapas de Avignon e pelo Grande Cisma do Ocidente[2].

"Os cardeais franceses em Avignon elegeram Clemente VII[3] e, tanto ele quanto Bonifácio IX reclamam para si o poder sobre a Igreja Católica. Os dois promoveram trocas mútuas de excomunhão e acusações de heresia. Imaginem que cada um dos papas tem apoios em diferentes países. Por exemplo, França, Aragão, Castela, Leão, Chipre, Borgonha, Condado de Saboia, Nápoles e Escócia reconheceram o antipapa de Avignon, enquanto Dinamarca, Inglaterra, Flandres, o Sacro Império, Hungria, Norte da Itália, Irlanda, Noruega, Polônia e Suécia apoiaram o papa de Roma. Com a morte de Clemente VII, o antipapa eleito em Avignon foi Bento XIII[4].

"O atual rei da Inglaterra é Henrique IV, com o qual não temos nenhuma relação como tínhamos com o seu avô Eduardo III, na época da construção da capela de São Jorge. Enfim, devido a essa situação confusa, não vejo motivo para não inaugurarmos o colégio aqui em Marseille. Quanto à Inglaterra, como eles apoiam o papa Bonifácio IX de Roma, eu também não teria medo de criar uma escola perto do castelo de Windsor. O caso da fuga dos Vivone já deve estar totalmente esquecido."

— Mas isso causaria uma separação de nossas famílias — alegou Harold. — Seria mais eficaz se todos participassem em uma só escola

1 Papa Bonifácio IX (c. 1350–1404)

2 Crise religiosa que se iniciou em 1378 entre os dois papados. http://www.infoescola.com/historia/grande-cisma-do-ocidente/

3 Antipapa Clemente VII (1342–1394)

4 Antipapa Bento XIII (1328–1423). http://www.infopedia.pt/$bento-xiii-(antipapa)

e depois, conforme o seu sucesso, poderíamos pensar em estabelecer outra na Inglaterra.

— Não concordo com nenhuma dessas ideias — contrapôs Houston. — Acho que a nossa propriedade aqui em Marseille está garantida, principalmente porque temos nossos funcionários de confiança tomando conta da produção e das vendas. Eu acho que devemos cuidar urgentemente da nossa herança na Inglaterra, pois os nobres que sempre mostraram uma forte inveja pela enorme propriedade do nosso sogro poderiam alegar que ela pertence também a eles. Apesar do absurdo da pretensão, como as terras estão sendo cuidadas apenas pelos empregados, se tornariam presa fácil para invasões dessa gente. E, depois de perpetrado o crime, seria muito difícil expulsá-los. Além do mais, vocês não pensaram na empresa de navegação e comércio exterior de Lorde Baltimore. Será que os atuais administradores não terão outros planos, talvez até tomá-la de nós?

— Realmente o meu irmão tem razão, eu não havia pensado nisso — disse Harold. — Portanto, se todos estiverem de acordo, devemos partir para a Inglaterra o mais breve possível.

16

Com todas as providências tomadas em relação à vinícola, em 1403 a família Vivone voltou à Inglaterra. A primeira providência tomada teve por objetivo verificar se houvera alguma invasão na propriedade. A segunda foi arrolar todos os bens do falecido Lorde Baltimore, para obter o título definitivo do imóvel e a posse legal dos outros bens. A terceira consistiu em verificar como andava a empresa e se o nobre, conforme prometera, deixara escrito que a família Vivone passaria a administrá-la, ficando a presidência com Grace e a administração financeira com Audrey. Jefferson e Anderson ficariam responsáveis pela frota e pelo comércio com o Marrocos, com a Espanha e com outros países. Lilian, entretanto, devido à sua extrema habilidade em se relacionar com pessoas de alto nível social, ficaria responsável pelos contatos com os grandes clientes. Harold e Houston, saudosos dos seus trabalhos como engenheiros, pretendiam visitar o castelo de Windsor para verificar como havia progredido a obra da capela.

Aparentemente, as coisas se ajustaram melhor do que o esperado. Não houve qualquer turbação da posse, os funcionários da firma já haviam sido comunicados por Lorde Baltimore de que a família ficaria responsável pela empresa.

Guilherme de Wykeham, construtor chefe do castelo de Windsor ficou encantado com a visita dos dois irmãos. Ele havia mandado gravar o nome de Luigi, Harold e Houston Vivone na antessala da capela de São Jorge, em reconhecimento ao trabalho. Foi uma glória ter o nome dos Vivone num local tão famoso como o castelo de Windsor. Em seguida, Wykeham sugeriu que os dois fossem apresentados ao rei Henrique IV.

Duas semanas depois, souberam pelo rei que ele esteve presente durante a cerimônia comemorativa pelo término de uma das partes da capela. Henrique já havia tomado conhecimento da contribuição de Luigi Vivone e dos seus filhos gêmeos. Sugeriu que a família Vivone fosse agraciada com um convite para o acesso permanente ao castelo de Windsor. Nessa ocasião, Houston aproveitou a oportunidade para comunicar ao rei que haviam se mudado definitivamente para a Baltimore Estate, herdada pelas suas esposas. Contou-lhe também sobre a enorme empresa de navegação e comércio exterior que Lorde Alfred Baltimore havia deixado para a família, com um total de 22 navios para comércio com a Europa e a África. Acrescentou que, antes da morte do sogro, as exportações incluíam apenas seda, sal e pimenta para o Marrocos e a Espanha, mas que agora, sob a administração dos filhos, foi incluído o vinho produzido em Marseille — considerado um dos melhores da França, produzido na vinícola herdada pela sua falecida mãe que havia se casado com Robert de Valois, tio de Felipe VI da França.

Tudo isso impressionou Henrique que, imediatamente, vislumbrou uma oportunidade para desenvolver o comércio exterior da Inglaterra utilizando a frota dos Vivone, pois os ingleses se ressentiam da pouca exportação de lã de alta qualidade. Por outro lado, o vinho francês poderia fazer parte da pauta de importação.

Enfim, Houston acabava de abrir uma porta para o reino da Inglaterra. A próxima etapa seria importar algumas caixas de vinho para o rei e sua corte, uma forma mais rápida de desenvolver uma fonte adicional de renda para a família, pois a qualidade do vinho era inigualável, bastaria ser consumida pela nobreza do país para ser aceita por toda a Inglaterra.

Tal foi a alegria com as notícias trazidas pelos dois irmãos, que só faltou receber permissão do rei para implantar o colégio tão sonhado por Francesco. Mas isso seria algo ainda a ser tratado no futuro próximo.

No início de 1404, para aumentar a alegria da família, Harold e Houston receberam um convite de Guilherme de Wykeham para comparecer ao castelo de Windsor o quanto antes, pois ocorrera a queda de uma coluna construída por dois de seus auxiliares. Ao chegarem, verificaram que eles não haviam calculado adequadamente a quantidade de ferro necessária para sustentar a estrutura. Extremamente irritado, Wykeham cometeu um erro de diplomacia ao censurar os culpados em altos brados, na presença dos dois irmãos.

— Vocês podem procurar trabalho em outra obra. Aqui no castelo não serão mais admitidos. Aprendam melhor o seu ofício e façam como os irmãos Vivone, que conhecem profundamente o seu ramo.

Pode-se imaginar a vergonha que passaram os dois engenheiros culpados. Antes do malfadado acontecimento, eles já haviam ficado furiosos por terem sido preteridos em favor dos irmãos, quando da construção da capela de São Jorge. Harold percebeu imediatamente que o ódio estampado na fisionomia de ambos poderia ter consequências imprevisíveis. Ainda por cima, tratava-se de dois jovens ex-militares especialistas no manuseio da espada, descendentes de uma das famílias inimigas de Henrique IV.

Houston comunicou à família e aos empregados ter sentido que a falta de habilidade de Wykeham atiçou o ódio dos engenheiros e preveniu a todos que se mantivessem atentos, nos próximos dias, contra qualquer tipo de ameaça. Um dos sinais que confirmaram os receios de Houston foi o aparecimento, dois dias depois, de dez ou doze tochas acesas na divisa da propriedade familiar, sem que os responsáveis pudessem ser identificados devido à distância em que se encontravam. O episódio durou apenas quinze minutos, mas foi suficiente para apavorar os empregados e todos os membros da família.

— Temos que levar isso ao conhecimento da guarda do castelo — argumentou Lilian. — Não temos a menor defesa contra ataques, principalmente pelos atacantes serem militares, certamente treinados para esse tipo de operação. Contei doze tochas ao todo, sei que isso significa uma ameaça séria.

— Acho que ficaria desagradável solicitar auxílio do comandante da guarda, pois não podemos provar nada — ponderou Audrey. — Não houve invasão, ninguém foi ameaçado, só sabemos que a experiência foi muito triste e amedrontadora. Mas temos que esperar, pois talvez eles não voltem mais. Mesmo assim, vamos manter a casa toda trancada e fechar a cocheira.

Um mês depois, o drama já havia sido esquecido. Anderson e Jefferson receberam as caixas com o vinho e ficaram ansiosos por saber a reação de Henrique IV. Vieram oito caixas com doze garrafas cada, quantidade suficiente para satisfazer toda a corte do rei. A entrega seria feita pelos empregados, mas Lilian resolveu ir junto para conhecer Windsor, e possivelmente visitar os locais onde se encontrava a nobreza da corte.

Depois de admitida no castelo, graças à oferta de acesso permanente concedida por Henrique IV, Lilian e os empregados se perderam no interior da imensidão do suntuoso palácio. Por acaso, entrou num imenso salão onde justamente o rei se achava reunido com seus nobres conselheiros.

Surpreso com a aparição, o rei indagou o que significava essa invasão por uma moça tão linda, e como se atrevia a incomodá-lo numa das suas reuniões com o conselho de guerra.

— Peço humildes desculpas a Vossa Majestade. Estive perdida nos corredores e decidi entrar nesta porta para ver se conseguiria achar o caminho. Estou aqui com os meus empregados para trazer as oito caixas de vinho francês da nossa propriedade em Marseille. Os meus irmãos, responsáveis pelas exportações, me contaram que, felizmente, o navio que carregava os vinhos conseguiu vencer a terrível tempestade no Estreito de Gibraltar.

— Bem, além de estar perdoada, quero que transmita aos seus irmãos os meus agradecimentos e, principalmente a Harold e Houston pela atenção que tiveram, sabendo da minha predileção por vinhos franceses. Por outro lado, gostaria de aproveitar a oportunidade de comunicar à sua família que, dentro de cinco dias, haverá um baile de comemoração pelas minhas vitórias na guerra contra a França, e eu ficaria honrado com a presença de todos.

17

Harold e Houston permaneceram em casa com suas esposas, enquanto os três filhos — Lilian, Anderson e Jefferson — se dirigiram ao baile no castelo. Reconhecida pelo rei, Lilian, a mais extrovertida da família não teve qualquer dificuldade em se projetar como pessoa charmosa, inteligente e, sobretudo, comunicativa. Por outro lado, Anderson e Jefferson encontraram famosos comerciantes, principalmente exportadores ingleses ansiosos por ouvirem mais sobre os vinhos franceses e sobre as exportações da família Vivone.

O verdadeiro assédio dos jovens ingleses à bela Lilian foi totalmente imprevisto. Ela não sabia a quem conceder a primeira dança, mas finalmente rendeu-se a um cavalheiro que considerou o mais elegante e atraente. A noite foi maravilhosa para os três irmãos.

Ao voltarem à Baltimore Estate, viram ao longe uma densa fumaça. Correndo o quanto podiam, viram, horrorizados, um incêndio que havia destruído completamente a cocheira, e imediatamente notaram a ausência dos seis cavalos. Receando que algo mais grave tivesse ocorrido, rapidamente entraram na residência e subiram aos quartos. É impossível avaliar a cena de horror que presenciaram. Os pais haviam sido assassinados de modo bárbaro. Aparentemente não conseguiram esboçar qualquer reação, pois não chegaram a se levantar das camas. Devem ter sido apunhalados enquanto dormiam. No corredor, entre os dormitórios, jaziam os corpos ensanguentados de dois dos mais fiéis empregados. Os jovens caíram em prantos, tentando desesperadamente verificar se ainda haveria um mero sopro de vida, mas foi inútil.

Decidiram voltar ao castelo, para alertar o corpo da guarda e receber socorro para prevenir outros possíveis morticínios. Teriam que tomar as medidas para o enterro dos pais e dos empregados, e solicitar providências para uma investigação sobre os responsáveis pela chacina. Os três irmãos imediatamente ligaram o episódio aos engenheiros censurados há mais ou menos um mês.

Na madrugada do dia seguinte, soldados do castelo, liderados pelo comandante da guarda, Jeffrey Wilson, compareceram à residência e presenciaram a cena dantesca. As profundas amizades conquistadas pelos falecidos gêmeos abalaram os nobres do castelo. O rei, ao saber do ocorrido, mandou iniciar minuciosa investigação e prometeu condenar os responsáveis à forca. Enviou um mensageiro à antiga propriedade de Lorde Baltimore para transmitir seus sinceros sentimentos.

Lilian informou ao comandante Wilson de que os cavalos roubados tinham as marcas AB, de Alfred Baltimore, e certamente seriam facilmente reconhecidos por quem os achasse. Assim, a captura dos assassinos poderia acontecer mais rapidamente.

As notícias colhidas pelos soldados, com os parentes dos engenheiros, foram vagas, pois os dois teriam partido com outros companheiros para uma caçada nas florestas do reinado. Souberam também que levavam cavalos que, de acordo com as informações, haviam sido comprados recentemente. Tudo levava a crer que se tratava dos assassinos.

O comandante Wilson imediatamente enviou um pelotão de soldados e cães farejadores à floresta à caça dos suspeitos. A investigação resultou negativa, pois não encontraram qualquer rastro que pudesse indicar o caminho por eles percorrido. Portanto, a informação recebida se revelou falsa.

A missa solene pela morte dos Vivone foi celebrada pelo arcebispo de Canterbury, Thomas Arundel, com a presença da nobreza de Windsor, dos amigos e dos fiéis empregados de Alfred Baltimore.

Compareceram ainda os engenheiros do castelo na ausência de Guilherme de Wykeham, falecido poucas semanas antes do triste episódio. Esteve presente também o cavalheiro que conheceu Lilian e seus irmãos no baile. Os pais foram enterrados no cemitério particular situado na propriedade, com os seguintes dizeres sobre o túmulo:

**AQUI JAZEM OS NOSSOS QUERIDOS PAIS,
AUDREY E HAROLD VIVONE, E GRACE E HOUSTON VIVONE,
ASSASSINADOS BARBARAMENTE EM SUA RESIDÊNCIA
CONDADO DE CASTLE HILL – OUTUBRO DE 1404**

Soube-se mais tarde que o cavalheiro citado era o filho mais velho de Henrique IV e de sua mulher Maria de Bohun. Conhecido como Henrique de Monmouth, do País de Gales (1386–1422)[1], foi nomeado cavaleiro em 1399, e teve que participar precocemente dos negócios de Estado, inclusive em campanhas militares onde se mostrou genial. Conseguiu vencer várias insurreições populares, prestando valorosos serviços ao seu pai.

Nos dias que se seguiram, Henrique passou a visitar Lilian, argumentando que desejava consolá-la pela perda dos pais, mas na realidade sentia cada vez maior atração por ela. As obrigações com o seu pai, entretanto, chamaram-no à realidade, uma vez que a Inglaterra se encontrava em guerra com a França. Lilian tinha certeza de que não seria apropriado haver qualquer envolvimento amoroso com um homem que seria o próximo rei da Inglaterra.

Henrique ficou extremamente chocado com o assassinato dos pais de Lilian e prometeu fazer tudo para achar os malfeitores. De fato, ele mesmo elaborou um plano para persegui-los, mas dessa vez resolveu enviar as tropas para o norte, pois não acharam nenhum vestígio na floresta onde teriam entrado com os cavalos.

1 http://www.dec.ufcg.edu.br/biografias/RBHenr05.html

Aparentemente a estratégia deu resultado, pois em todas as vilas visitadas pelos soldados, souberam que seis cavaleiros passaram pelo local, só se detendo para beber e se alimentar, mas ninguém havia notado as marcas gravadas nas ancas dos cavalos. Pelas indicações obtidas, se poderia dizer que tomaram a direção de Watford, a cerca de 40km do castelo de Windsor. As informações estavam corretas, pois pouco antes de chegarem a Watford, havia uma estalagem, de nome Flanagan Inn, onde estavam seis cavalos amarrados em frente à entrada. Todos com a marca AB.

Sem titubear, os soldados cercaram o local, enquanto oito deles entraram por onde se localizavam o refeitório e o bar. Ali se encontravam pelo menos vinte pessoas bebendo e jogando cartas. Entre elas reconheceram os dois engenheiros que haviam sido demitidos por Wykeham. Os outros quatro eram também ex-militares que participaram da chacina. Vendo-se cercados por um número muito superior, renderam-se sem esboçar qualquer resistência.

Os prisioneiros foram levados ao castelo de Windsor, onde ficaram aguardando julgamento. Ao receber a notícia, Lilian não resistiu e abraçou Henrique efusivamente, percebendo o quanto havia se deixado levar pelos seus encantos. O mesmo aconteceu com Henrique, porém ambos sabiam que um possível envolvimento seria impossível em virtude das suas obrigações na guerra contra os franceses.

Os seis assassinos foram condenados à morte por enforcamento. Lilian e seus irmãos pediram a Henrique que não os enforcassem em praça pública, pois as experiências tidas na França com castigos semelhantes foram extremamente traumáticas. Uma semana depois souberam que as sentenças foram executadas dentro do castelo.

18

Em 1404, Lilian estava com 28 anos, Anderson, o mais velho, com 30, e Jefferson com 29. Com um capital enorme devido ao sucesso nas exportações, resolveram enfim planejar a constituição das escolas que tanto atraíram as suas mães. Lamentavelmente elas não viveram para realizar o sonho. Portanto, os três decidiram estudar em minúcias o livro *Moralidade e Ética* em poder de Lilian. Com tantos lugares pelos quais passaram, adquiriram a experiência necessária para administrar os colégios. Anderson, no entanto, apaixonado pela empresa de exportação pediu para não participar do projeto, uma vez que o seu relacionamento com o mundo comercial havia sido cuidadosamente planejado. Seu propósito era o de continuar auferindo os fartos lucros com os produtos ingleses e franceses. A guerra não teria grande influência sobre os negócios, pois sua frota sob a bandeira da Escócia não teria dificuldade de aportar em qualquer cidade da França ou de outros países, graças à estratégia do seu tio-avô Alfred Baltimore. Além disso, suas viagens permitiriam rápidas visitas à vinícola de Marseille para controlar a produção e as vendas.

Em 1405, Lilian encontrou o amor de sua vida num dos seus passeios ao castelo de Windsor, quando se preparava para entregar vinte caixas de vinho vendidas aos nobres da corte. Num dos corredores estava um dos seus admiradores, que tentara cortejá-la durante o baile em que ela conheceu o futuro rei Henrique V. Tratava-se de um cavalheiro de nome Frederic Swinston, grande amigo de Henrique, nascido em 1390, pouco mais moço que Lilian. Não demorou muito para que nascesse uma paixão incontrolável, resultando em um pedido de casamento. A união foi celebrada na residência de Lilian com a presença apenas dos seus dois irmãos.

A escola, inaugurada em 1410, foi construída na Baltimore Estate, próxima ao castelo de Windsor. Seu nome, cuidadosamente escolhido, ficou sendo **THE ROYAL SCHOOL OF MORAL INTEGRITY.** À festa compareceu uma grande parte da nobreza do rei Henrique IV, que enviou seu filho Henrique de Monmouth para prestigiar a nova instituição e comemorar o casamento de Lilian com Frederic.

Sempre norteada pelos princípios contidos no livro escrito por Francesco, Lilian, Jefferson e Frederic conseguiram tornar a escola famosa em poucos anos. Admitiam-se crianças e adultos de todas as classes sociais, não se aceitavam quaisquer pagamentos e todos os materiais escolares eram fornecidos gratuitamente. Os professores eram remunerados com salários condizentes com a sua especialização e todos os custos eram suportados pela família Vivone. Além de outras matérias, o estudo dos *Princípios Básicos do Moralismo* constituía o curso mais importante do currículo. Após dois anos, os diplomados receberiam o certificado de VIRTUOSOS.

Em 1412, realizou-se a festa de formatura dos primeiros diplomados. A convite de Henrique IV, o baile de formatura foi realizado no salão nobre do castelo. O rei não pôde comparecer, pois já se ressentia da moléstia de pele que o atormentava há algum tempo. Durante a cerimônia, todos os alunos foram instruídos a procurarem difundir os princípios do Moralismo na Inglaterra, algo que viria a modificar substancialmente os costumes de grande parte dos ingleses.

Em 1413, faleceu Henrique IV, sendo sucedido pelo seu filho, que subiu ao trono com o nome de Henrique V. Grande estrategista e gênio militar, dedicou-se à restauração da paz interna e do prestígio inglês na Europa. Empenhou-se em uma ofensiva contra o continente e organizou campanhas para conquistar a França, num esforço de guerra que teve apoio integral do povo inglês.

Em uma de suas viagens ao Marrocos, em 1415, Anderson, já com 41 anos, conheceu uma linda marroquina de 25 anos, nascida em Tangiers, em 1390, de nome Samira Amal. Ambos, perdidamente apaixonados, decidiram se casar na vinícola em Marseille. A cerimônia não contou com a presença da família, pois todos estavam envolvidos com a escola. Anderson ficou algumas semanas na França administrando a vinícola e as exportações, e retornou à Inglaterra com sua esposa. No ano seguinte, em 1416, nasceram dois gêmeos de nome Zachary e Gordon, e, em 1418, nasceu Orson. Jefferson não teve a mesma sorte de encontrar uma esposa ideal como o irmão. Ele preferiu se dedicar de corpo e alma à **THE ROYAL SCHOOL OF MORAL INTEGRITY**.

Henrique V conquistou duas grandes vitórias contra os franceses nas batalhas de Harfleur e Azincourt. Depois assinou, com o imperador Sigismundo do Sacro Império Romano-Germânico, um tratado de aliança, o que contribuiu para o fim do Grande Cisma Papal, com a eleição de Martinho V e a volta do papado para Roma. Em 1420, Henrique assinou com os franceses o Tratado de Troyes, tornando-se herdeiro do trono francês e regente da França. Casou-se com Catarina, filha de Carlos VI, atingindo então o auge do poder — mas morreu pouco depois, em 1422, no castelo de Vincennes, na França. Seu corpo foi transladado para Londres e encontra-se sepultado na Abadia de Westminster[1].

Alguns anos se passaram e, em 1425, a família soube que na França havia surgido uma jovem de nome Joana d'Arc, nascida em Domrémy, presumivelmente em 1412. Então com 13 anos, ela dizia ter recebido mensagens de São Miguel, de Santa Catarina e de Santa Margarida, pedindo que salvasse a França sob o reinado de Carlos VII. Apesar das dúvidas surgidas sobre a veracidade das suas visões, em 1428 ela afirmou ter certeza de ter ouvido vozes insistentes para

1 http://www.dec.ufcg.edu.br/biografias/RBHenr05.html

ajudar o rei. As vozes solicitavam que ela se apresentasse a Robert Baudricourt, que comandava a cidade vizinha de Vaucouleur.

A situação militar de Carlos VII estava se tornando insuportável, prevendo-se a sua derrota em Orleans para o fim do ano. Aparentemente, Joana conseguiu convencer Baudricourt, pois, em 1429, ao prever a derrota de Orleans na batalha de Herrings — confirmada após alguns dias —, Joana conseguiu uma entrevista com o rei no castelo de Chinon. Ela tinha o costume de trajar vestes masculinas e, após ser submetida a vários testes por bispos e doutores sobre a sua integridade, o rei decidiu dar-lhe uma espada especial. Porém ela implorou que lhe dessem uma espada antiga, enterrada atrás de um altar na capela de Santa Catarina de Fierbois. A espada, de fato, foi encontrada no local indicado, confirmando o poder de Joana de prever eventos. Mas o fato mais impressionante ocorreu quando ela prometeu libertar Orleans. Declarou ainda que seria ferida, mas não morreria, e que o rei seria coroado em Reims, contando ainda outros eventos que o rei mantinha em segredo.

Aos ingleses, ela mandou uma mensagem avisando-os de que os expulsaria de Orleans, o que os deixou furiosos com a sua audácia. Numa rápida manobra, Joana entrou na cidade e venceu os inimigos. No sétimo dia, foi ferida no peito por uma flecha, mas não morreu. Com mais algumas campanhas, a vitória foi completa, e finalmente Joana d'Arc conseguiu que Carlos VII fosse coroado em Reims, com ela perfilada ao seu lado.

Após mais algumas batalhas, inclusive com um fracasso ao tentar conquistar Paris, Joana foi ferida na coxa por uma flechada. Perdendo cada vez mais prestígio, o duque de Alençon retirou-a das ações militares forçando-a a depor suas armas. Enquanto isso, a nobreza francesa receava que Joana fosse se aliar ao povo contra o rei. Foi Jean de Luxenbourg, vassalo do duque de Burgundy que a vendeu aos ingleses por 10 mil *livres tournois* e, em 1430, ela foi presa e acorrentada numa prisão secular em Rouen, onde foi submetida a um julgamento sem direito a defesa.

Apesar de ter sido salvo por Joana d'Arc da catástrofe que teria sido a tomada de Orleans pelos ingleses, Carlos VII abandonou-a quando ela foi feita prisioneira. Em 1431, ela foi queimada na fogueira pelos ingleses, com base em acusações de bruxaria e heresia[2].

[2] http://www.france.fr/pt/homens-e-mulheres-excepcionais/carlos-vii-o-vitorioso-1403-1461.html

19

Graças à campanha militar de Joana d'Arc e a coroação de Carlos VII, o prestígio do rei teve significativo aumento junto à população. Logo em seguida, iniciou a conquista do norte da França, retomando Paris, a Normandia e a Guyenne, ficando os ingleses apenas com a cidade de Calais. Carlos ainda criou um exército permanente com uma cavalaria constituída das chamadas *compagnies d'ordonance*, uma infantaria formada por franco-arqueiros[1].

Mais uma vez, para esclarecimento dos leitores, apresentamos abaixo as datas de nascimento e morte dos membros da família Vivone.

ÁRVORE GENEALÓGICA DA **FAMÍLIA VIVONE**
ATUALIZADA EM 1431

Francesco Vivone (1200–1257) e
Larissa Fracti Vivone (1201–1258)

Rolando (1232–1310) e Giovanna (1234–1311)

Alfredo (1273–1338)

Salvatore (1273–1338)

Sinibaldo (1232–1303) e Anabela (1236–1316)

[1] http://www.newadvent.org/cathen/08409c.htm.

Alina (1274–1338)

Bianca (1274–1338)

Godofredo (1232–1312) e Matilda (1240–1313)

Michele (1274–1338) e Robert Valois (1273–1338)

Luigi (1275–1367) e Sigrid Andersen (1305–1369)

Houston (1338–1404) e Grace Baltimore (1346–1404)

Anderson (1374–) e Samira Amal (1390–)

Zachary (1416–)

Gordon (1416–)

Orson (1418–)

Jefferson (1375–)

Harold (1338–1404) e Audrey Baltimore (1346–1404)

Lilian (1376–) e Frederic Swinston (1390–)

Emily (1377–1377)

■

Em 1431, a família Vivone era composta apenas de Anderson, com 57 anos, Samira, com 41, Jefferson, com 44, Lilian, com 55, Frederic, com 41, Zachary e Gordon, com 15, e Orson, com 13.

O sonho dos três irmãos consistia em ouvir histórias contadas por Anderson. Numa das noites após o jantar, Orson, o mais curioso, pediu ao pai para contar a história de um homem que a professora da escola havia mencionado, pois ela disse que só dali a dois anos ouviriam sobre o personagem na aula de história.

— Quem é esse homem que a professora mencionou? — perguntou Anderson.

— Ela disse que o nome dele era Marcos Paulo. Você já ouviu falar dele? A professora disse que ele era um aventureiro que viveu em 1254 e nasceu em Vaniza.

— Acho que você não entendeu bem o que ela disse. O nome dele era Marco Polo e nasceu numa cidade na Itália chamada Veneza, em 1254, e morreu em 1324. Então vou contar a história dele, mas antes tenho que falar de dois homens muito importantes. Um se chamava Genghis Khan e o outro Kublai Khan.

— Então conte.

— Vamos falar do Genghis Khan primeiro. Depois eu conto sobre o Kublai e o Marco Polo.

“Genghis Khan foi um dos maiores conquistadores que existiu no mundo. O nome dele era Temujin e nasceu num país chamado Mongólia, no ano de 1162, e morreu em 1227. Como a Mongólia tinha uma porção de tribos que estavam brigando entre si, ele conseguiu acabar com a briga dessa gente, pois era muito poderoso e todo mundo tinha medo dele. Imaginem que depois ele aumentou seu reino, conquistando desde a Ásia até o Mar Adriático, e depois a China inteira, formando o que foi chamado Grande Império Mongol[2].

“Ele tinha um exército poderosíssimo, e todos obedeciam às suas ordens. Fala-se que ele, ao mesmo tempo em que era um bárbaro, era de uma inteligência incrível, considerado um gênio militar. O exército era brutal com as pessoas que moravam nas cidades invadidas, e os soldados de Genghis Khan destruíam tudo o que encontravam. Por isso, todos o chamavam de diabo vindo do inferno. Quando ele nasceu, falaram que era filho de uma raposa cinzenta.

“Mas Temujin, ou Genghis Khan, também tinha inimigos poderosos, chamados nômades, homens e mulheres que não paravam em nenhum lugar, estavam sempre se mudando. Eles precisavam das mercadorias que Genghis Kahn tinha, e ele precisava das mercadorias dos nômades. Então os dois povos estavam em guerra, mas Genghis Khan era mais forte e mais corajoso, vencia sempre.

“Em 1206, Temujin partiu para conquistar o mundo com o seu exército muito bem treinado, formado por seus filhos e outros soldados leais. Inicialmente, ele usava cavalos nas suas invasões, mas logo percebeu que esses animais não serviam para invadir cidades. Então começou a usar outras armas como catapultas que lançavam

2 http://www.britannica.com/EBchecked/topic/229093/Genghis-Khan

pedras enormes a grande distância, escadas, óleo fervente, e equipamento para desviar rios.

"Quase todos os povos invadidos por Genghis Khan se uniram a ele. Apesar de mandar matar todos aqueles que se recusavam a colaborar, Temujin era um homem que gostava de ouvir conselhos, principalmente do irmão e da mãe. Ele também era muito religioso e adorava um deus que chamava de Eterno Céu Azul.

"Imaginem vocês que Genghis Khan teve ao menos dez filhos. Esses se chamavam Ögödei, Tolui Khan, Jochi, Djaghatai Khan, Checheikhen, Alakhai Bekhi, Tümelün, Alaltun, Khochen Beki, Gelejian. Cada nome esquisito, não é?

"Antes de morrer, em 1227, Temujin nomeou seu filho Ögödei[3] como seu sucessor. Pediu aos outros irmãos que obedecessem a ele e lhe deu um exército muito bem treinado e aparelhado. Ögödei também era um homem muito inteligente e aceitava conselhos, mas queria continuar o sonho do pai de invadir a Europa e conquistar o mundo."

— Mas, pai, por que o Genghis Khan escolheu o Ögödei? — perguntou Gordon.

— Porque Genghis Khan gostava mais desse filho. Além disso, Ögödei era grandão, muito inteligente e simpático, e cumpriu o sonho do pai. Quando precisava, pedia conselhos aos generais sobre o que achavam mais certo a fazer, mas também sabia escolher pessoas de confiança. Ögödei conquistou vários países depois da China. Ele invadiu a Coreia, Pérsia, Rússia, Hungria, Polônia e Transilvânia. Se não tivesse morrido, teria invadido também a Áustria, Alemanha, Itália, França e Espanha, e já estava a caminho do Oceano Atlântico, que fica mais a oeste. Ele também abriu novamente a Rota da Seda, onde os comerciantes passavam com os carregamentos de seda do Oriente, ou leste, e que seriam vendidos ao Oeste.

[3] Ögödei Khan (c. 1186–1241). http://www.newworldencyclopedia.org/entry/%C3%96gedei_Khan

"Ögödei foi um homem muito importante. Na verdade, apesar de invadir outros países e matar tanta gente, ele mudou muita coisa por onde passava, trazendo os costumes do Império Mongol para todos esses países invadidos. Ele ainda mostrou aos europeus que existiam outros países do lado leste da Europa, que eles não conheciam.

"Vocês ainda querem ouvir a história de Kublai Khan?"

— Claro que queremos.

— Bem, o Kublai Khan era neto do Genghis Khan e foi o último dos Grandes Khans da Mongólia. Ele foi um fantástico líder militar, também fundador e primeiro imperador da dinastia chinesa Yuan. Dinastia quer dizer uma série de reis de uma mesma família que se sucedem no trono. Por exemplo, um rei morre e o filho se torna rei, e quando ele morre o filho dele também vira rei, e assim por diante. De acordo com a tradição chinesa, ele foi chamado de *Tien-tse* que quer dizer *Filho do Céu*. Kublai era filho do segundo filho de Genghis Khan, e sua mãe se chamava Sorghaghtani Beki.

"A vida de Kublai não foi muito fácil. Em 1251, ele se apaixonou pelos costumes chineses e por isso ganhou o respeito da população chinesa. Imaginem que sua fama chegou até a Europa por meio de Marco Polo, que escrevia sobre ele. Nesse ano, seu irmão mais velho, Mongke, se tornou Khan do Império Mongol e Kublai foi nomeado governador. Em 1259, com a morte de Mongke, Kublai teve que enfrentar o irmão mais moço que queria se tornar imperador. O engraçado é que os dois irmãos se declararam reis e continuaram brigando até Kublai finalmente vencer. Entretanto, teve que enfrentar outra dinastia, a chamada dinastia Song.

"Depois de muita briga, ele se declarou Imperador da dinastia Yuan e unificou a China, acabando por destruir completamente a dinastia Song. Ele fez grandes obras na China, reconstruiu o grande canal, construiu estradas e reformou prédios. Em 1274, pretendeu invadir o Japão à procura de ouro. Também tentou invadir Burma, Vietnã e Java, mas não conseguiu. Ele atacou o Japão pela primeira vez com 900 navios e foi derrotado pelos samurais, grandes guerreiros do

Japão. Em 1281, utilizou 1.170 navios que não tinham sido bem construídos, e foi novamente derrotado. Ele morreu em 1294[4].

"Como vocês estão com muito sono, vamos deixar a história do Marco Polo para amanhã, certo? Foi um longo dia para vocês."

Na manhã seguinte os meninos acordaram cedo para ouvir a história seguinte.

— Então agora conte a história do Marco Polo.

— Marco Polo era um homem muito corajoso. Ele aprendeu a ser comerciante e aventureiro com o seu pai Niccoló Polo e seu tio Maffeo, que viajavam da Europa até a Ásia para vender e comprar mercadorias que não existiam na Europa. O pai e o tio ficaram muito ricos com essas viagens, principalmente com aquelas que fizeram ao Oriente Médio, durante muitos anos. Eles logo conheceram a Rota da Seda, que os mercadores percorriam da China até a Europa para comprar e vender seda, um tecido caríssimo.

"Nos anos de 1260 e 1261, Niccoló e Maffeo moravam numa cidade chamada Constantinopla. Como eram muito espertos, desconfiaram que a situação da cidade estava ficando perigosa. Então, pegaram todos os seus bens, trocaram tudo por joias, e fugiram da cidade indo até o rio Volga, e continuando sempre em direção ao leste."

— Pai, você não explicou o que é leste, nem onde é o rio Volga — reclamou Orson.

— É mesmo, vou explicar. O rio Volga é o maior rio da Europa, tem 3.688km de extensão. Ele nasce no norte da Rússia. Para vocês saberem onde fica a Rússia, fiquem de costas para mim e estiquem o braço para a direita. Aí vocês estão apontando para o leste. Então leste é uma direção, entenderam?

— Entendemos.

— Mas antes vou contar que a Rússia é um país como a Inglaterra, cheio de gente. E fica muito, muito longe. Vocês já pensaram o que são 3.688km de um rio? Eu acho que não dá nem para imaginar, de

4 http://www.newworldencyclopedia.org/entry/Kublai%20Khan

tão grande que é. Se vocês colocassem um barco onde o rio nasce, ficariam no barco durante seis meses até chegar ao fim do rio.

"Bem, chegando à Mongólia, Niccoló e Maffeo fizeram amizade com o Grande Kublai Khan. Kublai confiava mais em estrangeiros do que no seu próprio povo e acabou nomeando os dois como seus embaixadores. Em 1268, ele deu uma ordem para levarem uma carta ao papa Clemente IV, pedindo para que ele mandasse cem homens inteligentes e educados para a Mongólia para ensinarem artes como arquitetura, escultura, pintura, música, dança, poesia e teatro. Além disso, Kublai, que gostava muito de estudar, queria que os estrangeiros ensinassem o cristianismo e os costumes dos europeus ao seu povo. Infelizmente, o papa Clemente IV morreu naquele ano, por isso os dois irmãos não puderam cumprir o desejo de Kublai. Em 1269, voltaram a Veneza e ficaram esperando a nomeação do novo papa, que só foi eleito em 1271. O papa eleito nesse ano foi Gregório X. Foi quando Niccoló e Maffeo convidaram Marco Polo para acompanhá-los nas viagens. Imaginem que o rapaz só tinha 17 anos.

"Entre 1271 e 1295, Marco ficou viajando entre a Europa e a Ásia, permanecendo na China por dezessete anos nesse período. O esforço do pai e do tio facilitou muito sua vida. Com as suas viagens e a experiência com tantos povos, Marco ajudou a aproximar os costumes de nações diferentes e pode ser considerado um dos grandes embaixadores da cultura na história.

"Devido à coragem da família Polo, de viajar por regiões tão afastadas, conseguiram manter um ótimo relacionamento com pessoas de religiões e costumes diferentes. Conseguiram cativar os reis da Mongólia, que tinham o título de Khan, pois estes se impressionaram com a generosidade e franqueza desses estrangeiros da distante Europa."

— Pai, o que é cultura? — perguntou Gordon.

— Uma pessoa que estuda muito e sabe várias coisas é uma pessoa que tem muita cultura. Por exemplo, o professor da minha escola, quando eu tinha a idade de vocês, era um homem de grande cultura, porque tinha estudado muito e ensinava muitas coisas. Eu achava que ele sabia tudo. Isso que é ter cultura entenderam?

— Entendemos.

— Marco se tornou o favorito da corte de Kublai Khan, e ficou trabalhando no reino durante os dezessete anos que permaneceu na China. Ele recebeu permissão de viajar livremente pelo país. Em 1291, Kublai fez a Marco mais um pedido. Queria que ele levasse a princesa Koekecin da Mongólia para encontrar o seu noivo, chamado Ilkhan Arghun. Marco levou uma frota de catorze navios de Quanzhou pelo Mar da China, através do Vietnã para a Java, Sumatra, Sri Lanka e Índia antes de entregar a princesa na Pérsia, para se casar[5]. Em 1294, a princesa foi entregue e os Polo voltaram a Veneza, chegando em 1295[6].

"Quando Marco Polo voltou a Veneza, seus compatriotas não o reconheceram, pois ele havia saído há 24 anos. Marco, seu pai e seu tio chegaram como peregrinos vestidos com roupas esfarrapadas. Todos pensavam que eles tinham morrido. Aí os parentes fizeram um banquete em homenagem aos três, que compareceram vestidos com roupas maravilhosas de cetim e de seda. Quando descosturaram as roupas velhas, cheias de trapos, caiu uma quantidade enorme de joias de valor incrível. Eram rubis, safiras, granadas, diamantes e esmeraldas[7].

"Agora vocês ouviram um montão de histórias e eu já estou muito cansado. Amanhã vamos falar da Royal School."

A Escola continuava crescendo, cada vez com mais candidatos, o que chegou ao conhecimento das autoridades do castelo de Windsor.

5 https://books.google.com.br/books?id=LXyyYs2cRDcC&pg=PT232&dq=Marco+Polo+e+Princesa+Koekecin&hl=pt-.BR&sa=X&ved=0CCwQ6AEwAGoVChMIj53M6638xwIVSQuQCh0yoA6q#v=onepage&q=Marco%20Polo%20e%20Princesa%20Koekecin&f=false

6 http://www.newworldencyclopedia.org/entry/Marco%20Polo

7 http://www2.uol.com.br/historiaviva/reportagens/as_fantasticas__e_verdadeiras__aventuras_de_marco_polo.html

Achavam que as ideias ensinadas na Royal School conflitavam com as outras instituições de ensino frequentadas pela maioria dos rapazes e moças da Inglaterra.

Em 1436, formava-se a 15ª turma da escola, e a comemoração contou com a presença dos pais dos alunos, professores e convidados de diversas classes sociais, tendo em vista que não havia qualquer espécie de discriminação por raça ou condição social. Decidiu-se que na festa de formatura, após a distribuição dos certificados, falariam apenas dois oradores, pois a diretoria reconhecia que muitos discursos seriam maçantes para a plateia.

Jefferson foi escolhido pela diretoria como orador representando a escola, e o melhor aluno foi convidado a falar por último. Destacou-se um irlandês, nascido em Dublin, de nome Sean Dwayne.

— Estamos hoje formando 44 jovens que podem ser chamados cidadãos virtuosos — iniciou Jefferson. — Vocês mereceram e honraram esse título por terem assimilado e usado todos os princípios constantes no livro escrito pelo meu querido antepassado Francesco Vivone. Cada um de vocês já vive de acordo com esses princípios e se comprometeu a divulgá-los por onde passarem em suas vidas futuras. Estamos orgulhosos pelo sucesso desta turma, que qualifico entre as melhores que já passaram por nossa instituição. Temos tido informações de que o sucesso dos nossos cursos de integridade moral chegou aos ouvidos dos nossos governantes e de outros estabelecimentos de ensino, e deverão ser copiados em várias cidades da Inglaterra. Parabéns e obrigado a todos.

Já as palavras de Sean emocionaram não só os próprios colegas como também a plateia. Este foi seu discurso:

— Quando entrei na Royal School of Moral Integrity, achei que iria perder meu precioso tempo e teria que desistir dos meus jogos de bola com amigos. Eu me recusava a entender por que meus pais escolheram uma escola com esse nome pretensioso. Logo nas primeiras semanas, no entanto, percebi que eu estava redondamente enganado.

"Na verdade, não perdi minha juventude, ganhei maturidade. Ensinaram-nos a pensar, a analisar o que acontece em nossa volta, o que podemos fazer para convencer os outros a ver com novos olhos o que não enxergávamos anteriormente. Também nos ensinaram como é possível mudar hábitos sem qualquer trauma ou arrependimento. Vou exemplificar e peço que pensem comigo.

"Por que motivo a igreja e os monarcas matam ou torturam aqueles que professam diferentes tipos de crença? Como seria se, por outro lado, os hereges pudessem matar ou torturar os membros da igreja ou os monarcas? Afinal, ambos professam crenças diferentes. Não poderia haver tolerância em vez de expressões de ódio? Seria possível uma drástica mudança de hábitos?

"Desde 1337, a Inglaterra está em guerra com a França. Conquistam-se territórios, perdem-se territórios. A cada batalha morrem milhares de homens e mulheres. Um episódio surpreendente nessa guerra foi o sacrilégio a que foi submetida Joana d'Arc, heroína francesa, queimada na fogueira pelos ingleses sob a alegação de bruxaria e heresia. Mas pensemos um pouco mais sobre a guerra. A Inglaterra e a França têm terras suficientes para abrigar todos os seus habitantes. A ânsia pelo poder, que faz com que um rei queira subjugar o outro, é o principal motivo para essas conquistas. Não seria possível tomarem vinho juntos e gozarem os bons momentos da vida? Se a França produz algo que a Inglaterra deseja ardentemente, basta propor uma troca com o que existe na Inglaterra e não na França. Não há necessidade de matar tanta gente por isso, nem sacrificar mulheres da espécie de Joana d'Arc.

"Eu brigava muito com meus colegas na outra escola que frequentei. Queria de todas as formas as coisas que eles tinham e que a minha mãe não conseguia comprar para mim. Ora, eu tinha outras que eles não possuíam; então qual a vantagem dessas brigas? De fato, as crianças ainda não têm esse discernimento para entender o que fazer, mas se eu tivesse frequentado nossa escola antes, teria agido de forma diferente.

"Por isso, desejo agradecer o privilégio que meus colegas e eu tivemos de frequentar a Royal School of Moral Integrity, e a honra de sermos os novos formandos com o diploma de VIRTUOSOS. Muito obrigado."

Sean Dwayne foi ovacionado de pé.

20

No dia seguinte, Sean Dwayne e Jefferson foram presos por ordem de Henrique VI (1421–1471). Sem entenderem as razões da detenção, foram levados à presença do rei para um rápido julgamento. Lilian e seu marido, Frederic, foram também convocados. Anderson achava-se ausente da Inglaterra, pois havia levado Samira para a França.

Ao serem admitidos à presença de Sua Majestade, o rei reconheceu Frederic, amigo do seu pai, Henrique V.

— Eu sempre o respeitei como grande amigo do meu pai e, levando isso em consideração, gostaria que você me explicasse o motivo das ofensas contidas nos discursos do diretor e desse irlandês, na festa de formatura da sua escola. Eu fui ofendido pelo rapaz, a integridade do papa Eugênio IV[1] foi posta em dúvida sob o argumento de que somos dois assassinos! Como você pôde se envolver em algo tão vergonhoso?

— Vossa Majestade deve ter ouvido rumores de que os dois falavam de integridade moral e argumentavam que a igreja e os reis matavam ou torturavam hereges. Isso é uma verdade. No entanto, acreditamos que Vossa Majestade jamais praticaria tais horrores. Pode-se dizer o mesmo do papa Eugênio IV. Esperamos de coração que ele jamais faça algo assim. Como a bondade e a magnanimidade

[1] Papa Eugênio IV (1383–1447)

é o principal assunto dos nossos cursos, o irlandês se entusiasmou um pouco para destacar esses nossos ensinamentos. Os assuntos ministrados na Royal School of Moral Integrity não permitem proferir qualquer ofensa dessa natureza.

— Bem, tendo em vista essas explicações e sua longa amizade com meu pai, absolvo-os desta vez com a promessa de que a sua escola jamais tocará nesse assunto novamente.

— Frederic, meu amado marido, você é um gênio — disse Lilian, depois de saírem. — Como pensou tão rapidamente em colocar as suas palavras na boca de Sua Majestade a ponto de ele se considerar magnânimo com seu povo! É possível até que ele pense mais profundamente em acabar com esses sacrilégios humanos. Quanto ao papa, esperemos que os discursos não cheguem aos ouvidos dele, pois sabemos que é uma verdadeira fera.

Quando Anderson retornou da França, todos comemoraram o episódio com alegria, principalmente por terem sido absolvidos por Henrique, um rei inseguro e indeciso, diferente do pai. Outra boa notícia foi trazida por Anderson.

— Tenho uma surpresa para contar a vocês. Durante a última viagem à França, encontramos alguns comerciantes que conhecemos no castelo de Windsor. Vocês hão de lembrar que durante o baile em que Lilian conheceu Henry, Jefferson e eu fomos apresentados a vários mercadores ingleses que estavam curiosos para saber qual era a nossa pauta de exportações. Naquela ocasião contamos-lhes que a nossa frota de 22 navios dava um retorno financeiro muito satisfatório.

“Bem, as nossas exportações ficaram conhecidas entre os ingleses, os franceses, mas também, e principalmente, entre os portugueses. Não sei se vocês sabem, Portugal importava várias mercadorias da Bretanha. Diversas vezes, o país sofria de escassez de pão e os portugueses eram obrigados a importar trigo bretão para suprir as suas necessidades. Portanto, o comércio entre a França e Portugal era algo crescente e de grande futuro. Portugal dava tanta importância a esse comércio que chegou a isentar os franceses de quaisquer impostos, e ainda por cima dava proteção aos seus navios contra corsários que agiam em águas portuguesas[2].

"Enfim, para encurtar a conversa, os mercadores franceses decidiram se unir aos portugueses, por meio de uma empresa a ser fundada com um gigantesco aporte de capital. Seu nome será '**EMPRESA FRANCO-PORTUGUESA DE COMÉRCIO INTERNACIONAL**', e seus diretores querem fazer uma oferta pelos nossos 22 navios. Eu ainda não calculei quanto valem, mas de qualquer forma penso que deveríamos conservar dois deles para as nossas exportações de vinhos para a Inglaterra."

"Eu estou com vontade de propor uma transação um tanto diferente. O que vocês achariam se eu pedisse a eles para carregarem os nossos navios com mercadorias que seriam entregues em Southampton? Eu soube que os portugueses estão vendendo tapetes persas, pimenta, seda do Oriente e outros produtos aos ingleses. Pois bem, em vez de recebermos dinheiro dos portugueses pelos navios, poderíamos receber o dinheiro dos ingleses pelas entregas a serem feitas, e assim os portugueses ficariam com vinte navios da nossa frota e nós com o dinheiro das mercadorias. Bastaria a nova empresa autorizar os ingleses a nos pagarem. A troca dos navios pela carga seria parecida com o que os ingleses chamam de *barter*[3], apenas com uma diferença: a troca seria entre nós e os portugueses, mas os ingleses fariam o pagamento. No sistema de *barter* há uma simples troca de mercadorias por mercadorias, mas no nosso caso, apesar de haver uma troca, nós ainda sairíamos com o dinheiro. Que tal?

— Anderson, você esqueceu uma coisa muito importante. Qual é o valor das mercadorias? — argumentou Frederic. — Como é que você vai avaliar tudo aquilo que vão carregar a bordo dos vinte navios?

— Eu recebi os *bills of lading*[4] de todos os navios e verifiquei que o preço é ótimo para nós. Veja, estamos entregando navios de uma

[2] https://repositorio.uac.pt/bitstream/10400.3/500/1/AHOliveiraMarques_p21-28.pdf

[3] Barter = Escambo, troca, permuta.

[4] Bill of Lading = Conhecimento de Transporte.

certa idade e com uma tecnologia já ultrapassada que, certamente, necessitariam de reformas caríssimas. Na verdade, estamos ficando com os dois melhores que durarão ainda muitos anos.

Não havia argumentos contra o raciocínio de Anderson e todos concordaram com o plano. Após negociações que demoraram quase três meses, a transação foi aprovada pelos portugueses. O pagamento pelas mercadorias entregues em Southampton foi feito pelos ingleses, com o repasse do dinheiro para a família Vivone. Anderson não cabia em si de tanto entusiasmo quando recebeu o pagamento em moedas de ouro. Com vinte navios a menos, o trabalho poderia ser concentrado no comércio de vinhos.

21

Zachary, Gordon e Orson foram matriculados na Royal School em 1436, com o propósito de assimilar os conceitos ali ensinados, aprender o francês e o italiano, aperfeiçoar o inglês e iniciar o estudo do português. Anderson e Jefferson achavam importante que eles soubessem outras línguas, pois na ausência de outros filhos iriam herdar toda a riqueza da família Vivone, e o conhecimento de outros idiomas seria um ativo precioso. A fortuna da família era constituída dos dois navios mercantes, da enorme propriedade de Lorde Baltimore (pai de Grace, avô dos rapazes), além da vinícola em Marseille.

O tempo dos irmãos na escola foi uma fase difícil, pois todos tiveram que desistir das boas coisas da juventude para se dedicar quase exclusivamente aos estudos. No entanto, o esforço teria as suas compensações no futuro, quando chegasse a hora de administrar todos esses bens. Neste momento, porém, estavam ansiosos por uma folga. A formatura ocorreu em 1438.

Samira, com 48 anos, ainda cheia de vida, captou o desejo dos filhos e propôs uma viagem à sua terra natal, com uma passada no vinhedo em Marseille. Anderson, com 64 anos, se sentia um pouco velho e cansado para empreender uma viagem ao Marrocos, assim como Jefferson, com 63, que era o esteio do colégio. Lilian, com 62, já sentia os sintomas de uma artrite deformante nas mãos, o que a impedia de escrever. Os três irmãos já haviam ultrapassado a expectativa de vida característica da Idade Média, que era bem mais baixa.

— Vamos nos preparar para uma viagem um pouco mais longa — disse Samira. — Proponho que aproveitemos a carga de tapetes persas que devemos entregar em Tangiers, ou seja, pararemos em Lisboa e depois iremos para a minha casa. O seu pai ficaria com o encargo de usar o segundo navio para as entregas de vinho à Inglaterra. Como vocês aprenderam o português na escola, poderão praticá-lo em Portugal.

Partiram finalmente em 1444 e ficaram em Portugal muito mais tempo do que o planejado. O navio ficou ancorado em Lisboa, esperando pela viagem ao Marrocos. Os encantos de Lisboa exerceram um fascínio grande demais sobre eles. Principalmente as mulheres. Lindas, cativantes e cordiais. Os três irmãos se curvaram à sua beleza e não sabiam como proceder, pois nunca haviam tido contatos mais íntimos com o sexo feminino. Entendendo o desejo dos rapazes, Samira decidiu despachar a carga para O Marrocos.

Entretanto, antes da saída do navio, uma total reviravolta aconteceu. Em um encontro fortuito com os compradores da frota de vinte navios, vendida por Anderson, souberam que o grupo formado pelos portugueses havia tido enorme sucesso com a compra e desejava adquirir os dois restantes. Por coincidência, um deles ainda se encontrava no porto.

Os portugueses propuseram comprar a carga de tapetes persas que deveria entregar no Marrocos para, posteriormente, negociar o preço do navio.

— É impossível vender a carga para vocês — argumentou Orson —, pois nós devemos entregar os tapetes aos nossos clientes de Tangiers, um compromisso de honra.

Os comerciantes portugueses eram insistentes e usaram de todos os meios para convencer a família a vender o navio, apelando para outra proposta. Eles pagariam antecipadamente o dobro do valor das mercadorias e fariam a entrega no Marrocos, mantendo a tripulação para evitar o desemprego dos marinheiros. Assim, uma parte representaria o valor das mercadorias e a outra corresponderia ao valor do navio.

— Sem dúvida — argumentou Samira —, será conveniente para nós se vocês entregarem o pedido, mas temos que pensar se o valor dos tapetes corresponde ao valor do navio. Nós estudaremos a sua oferta hoje à noite e lhes daremos a resposta definitiva amanhã à tarde.

— Bem, meus filhos, seu pai não está conosco, mas acho que ele aceitaria essa proposta, ainda mais devido à idade. O preço dos tapetes me parece bem mais alto do que o valor do navio. Portanto, tenho a impressão de que faremos mais um bom negócio. Não sei se o seu pai gostaria de vender também o último navio, já que os portugueses desejam comprá-lo. Quanto ao futuro transporte do nosso vinho à Inglaterra, poderíamos contratar os próprios portugueses para fazerem as entregas. Mas a decisão sobre a atual venda tem que ser tomada hoje à noite.

— Mãe, estamos de pleno acordo — disse Gordon. — Não poderia haver melhor negócio para a nossa família. Diminuiríamos os bens a serem administrados e economizaríamos custos desnecessários. E poderíamos ficar mais tempo em Lisboa e conhecer outras maravilhosas criaturas que existem nesta terra.

Concretizado o negócio, a família foi convidada pelos portugueses para comemorar o negócio com uma bacalhoada e vinho branco da terra num dos mais famosos locais de Lisboa.

— Estou muito preocupado com a vinícola, que não é visitada há muito tempo — lembrou Zachary —, pois é necessário cuidar da produção e exportação de vinhos. Por enquanto, os empregados estão cumprindo o acordo, e foi ótima a ideia da família de dividir as terras com eles. Eu soube que, depois da morte dos pais, os filhos tomaram a si a responsabilidade de administrar a propriedade deles e a nossa. Mas há necessidade de uma fiscalização mais eficiente de nossa parte. Como dizia o tio Jefferson, a ocasião faz o ladrão.

— Bem, acho que chegou a hora de nos separarmos. Junto com Orson posso pegar um dos navios que vão à França e verificar como andam as coisas na fazenda — comentou Samira. — Enquanto isso, vocês estarão ocupados com as raparigas daqui, que certamente já se acostumaram com a presença de vocês. Logo depois continuaremos com os nossos planos, tudo bem?

Quando Samira e o filho chegaram à vinícola em 1446, depararam-se com grandes melhorias na fazenda. Os antigos funcionários haviam morrido e deixado os quatro filhos homens trabalhando na produção e nas vendas. Tudo corria perfeitamente, para a surpresa de Samira. A qualidade das uvas foi aperfeiçoada através de novos enxertos e de compras de mudas de Bordeaux, cidade onde nasceu o rei Ricardo II da Inglaterra (1367–1400). No cofre deixado pelos pais estava o dinheiro das vendas da família Vivone e os comprovantes das exportações de vinhos. Eles herdaram a honestidade, e Samira pôde confirmar que realmente se tratava de uma família de VIRTUOSOS.

À noite, ocorreu-lhe uma ideia magnífica. A família Vivone poderia proporcionar a dois dos irmãos empregados o curso na Royal School, com todas as despesas pagas. Eles ficariam na escola por dois anos e poderiam, posteriormente, participar de uma instituição idêntica à de Londres, a ser instituída em Marseille. Haveria um sorteio para escolher os dois candidatos, o que foi feito com júbilo no dia seguinte. Foram escolhidos os irmãos Claude e Jean Pierre Demignon. Samira deixou com eles os recursos necessários para a viagem e deu-lhes uma carta autorizando a matrícula no início do próximo ano. Quanto aos outros dois irmãos, prometeu-lhes que seriam enviados logo após a volta de Claude e Jean Pierre. A festa de comemoração foi regada a vinho Bordeaux, produzido na fazenda.

Samira achou que Jean Pierre e Claude deveriam ser acompanhados por Orson, pois, apesar de ser o mais jovem, era o mais responsável e esperto. Assim, ele poderia auxiliar os dois rapazes franceses a se ambientarem e, ao mesmo tempo, levar uma carta comunicando a venda do navio e o recebimento do dinheiro das mercadorias vendidas aos clientes de Tangiers. Nessa carta ela perguntava se o marido gostaria de vender o outro navio, considerando que assim ele não teria tanto trabalho devido à sua idade.

22

Jean Pierre, Claude e Orson se tornaram amigos durante a viagem e chegaram a Southampton em 1447. Em 1448 alcançaram a propriedade dos Vivone, onde se localizava o colégio. A notícia triste que receberam ao chegar foram os falecimentos de Jefferson, Lilian e Anderson. Os três haviam sido atacados por uma doença desconhecida, que afetou as articulações e todos os músculos do corpo. Eles foram enfraquecendo e definhando, mesmo com todo o cuidado dos melhores médicos disponíveis no castelo de Windsor, e vieram a morrer pouco antes da chegada dos três viajantes. Frederic havia enviado uma carta a Samira, em Portugal, comunicando a triste notícia, mas aparentemente ela ainda estava a caminho.

Amargurado com a perda, Frederic ainda tinha que dar conta dos trabalhos da escola, em substituição a Jefferson. Orson ficou completamente desnorteado com a notícia. Por já ser formado na Royal School, resolveu passar alguns meses orientando os estudos dos dois franceses.

Enquanto isso, sem saber do ocorrido, os dois irmãos Zachary e Gordon não queriam outra vida. Tinham apenas um problema: não sabiam como decidir entre ficar com duas ou com quatro garotas por semana. Nunca pensaram que longe da Inglaterra teriam tanta sorte. Mas a alegria terminou rapidamente quando souberam da morte do pai e dos tios. Samira também ficou inconsolável ao receber a notícia e decidiu que a família deveria voltar para a Inglaterra o mais rápido possível.

Em 1450, após a formatura dos dois irmãos franceses, Orson, Claude e Jean Pierre voltaram à vinícola onde entregaram aos irmãos Hugo e Olivier Demignon os recursos para as despesas na Inglaterra e a carta autorizando a matrícula na Royal School. Gordon, Zachary e Samira ficaram cuidando da administração dos cursos com Frederic.

Hugo e Olivier partiram em 1451 e se formaram em 1453, em seguida retornando à França. Orson decidiu formar uma parceria com seus quatro amigos para incentivar as exportações de vinho. Quanto à venda do último navio, a família autorizou-o a tomar as decisões necessárias caso os portugueses voltassem a procurá-lo.

Naquele ano, notícias sobre a guerra com a França chegaram aos ouvidos da família, informando que os ingleses haviam sido derrotados na batalha de Formigny, o que marcou o início da última fase da guerra, com a conquista da Normandia pelos franceses, ocasião em que as suas tropas fizeram pela primeira vez uso de artilharia. Apesar dos 3.500 homens enviados por Sir Thomas Kyriel a Cherbourg, os ingleses foram derrotados e acabaram por perder a importante cidade de Caen.

A guerra foi encerrada definitivamente em 1453, com a vitória da França na batalha de Castillon, com a captura da cidade de Bordeaux[1]. A "Guerra dos Cem Anos" durou na realidade 116 (de 1337 a 1453). Os ingleses somente conseguiram manter em seu poder a cidade de Calais, ao norte da França, e não houve nenhum tratado no fim das hostilidades, pois foram obrigados a dedicar a sua atenção aos problemas internos, com o desenrolar da Guerra das Rosas[2], uma disputa entre duas facções inglesas: uma da casa de Lancastre

1 https://web.cn.edu/kwheeler/Hundred_Years.html

2 http://www.britannica.com/EBchecked/topic/509963/Wars-of-the-Roses

e outra da casa de York. Ambas reivindicavam o trono baseadas no parentesco com o rei Eduardo III, disputa que se iniciou no ano de 1453, exatamente no fim da Guerra dos Cem Anos.

23

É oportuno neste momento atualizar mais uma vez a árvore genealógica da família, com as últimas alterações em 1453:

ÁRVORE GENEALÓGICA DA **FAMÍLIA VIVONE** ATUALIZADA EM 1453

Francesco Vivone (1200-1257) e
Larissa Fracti Vivone (1201-1258)

- Rolando (1232–1310) e Giovanna (1234–1311)
  - Alfredo (1273–1338)
  - Salvatore (1273–1338)
- Sinibaldo (1232–1303) e Anabela (1236–1316)
  - Alina (1274–1338)
  - Bianca (1274–1338)
- Godofredo (1232–1312) e Matilda (1240–1313)
  - Michele (1274–1338) e Robert Valois (1273–1338)
  - Luigi (1275–1367) e Sigrid Andersen (1305–1369)
    - Houston (1338–1404) e Grace Baltimore (1346–1404)
      - Anderson (1374–1448) e Samira Amal (1390–)
        - Zachary (1416–)

Gordon (1416–)

Orson (1418–)

Jefferson (1375–1448)

Harold (1338–1404) e Audrey Baltimore (1346–1404)

Lilian (1376–1448) e Frederic Swinston (1390–)

Emily (1377–1377)

Todos os professores da escola eram formados nos cursos da Royal School e interpretavam fielmente os fundamentos criados por Francesco Vivone. Não havia necessidade de contratar professores externos, pois a maioria dos alunos formados estava ávida por continuar contribuindo para o sucesso da instituição. Frederic aceitou vários dos ex-alunos como administradores do colégio, visando substituí-lo assim que sua saúde o impedisse de cumprir seus deveres. Assim não haveria problema de continuidade em caso do seu falecimento.

Em 1454, a família teve que tomar algumas decisões sobre o futuro. Tudo girava em torno da idade e dos desejos de cada um. Frederic, com 64 anos, vivia uma vida difícil em virtude da sua dificuldade de locomoção. Samira, também com 64, ainda desejava ardentemente rever sua terra natal. Zachary e Gordon, saudosos da sua vida em Lisboa, ansiavam por ver as lindas garotas que lá conheceram. Os dois, com 38 anos, estavam no auge da virilidade e não tinham paciência para serviços de natureza administrativa, necessários para a escola. Orson, com apenas 36, deve ter herdado a natureza indócil de Anderson, que tinha paixão pelo comércio exterior e pela realização de grandes negócios. O melhor exemplo da excepcional qualidade do pai foi a transação proposta aos portugueses para a venda dos vinte navios, tão bem-sucedida. Faltava, entretanto, vender o último.

Por ocasião do derradeiro embarque de vinhos para a Inglaterra, os portugueses voltaram a mostrar interesse na compra do último navio que estava ancorado no porto de Marseille. Orson calculou que a carga de vinhos valia muito menos do que o navio. Dessa forma, se os portugueses pagassem o dobro do valor da carga, a família Vivone iria incorrer num prejuízo.

— Orson, me explique melhor seu raciocínio. Por que nós teríamos prejuízo se eles pagarem em dobro? — perguntou Samira.

— Vou simplificar com um exemplo bem fácil. Digamos que a carga de vinhos valha 100 e o valor do navio seja 150. Então, se eles pagarem em dobro, nós estaríamos recebendo um total de 200. Esses duzentos seriam divididos em duas partes. Uma referente aos vinhos a serem entregues na Inglaterra, isso nós receberíamos de qualquer maneira. Os outros 100 corresponderiam à venda do navio, mas ele vale 150. Então nós estaríamos perdendo 50. Deu para compreender?

— Então, já sei o que fazer — comentou Samira. — Vamos pedir o dobro do valor da carga de vinhos e exigir uma diferença em dinheiro. Eles poderão receber o valor da carga na Inglaterra, nós ficaríamos com o dinheiro adiantado, e o navio estaria pago. Vamos ver se concordam.

A reação dos portugueses foi diferente das outras vezes. Eles estavam dispostos a entregar a carga na Inglaterra, mas não concordavam com a devolução em dinheiro. Achavam que o trabalho de levar o navio de Marseille para Southampton teria um custo alto e, por isso, o pagamento somente do dobro da carga já seria uma oferta bem razoável para ambas as partes.

Depois de várias reuniões, Orson finalmente cedeu e aceitou os termos propostos por eles. Reconheceu que realmente haveria uma economia de custos pela entrega na Inglaterra e valia a pena não perder o negócio.

Samira, feliz com o resultado da transação e com bastante dinheiro no bolso, retornou a Tangiers no ano seguinte, onde foi recebida entusiasticamente pela maioria dos seus parentes. Antes de partir em 1455, soube da morte de Frederic, debilitado pela artrose e sem condições de se movimentar. Frederic faleceu aos 65 anos, feliz por ter dado grande contribuição para o sucesso da escola.

Neste ano, Orson recebeu informações sobre uma invenção inusitada feita na Alemanha, por um alemão chamado Johann Gensfleisch zur Laden zum Gutenberg ou simplesmente Johannes Gutenberg (c. 1390–1468)[1], nascido na cidade de Mainz, na Alemanha. Ele era um gênio. Gutenberg simplesmente revolucionou a indústria gráfica do mundo com a sua invenção.

Tratava-se de um método de impressão baseado em tipos móveis, feitos com o auxílio de um molde, com matrizes nas quais os tipos de letras podiam ser fabricados em grandes quantidades. Inteligentemente, ele se baseou nas prensas usadas para produzir vinhos, produzir papel e fazer encadernações, e usou uma tinta de impressão com base de óleo. Era uma tecnologia que nem os chineses nem os coreanos conheciam. Sua ideia realmente extraordinária foi combinar esses elementos em um sistema prático que permitiu a produção em massa de livros impressos, o que seria economicamente rentável para gráficas e leitores.

Por volta de 1450, Gutenberg conheceu um investidor, de nome Johann Fust, que lhe emprestou 800 florins, pois este verificou que a invenção havia atingido uma alta sofisticação. Dois anos mais tarde, Fust lhe emprestou mais 800 florins com a condição de se tornar seu sócio. Lamentavelmente, os dois tiveram um desentendimento que afetou a vida de Gutenberg em termos financeiros.

A grande obra produzida por Gutenberg foi a produção da bíblia escrita em latim, com 42 linhas por página. Foram impressas 200 bíblias, tendo o trabalho durado 5 anos, até 1455. Na época, poucas pessoas e poucos sacerdotes entendiam perfeitamente o latim, o que causou a demora dos exemplares chegarem às mãos dos fiéis, para que pudessem ser compreendidos em sua essência. No entanto, a revolução causada pela invenção de Gutenberg foi responsável pelo imenso progresso nas artes gráficas da Idade Média.

1 http://www.britannica.com/EBchecked/topic/249878/Johannes-Gutenberg

Orson imediatamente percebeu o alcance dessa fabulosa invenção e pensou nas vantagens que a impressão do *Moralidade e Ética* teria para a Royal School. Imaginou, acertadamente, que cada aluno poderia ter a sua própria cópia do livro em vez ser forçado a consultar uma só, existente na época. Decidiu, então, empreender uma viagem a Mainz, na Alemanha, para encontrar Gutenberg e lhe mostrar o exemplar do livro.

A distância de Marseille a Mainz é de cerca de mil quilômetros. Apesar da precariedade das estradas, viajantes a cavalo podiam se locomover com maior velocidade do que carruagens e demais veículos de transporte. Orson decidiu enfrentar a distância entre as duas cidades num dos melhores cavalos da vinícola.

Após 25 dias, parando em estalagens pelo caminho, conseguiu atingir a cidade natal do inventor. Não foi difícil achar sua oficina, pois praticamente todos os habitantes de Mainz a conheciam. Quando soube da intenção de Orson, Gutenberg ficou abismado com a coragem do jovem inglês, que se dispôs a enfrentar estradas péssimas e tormentas, apenas para perguntar se seria possível obter certa quantidade de cópias do livro de Francesco Vivone.

— Meu rapaz, o que contém o livro do seu antepassado que é tão importante? — perguntou Gutenberg.

— Grande mestre, o meu parente distante chamava-se Francesco Vivone, um homem com princípios morais rigorosos, de uma honestidade absoluta, sem pecados e sem falsidade. Ele era cumpridor da lei, tinha verdadeira aversão à mentira, uma total pureza de propósitos e decência, uma reputação ilibada e era incorruptível. No seu livro, ele definiu como as pessoas devem se comportar na vida, adotando esses princípios. O livro foi sua obra-prima e ele ficou famoso. Naquele tempo, não havia uma invenção tão maravilhosa como a do senhor e, por isso, ele escreveu à mão. Conseguiu produzir cinco cópias, mas devido a uma série de circunstâncias, quatro se perderam e só sobrou um exemplar em italiano. Bem, a família de Francesco fundou uma escola que hoje existe na Inglaterra chamada The Royal

School of Moral Integrity, onde são ensinados os conceitos morais preconizados por ele, e foi lá que os alunos traduziram o último livro para o inglês.

"Quando eu tomei conhecimento de sua máquina genial de impressão, vim depressa para Mainz para lhe perguntar se estaria disposto a imprimir cinquenta cópias do livro. A tradução para o inglês está em folhas separadas que são bem legíveis e não causariam qualquer problema de compreensão. Eu faria o pagamento adiantado e esperaria para levar os livros para a escola."

Gutenberg ficou bastante impressionado e pediu para dar uma olhada no livro que Orson havia trazido. Gutenberg entendia perfeitamente o italiano e não teria qualquer dificuldade de ler a obra. Imediatamente, Orson colocou o livro à disposição do alemão e disse-lhe que esperaria até a semana seguinte para ver se havia gostado do assunto.

Decorrido esse tempo, Gutenberg disse:

— Li com grande prazer o maravilhoso trabalho do seu antepassado e acho que ele realmente era um gênio. Por esse motivo, vou preparar o meu pessoal para imprimir 51 cópias do livro. Aumentei mais uma, porque eu gostaria de ter o privilégio de ficar com um exemplar, se isso for permitido.

Depois de duas semanas de intenso trabalho, Gutenberg entregou os livros a Orson, que ficou maravilhado com a perfeição do trabalho. Entretanto, o peso dos cinquenta exemplares era excessivo para ser carregado pelo seu cavalo, o que o obrigou a adquirir mais um animal para a viagem de volta à França.

— Caro Orson, meu novo amigo inglês, gostaria de congratulá-lo mais uma vez pelo seu entusiasmo e queria tomar a liberdade de presenteá-lo com uma cópia da *Bíblia Sagrada* que produzi neste ano. Foi a primeira bíblia impressa no mundo e acho que você merece ter uma delas. Faça uma boa viagem e espero vê-lo no futuro próximo.

É possível imaginar o sacrifício de levar dois cavalos numa viagem de quase mil quilômetros. Mas a determinação de Orson era inabalável. Conseguiu chegar à vinícola um mês depois, com a Bíblia e o original do livro usado por Gutenberg. Os cinquenta livros seguiriam para a Inglaterra junto com uma carga de vinhos. Assim, cada um dos quarenta alunos teria um exemplar que deveria ser devolvido no fim do curso, e os dez exemplares restantes seriam cuidadosamente guardados no cofre da escola.

24

Acho que está na hora de voltar para Portugal — sugeriu Gordon. — Já estamos em 1458, com 42 anos e ficando velhos sem termos tido a oportunidade de conquistar definitivamente as nossas amigas portuguesas. Devemos deixar a escola com os novos administradores enquanto verificamos a existência de belas criaturas em Lisboa e adjacências. Orson está na fazenda e deve ser convidado. Afinal de contas, a única coisa que ele sabe fazer é trabalhar e está na hora de mudarmos esse comportamento inoportuno. A escola já está de posse dos livros impressos por aquele gênio do Gutenberg e os novos diretores estão plenamente qualificados para resolver todos os seus problemas. Além disso, as folhas separadas em inglês, usadas por Gutenberg para imprimir as cinquenta cópias, estão guardadas com o original em italiano, na Baltimore Estate, num cofre no sótão da casa.

Apesar da resistência de Orson, os três irmãos seguiram para Lisboa em 1460. Não demorou muito para novamente se ambientarem na terrinha e voltar à vida que levavam. Orson, pela sua inexperiência com o sexo feminino, foi o primeiro a se apaixonar por Manuela Dias, uma linda garota de 26 anos, nascida em Lisboa. Gordon encontrou a sua antiga paixão Margarida de Souza, de 22 anos, nascida na cidade do Porto, às margens do rio Douro. Zachary era mais exigente e demorava um pouco mais a se envolver, mas não soube resistir aos encantos de Joaquina Querubim, de 28 anos, originária de Braga, cidade localizada a 50km do Porto e a 370km de Lisboa.

EM um dos jantares com as três raparigas, Gordon indagou sobre o Infante Dom Henrique, falecido naquele ano de 1460. Como ele havia nascido na cidade em que Margarida viveu durante a adolescência, ela conhecia a história completa e se dispôs a contá-la.

— O Infante D. Henrique era o quinto filho do rei D. João I[1] e de sua mulher Filipa de Lencastre, irmã do rei Henrique IV da Inglaterra. Nasceu no Porto em 1394 e morreu em 1460, portanto recentemente[2]. Quando ele tinha 21 anos, D. João I o armou cavaleiro, tendo participado com heroísmo com os seus irmãos D. Duarte e D. Pedro na tomada de Ceuta, situada no Estreito de Gibraltar, ao largo do Marrocos. D. João I o nomeou duque de Viseu e senhor da Covilhã.

"D. Henrique tinha em seu sangue o desejo de explorar os mistérios do oceano. O seu irmão, D. Pedro, sabia desse seu amor pela aventura e, no fim de uma viagem, iniciada em 1416 à Ásia, África e outros locais, presenteou-o com o livro de Marco Polo que obteve em Veneza. Sempre planejando o seu futuro nos descobrimentos, o Infante chamou o célebre cosmógrafo Jaime de Maiorga e criou uma escola de cosmografia e de navegação, em torno da qual se reuniram vários homens célebres. Posteriormente, foram esses que guiaram as caravelas de D. Henrique em seus empreendimentos.

"Se vocês estiverem cansados, posso parar e contar em outra ocasião."

— Absolutamente, estamos tomando conhecimento de grandes eventos da história de Portugal. Por favor, continue.

— Bem, dono de uma considerável fortuna, D. Henrique enviou alguns navios pela costa africana que chegaram a descobrir a Ilha da Madeira, os Açores e as Canárias, procurando sempre colonizar as ilhas que iam descobrindo. Naquele tempo, julgava-se impossível navegar num mar tenebroso como o oceano Atlântico, pois todos

1 D. João I (1357–1433)

2 http://www.arqnet.pt/dicionario/henriquei.html

achavam que ele acabaria em certo ponto, os navios despencariam por um precipício e os tripulantes seriam castigados por Deus. No entanto, em 1434, D. Henrique despachou o seu escudeiro Gil Eanes, que conseguiu dobrar o Cabo Bojador, o que era considerado uma façanha impossível devido à existência de monstros marinhos. Mais tarde, em 1443, D. Henrique continuou os descobrimentos e Diogo Gomes, a seu serviço, descobriu o arquipélago de Cabo Verde. Outros destinos alcançados foram Serra Leoa e Gâmbia. Em 1445, João Fernandes atingiu o Sudão, sendo o primeiro europeu a explorar o interior da África.

"Para vocês imaginarem, a fama de D. Henrique chegara às nações estrangeiras, e muitos homens ávidos de aventuras vinham pedir-lhe emprego nas caravelas. Devotado apaixonadamente às ciências cosmográficas, D. Henrique foi o maior matemático do seu tempo; aplicou o astrolábio à navegação e inventou as cartas planas. Deixou um nome glorioso, foi o homem que deve simbolizar para a história a grandiosidade dos descobrimentos. Apesar de não ter nunca sulcado as ondas do oceano senão para as suas expedições de conquista africana, foi chamado de navegador, na verdade bem merecido, porque a ele se deve o primeiro impulso e o grande incitamento das navegações que tanto contribuíram para o progresso da civilização e ampliaram consideravelmente o conhecimento do mundo.

"Enfim, agora vocês podem descansar, pois já ouviram um pouco da história portuguesa."

Os três irmãos sabiam exatamente o que iria acontecer em seguida. Não poderiam deixar escapar essas senhoritas tão encantadoras e, em 1460, marcaram um casamento conjunto à moda portuguesa, com festa e música. Foi o casamento mais fantástico que Lisboa já havia presenciado, com a presença do prefeito da cidade e dos compradores dos navios. Estabeleceu-se, portanto, mais uma grande amizade na terra lusitana.

Como nem tudo é perfeito, em 1461, os Vivone souberam da morte de sua mãe em Tangiers. Ela faleceu aos 71 anos, vítima de uma intoxicação alimentar. Receberam também a notícia de um prêmio recebido pela Royal School como a melhor escola da Inglaterra.

Ansiosas por conhecerem a França e a Inglaterra, onde se localizam as propriedades dos maridos, as esposas conseguiram convencê-los a viajar, primeiramente à vinícola na França e posteriormente à Inglaterra. Realizaram esse desejo em 1463.

Com a conquista de Ceuta e da descoberta de várias ilhas ao longo da costa da África, feitas pelo Infante D. Henrique, iniciou-se o grande ciclo de navegação dos portugueses. Nessa época, Portugal se ressentia da falta de cereais e de ouro, e desejava alargar a sua área de pesca. Entretanto, a nobreza achava fundamental realizar feitos guerreiros, enquanto a burguesia queria expandir o comércio e a igreja ansiava por espalhar a fé cristã pelo mundo[3].

A navegação em mares desconhecidos, "nunca dantes navegados", exigia novos equipamentos de orientação. Ao lado de novas embarcações, que substituíram as barcas pelas caravelas, os portugueses passaram a utilizar o astrolábio, o quadrante, a bússola e a balestilha, todos constituindo instrumentos de navegação astronômica. Além disso, foram elaborados mapas e cartas mais rigorosos, resultando no desenvolvimento da cartografia, da astronomia e no progresso da matemática.

Depois da morte de D. Henrique em 1460, no reinado de D. Afonso V (1432–1481), um burguês de Lisboa, de nome Fernão Gomes, arrendou do rei o monopólio comercial e ficou encarregado de continuar as descobertas na costa africana. Porém, o rei, influenciado pela nobreza, preferiu combater os muçulmanos no norte da África.

Assim, o grande impulsionador das descobertas foi o rei D. João II (1455–1495), filho de D. Afonso V. O seu plano era explorar o Atlântico Sul para procurar uma passagem para a Índia. Ao mesmo tempo, necessitava de informações sobre o comércio de especiarias. Para isso, enviou dois dos seus emissários, Pêro de Covilhã e Afonso de Paiva, ao Mediterrâneo. Com o propósito de garantir as suas conquistas e

[3] http://www.prof2000.pt/users/maria_soa/descobrimentos1.htm.

defender os interesses do reino, D. João II ordenou que fossem colocados padrões (espécies de colunas fixadas na terra, com o brasão de Portugal para garantirem a posse), mandou construir fortalezas e manteve total sigilo sobre as suas iniciativas.

25

A visita dos três casais à vinícola na França e à Baltimore Estate na Inglaterra foi um sucesso. Margarida confidenciou às suas cunhadas que nunca vira algo tão grandioso. Conheceram também a escola, e todas foram unânimes em afirmar que a educação que receberam na infância se adaptava exatamente aos princípios ensinados na Royal School. Portanto, tudo indicava que as três moças poderiam ser qualificadas como virtuosas.

Infelizmente, quando Orson e Manuela chegaram a Marseille três anos depois, Claude, Jean Pierre, Hugo e Olivier estavam em pânico. Espalhou-se uma praga por toda a propriedade, liquidando completamente as parreiras. Havia manchas marrons debaixo das folhas que provocavam a sua queda. Com isso, os pés secaram totalmente e deixaram de produzir. Os especialistas chamados ignoravam a sua procedência, ninguém sabia como surgira a praga,

Imediatamente, Orson, responsável pela vinícola, decidiu ir com Manuela a Bordeaux, onde estavam os produtores que lhe venderam as novas mudas. Ao chegarem, souberam que a produção da vinícola também havia sido atacada pela praga. A solução, para tristeza geral, foi cortar todos os pés a cinco centímetros da terra e esperar que os brotos crescessem sem a doença. Essa providência representaria uma desgraça para a França que ficaria no mínimo cinco anos sem poder exportar vinhos. O mesmo certamente ocorreria com a vinícola dos Vivone. O casal voltou a Marseille extremamente preocupado.

— Como vamos viver nesse período? — perguntou Claude.

— Bem, antes de cortar as parreiras como o fez a empresa de Bordeaux, vamos escrever aos meus irmãos, para eles indagarem se já houve na Inglaterra ou na Escócia uma praga idêntica à nossa. Eu sei que tudo isso demanda tempo, porém é importante que tenhamos certeza do que fazer. Enquanto isso, cortaremos apenas cinquenta pés e vamos ver como se comportarão os brotos. Quem sabe eles surjam sem a praga. Não devemos desanimar, pois temos bastante espaço para plantar outros produtos. A terra certamente nos dará o suficiente para manter um resultado aceitável.

— Caro Orson, ainda bem que você está conosco nesta hora de aflição. Amanhã começaremos a podar os cinquenta pés e veremos o que acontece. Enquanto isso vamos nos reunir para decidir o que plantar na área livre.

A resposta dos irmãos chegou no início de 1467. Ninguém na Inglaterra ou na Escócia conhecia a tal praga. Orson, porém, não estava satisfeito com a resposta e disse aos quatro irmãos que deveria haver outra solução. Voltou a examinar as parreiras e descobriu um verdadeiro batalhão de besouros nas costas das folhas. Eles deixavam um rastro marrom que parecia ser responsável pela desgraça.

Jean Pierre teve uma verdadeira inspiração. Contou que ouviu falar num agricultor vizinho de certa idade que sabia muita coisa sobre vinhedos. No mesmo dia, os cinco sócios foram procurá-lo para expor o problema.

— A que devo essa honra de receber tantos vizinhos? — perguntou Auguste Simon, o simpático camponês.

Depois de relatar toda a aventura em Bordeaux e o achado dos besouros nas folhas, Auguste riu bastante e contou que presenciou várias vezes episódios semelhantes e conseguiu achar a forma de erradicar a praga.

— Basta plantar um tipo especial de feijão, com um cheiro muito desagradável que afasta os besouros e salva o vinhedo. Ele se chama "haricot bleu." O que vocês têm que fazer é somente cortar as folhas e não os pés das parreiras como o pessoal de Bordeaux. As mudas do feijão podem ser compradas na fazenda do meu amigo Leon Masson, que tem um campo cheio dessas mudas. Leon ficará feliz se vocês as arrancarem e limparem o campo dele. A fazenda fica a 2km daqui. Plantem o feijão entre as parreiras e quando saírem os brotos, os bichos sumirão como por mágica.

— Como podemos agradecer sua maravilhosa sugestão? — perguntou Hugo.

— É muito fácil. Vocês me enviarão duas garrafas de vinho quando colherem as primeiras uvas. Mas não se esqueçam de colocar uns dois ou três besouros num vidro para ser enviado aos seus amigos de Bordeaux. Mandem também o nome do feijão.

A felicidade voltou rapidamente e os sócios se apressaram para achar a fazenda de Leon, que confirmou toda a explicação de Auguste. Como eles tinham um bom estoque de vinho, enviaram uma caixa com doze garrafas ao querido vizinho e outra ao novo amigo Leon Masson.

No ano de 1468, a produção de vinho foi pequena devido ao estrago causado pelo besouro, mas o feijão definitivamente resolveu o problema. A praga desapareceu por completo. Orson recebeu uma carta da vinícola de Bordeaux agradecendo a solução enviada, mas infelizmente eles já haviam feito o corte das parreiras e o reinício da produção deveria atrasar consideravelmente.

Depois desse susto, a vida correu mais tranquila nos anos seguintes. Em 1471, já haviam nascido alguns dos filhos dos três Vivone. As esposas pediram aos seus maridos que gostariam de dar aos seus filhos e filhas nomes portugueses. Não houve qualquer discussão a respeito, e os nomes foram todos escolhidos pelas mães.

Joaquina, casada com Zachary teve duas meninas chamadas Clarinha e Esmeralda, nascidas em 1467 e 1468. Em seguida, apareceram dois rapazes filhos de Gordon e Margarida, em 1470 e 1472, com os nomes de Florêncio e Fabiano. Os dois filhos de Orson e Manuela nasceram na França, em 1470 e 1472, respectivamente, e receberam os nomes de Bartolomeu e Cristiano.

Lamentavelmente, a idade não perdoa. Com a expectativa de vida em torno de 45 anos na maioria dos países da Europa, os três irmãos já tinham ultrapassado essa faixa graças ao seu modo de vida mais sadio, com hábitos alimentares e de higiene bem mais rigorosos do que a maioria da população da França, de Portugal e da Inglaterra. Por isso não foi surpresa terem alcançado, em 1472, as idades de 56 anos para Zachary e Gordon, e 54 para Orson. Era extraordinária a resistência física dos três irmãos, que apostavam no prolongamento da sua existência. Por outro lado, as esposas eram bem mais jovens. Manuela com 38, Margarida com 34 e Joaquina com 40. Clarinha era a mais velha das crianças, com 5 anos, Esmeralda com 4, Florêncio com 2, Fabiano e Bartolomeu com 2 e Cristiano com alguns meses.

Mais uma árvore genealógica da família é importante nessa fase.

ÁRVORE GENEALÓGICA DA **FAMÍLIA VIVONE** ATUALIZADA EM 1472

Francesco Vivone (1201–1257) e
Larissa Fracti Vivone (1201–1258)

- Rolando (1232–1310) e Giovanna (1234–1311)
  - Alfredo (1273–1338)
  - Salvatore (1273–1338)
- Sinibaldo (1232–1303) e Anabela (1236–1316)
  - Alina (1274–1338)
  - Bianca (1274–1338)
- Godofredo (1232–1312) e Matilda (1240–1313)
  - Michele (1274–1338) e Robert Valois (1273–1338)
    - Luigi (1275–1367) e Sigrid Andersen (1305–1369)

Houston (1338–1404) e Grace Baltimore (1346–1404)
  Anderson (1374–1448) e Samira Amal (1390–1461)
    Zachary (1416–) e Joaquina Querubim (1432–)
      Clarinha (1467–)
      Esmeralda (1468–)
    Gordon (1416–) e Margarida de Souza (1438–)
      Florêncio (1470–)
      Fabiano (1472–)
    Orson (1418–) e Manuela Dias (1434–)
      Bartolomeu (1470–)
      Cristiano (1472–)
  Jefferson (1375–1448)
Harold (1338–1404) e Audrey Baltimore (1346–1404)
  Lilian (1376–1448) e Frederic Swinston (1390–1455)
  Emily (1377–1377)

■

Em 1473, Orson e Manuela voltaram à Inglaterra com o único propósito de se reunir com os irmãos e as esposas para examinar a situação em que se encontrava o país. A chamada Guerra das Rosas entre os York e os Lancastre começou a preocupar a família. Não havia qualquer indício de uma trégua no futuro próximo[1].

— Como vocês sabem, a coisa é realmente complicada — alegou Orson. — Enquanto durar essa guerra, acho que devemos nos retirar para Portugal. Com tudo que pude entender da guerra, ela me pareceu totalmente inútil. Tenho certeza de que, mais cedo ou mais tarde, haverá uma reconciliação entre os adversários, ficando tudo como antes. De qualquer forma, apesar de não termos nada a ver com

[1] http://www.britannica.com/EBchecked/topic/509963/Wars-of-the-Roses

ela, a coisa pode nos afetar. Ainda bem que, até agora, ninguém se preocupou em fechar a nossa escola.

— Que linda ideia a de voltarmos para a terrinha. Estávamos mesmo morrendo de saudades dos nossos parentes e as crianças poderão aprender a nossa língua e conhecer os avós — concluiu Manuela.

26

Em 1475, os Vivone voltaram para Lisboa e as esposas propuseram uma visita a cada uma das famílias. Seria uma bela aventura conhecer melhor Lisboa e finalmente viajar até Braga e a cidade do Porto. Ao mesmo tempo, os maridos poderiam cuidar das exportações de vinho para a Inglaterra, utilizando os serviços dos compradores dos seus navios.

Dez anos se passaram com os Vivone em Portugal. Nesse tempo, as crianças já haviam sido matriculadas nas melhores instituições de ensino de Lisboa. Como a religiosidade era algo da maior importância na época, as meninas Clarinha e Esmeralda foram encaminhadas a um colégio de freiras denominado Escola Fraterna de Lisboa, e os meninos, ao mesmo tempo em que frequentavam uma escola de jesuítas, recebiam instruções de dois preceptores[1] que lhes ensinavam a arte das construções navais e, principalmente, a matemática e a astronomia. Eles logo se apaixonaram pelas aventuras dos navegadores portugueses pois, à época, Portugal representava a nação dominante dos mares desde as descobertas iniciadas pelo Infante D. Henrique.

— Vocês sabiam que a Guerra das Rosas terminou em 1483? — perguntou Zachary aos seus irmãos. — Felizmente a nossa propriedade não foi invadida e a exportação dos vinhos está cada dia melhor, foi o que soubemos pelos nossos sócios de Marseille. Conseguimos

1 http://www3.uma.pt/alicemendonca/conteudo/investigacao/evolucaodapoliticaeducativaemPortugal.pdf

até dominar o mercado inglês devido à vantagem que tivemos com a descoberta da tal planta malcheirosa. Os nossos concorrentes tiveram um atraso de quase cinco anos em relação à nossa produção.

Enquanto isso, a Royal School cresceu a tal ponto que as instalações não davam mais conta de tanta procura. Os princípios morais ensinados na instituição se espalharam pela Inglaterra, e os alunos, depois de formados, começaram a influenciar o comportamento dos ingleses, especialmente os mais pobres. A quantidade de pessoas virtuosas aumentava a cada ano, causando um verdadeiro alvoroço entre os nobres.

Em 1487, Gordon e Orson resolveram socorrer os diretores da Royal School e estudar uma forma de ampliar o número de classes para permitir um maior número de matrículas. Ao chegarem em Southampton, foram impedidos por soldados de desembarcar, sob a alegação de que eram "personas non gratas."

— Como assim? — perguntou Gordon. — Somos ingleses e sempre vivemos neste país. Apenas nos ausentamos durante alguns anos para colocar os nossos filhos em escolas portuguesas. Ao mesmo tempo, somos proprietários de um imóvel que pertenceu ao nosso antepassado, Lorde Baltimore.

— Isso não nos interessa, argumentaram os soldados. — Temos ordens de prendê-los caso resistam e se recusem a voltar para Portugal. Estamos sabendo que vocês são donos de uma escola ilegal próxima ao castelo de Windsor, onde ensinam princípios morais totalmente inaceitáveis para a população inglesa. Ela acaba de ser considerada ilegal pelo rei Henrique VII, e todos aqueles ligados à chamada Royal School serão presos e condenados.

— Mas eu acho que os senhores não estão entendendo — argumentou Orson. — Todos na escola são virtuosos, o que significa que são pessoas do melhor caráter, todos ensinados a serem bons com os outros e a não fazer qualquer maldade, são pessoas educadas e incapazes de ofender quem quer que seja. Eles são ensinados a respeitar os reis, os papas e aceitam qualquer religião ou crença. A escola já existe há mais de 40 anos e nunca causou qualquer dano à sociedade inglesa, muito pelo contrário, melhorou imensamente a cultura da população.

"O que nós não entendemos é como um rei que foi responsável por acabar com a Guerra das Rosas entre as casas de York e Lancastre, e que se dedica atualmente a reconstruir o reino depois de toda a devastação ocorrida durante a guerra, quer acabar com a melhor escola da Inglaterra. Agora ele está estimulando o comércio com as outras nações, desenvolvendo a frota mercante do país![2] Portanto é um rei que quer fazer o bem, me estranha muito que essas ordens tenham partido dele."

— Realmente as ordens não foram diretamente dele. Foram de Lorde Ashbury, proprietário de uma grande escola em West Sussex, que decidiu influenciar a nobreza para acabar com a Royal School.

— Então está explicado. O rei não teve nada com isso, pelo que pudemos concluir. Acho que está na hora de nós termos uma conversa a sós com esse Lorde Ashbury. Se vocês permitirem, nós nos comprometemos a voltar a Southampton depois de dialogar com ele, caso contrário vamos ser obrigados a comunicar isso aos nossos amigos do castelo de Windsor.

A ameaça funcionou, os soldados aceitaram a proposta e pediram para Orson e Gordon empenharem a sua palavra de que voltariam imediatamente. Como a distância era de 80km, poderiam estar em Sussex em 2 dias e decidiram partir logo.

Dirigiram-se inicialmente à Sussex Secondary School, situada numa imensa propriedade no campo. Ao perguntarem se Lorde Ashbury estaria disponível, foram recebidos muito atenciosamente pelo diretor da escola. Souberam que ele teria uma reunião com Lorde Ashbury dentro de uma hora.

Quando ouviu que Gordon e Orson eram donos da Royal School, o diretor se mostrou um tanto assustado, já imaginando o motivo da vinda dos dois irmãos.

2 http://www.dec.ufcg.edu.br/biografias/RBHenr07.html.

— Quem sabe vocês possam ser recebidos por ele antes da reunião, vou tentar agendar isso agora mesmo, ponderou o diretor. Aliás, ali está ele.

Tratava-se de um indivíduo ranzinza com cara de poucos amigos. Mas os dois irmãos estavam dispostos a enfrentar qualquer um e não demonstraram o menor temor pelo temperamento do Lorde.

— O que posso fazer por vocês? — indagou Lorde Ashbury.

— Estamos aqui para lhe fazer uma visita de cortesia e queríamos ter permissão para visitar o seu estabelecimento de ensino, pois ouvimos dizer que se trata da melhor escola da Inglaterra. Nós viemos aqui para aprender como se administra uma escola tão famosa, pois a nossa tem diversos defeitos que nos preocupam imensamente. Pelo que fomos informados, o seu sistema é o mais eficiente em termos de didática, com professores escolhidos pessoalmente por Vossa Excelência. Sabemos também que a nossa escola não se compara com a sua e queríamos aproveitar esta oportunidade para lhe dar os parabéns — disse Gordon.

— Bem, realmente eu consegui formar professores que são a elite da Inglaterra, talvez por isso sejamos considerados os melhores. O rei Henrique VII esteve aqui recentemente e fez grandes elogios durante sua visita. Mas terei muito prazer em lhes mostrar a minha obra. Sejam bem-vindos, eu vou levá-los pessoalmente para conhecer as instalações e os nossos melhores professores.

— Antes de voltarmos a Southampton, gostaríamos de salientar que houve um ligeiro problema ao chegarmos de Portugal, pois alguns soldados nos impediram de chegar até a nossa escola, situada na Baltimore Estate, e gostaríamos de pedir a Vossa Excelência que nos forneça um documento solicitando aos soldados para nos liberarem.

— Deve ter havido um engano da parte deles, pois eu jamais teria dado uma ordem desse tipo, muito menos para melindrar tão distintos cavalheiros e colegas de profissão!

— Então tomaremos a liberdade de convidar Vossa Excelência para conhecer a Royal School assim que surgir uma oportunidade que lhe seja conveniente — disse Orson.

— Terei imenso prazer e programarei a minha ida para o próximo mês. Desejo-lhes um retorno seguro e agradeço sinceramente a sua visita.

Durante a viagem de volta, Orson e Gordon não cabiam em si de contentamento. Além de escaparem dos soldados ainda se tornaram amigos do seu principal concorrente, Lorde Ashbury. *Nada como a diplomacia para mexer com a vaidade das pessoas*, pensou Orson.

Na estrada, a caminho da escola, os dois irmãos pararam numa estalagem em Winchester, já cansados com o episódio de Lorde Ashbury. O plano era de chegar à Baltimore Estate no dia seguinte, antes do jantar, e fazer uma surpresa aos diretores da Royal School. Lamentavelmente, a estalagem era habitada por malfeitores que haviam destruído as instalações e estavam à espera de viajantes desprevenidos.

Assim que entraram, os irmãos foram surpreendidos pelos bandidos, que roubaram todo o seu dinheiro. Orson e Gordon já tinham 70 e 72 anos, respectivamente, e não eram acostumados a grandes esforços físicos, muito menos a enfrentar seis ladrões com aparência de violentos.

— Não tenham medo de nós — disse o chefe. — O máximo que pode acontecer com vocês é o que eu chamo de "desaparecimento involuntário." É um termo que inventei quando fiz sumir alguns soldados do rei. Nós conseguimos "convencê-los" a nos entregarem as suas armas e, em seguida, eles simplesmente desapareceram. Até hoje estão sendo procurados.

— E o que vocês pretendem fazer conosco? — perguntou Gordon.

— Estamos pensando em nos divertir um pouco e dar uma chance para saírem daqui sem qualquer problema. Vocês vão poder lutar com dois dos nossos homens mais fortes, se conseguirem derrotá-los estarão livres.

A proposta não era das mais atrativas para os dois irmãos, não só devido à idade, mas principalmente por se tratar de dois adversários jovens acostumados à extrema violência.

Em menos de dois minutos, Orson e Gordon estavam mortos. Não tiveram qualquer chance de se defenderem dos bandidos. Como o sistema adotado por eles era do que eles chamavam "desaparecimento involuntário", eles abriram uma cova no exterior da estalagem, simplesmente despejaram os cadáveres e os cobriram de terra.

27

Os dois irmãos haviam saído de Portugal em 1487, para auxiliar a diretoria da Royal School a aumentar sua capacidade de atendimento. Essa tarefa poderia durar um ano, no máximo, contando com a viagem de ida e volta. Portanto, no fim de 1488, eles deveriam ter retornado a Lisboa.

Sem qualquer notícia, a família começou a se preocupar seriamente com o que poderia ter ocorrido com Orson e Gordon. A idade dos quatro filhos homens já estava entre 16 e 20 anos, e as duas moças com 20 e 21. Todos com idade suficiente para agir com presteza para procurar os pais. A melhor forma de proceder seria viajar para a escola e indagar se lá estiveram e por quanto tempo. Daí por diante poderiam planejar uma investigação mais detalhada. Margarida e Manuela, como a maioria das mulheres, sentiam que algo de grave poderia ter acontecido com seus maridos.

De comum acordo, decidiu-se que Florêncio e Bartolomeu, os filhos mais velhos de Gordon e Orson deveriam viajar para a Inglaterra e tentar solver o mistério. Zachary não se sentia com vigor suficiente para a viagem, pois estava profundamente deprimido com o acontecimento. Além disso, havia necessidade de continuar com as exportações de vinho da fazenda.

A procura foi iniciada em 1488, com a chegada em Southampton, provavelmente a primeira parada dos pais na Inglaterra. Tentaram fazer contato com as autoridades portuárias e consultar a lista de passageiros desembarcados no porto. Quando mencionaram que os pais eram proprietários da Royal School, um dos guardas se lembrou dos dois irmãos que foram inicialmente impedidos de prosseguir viagem e mencionou que a ordem havia partido de um nobre chamado Lorde Ashbury, dono de uma escola em Sussex.

Não demorou muito para os dois primos chegarem a Sussex e procurarem por Lorde Ashbury. Quando mencionaram ser filhos de Orson e Gordon, Lorde Ashbury imediatamente os acolheu carinhosamente, contando que teve grande satisfação em conhecer os pais deles. Estranhou, no entanto, que não tenham dado notícias à família por tanto tempo.

— Vossa Excelência sabe se eles resolveram voltar a Southampton? — perguntou Bartolomeu.

— Com toda a certeza e, em seguida, seguiriam para a Royal School. Eles até me convidaram para visitar a escola, o que eu faria com grande prazer.

De volta a Southampton, resolveram percorrer a estrada mais curta que os levaria à Baltimore Estate. Ao passarem por Winchester, procuraram uma pousada para descansar, mas só encontraram uma estalagem totalmente destruída por um incêndio e tiveram que seguir viagem. Acharam outra em Farnborough, onde perguntaram se por acaso dois ingleses de idade se hospedaram ali há cerca de uns seis meses ou menos. Sem resultado.

— Será que eles conseguiram chegar até a escola? Vamos nos apressar para descobrir por onde andaram — ponderou Florêncio.

Os diretores da Royal School não sabiam quem eram os dois irmãos, pois eles nunca haviam estado na escola. Ao se apresentarem, causaram grande surpresa, pois a diretoria estava ansiosa para receber os proprietários para relatar os problemas que ocorriam, principalmente relativos à imensa procura por vagas.

— Nós viemos aqui o mais rapidamente que pudemos à procura dos nossos pais, Orson e Gordon, que vieram à Inglaterra com a finalidade de conversar com os senhores — disse Bartolomeu. — Pelo que estamos entendendo, eles não chegaram até aqui, o que é muito estranho. O que poderá ter acontecido? Eles saíram de Portugal há um ano e foram inicialmente impedidos de permanecer na Inglaterra por soldados em Southampton, por ordem dada por um concorrente, Lorde Ashbury, dono da Sussex Secondary School, em West Sussex. No entanto, conseguiram entrar em contato com ele e tiveram a sua total colaboração.

"Quando estivemos com Ashbury, ele informou que os nossos pais seguiriam imediatamente para a Baltimore Estate. Eles não poderiam ter simplesmente desaparecido!"

— Sem dúvida eles devem ter seguido pela rota mais curta e rápida que vai de Southampton por Winchester e Farnborough, e finalmente chegariam a Windsor — argumentou o diretor Mark Preston.

— Nós percorremos exatamente essa rota e passamos por Winchester, onde eles não poderiam ter descansado, pois só havia uma estalagem destruída por um incêndio — ponderou Florêncio. — Indagamos na redondeza sobre o que ocorreu e soubemos que ela havia sido invadida por bandidos e depois incendiada por eles. Disseram que isso ocorreu recentemente. Por isso, tivemos que dormir em Farnborough, mas o proprietário dessa estalagem não se lembra de tê-los visto. Portanto, o mais provável é que eles ficaram em algum lugar entre Winchester e Farnborough.

— Estou tentando me lembrar de outras viagens que fiz pela rota que vocês descreveram — falou Mark. — Sempre fiquei na única estalagem em Winchester, não entendo como alguém tenha desejado destruí-la ou incendiá-la.

— Como teremos que voltar por essa estrada até Southampton, para embarcar para Portugal, tentaremos mais uma vez indagar às autoridades de Winchester se houve alguma novidade quanto aos nossos pais. Quanto aos problemas da escola, vou propor ao nosso tio que envie recursos suficientes para ampliar substancialmente as instalações. Daremos notícias assim que chegarmos a Lisboa.

— Tenham uma boa viagem e boa sorte em Winchester — disse Mark.

Ao chegarem a Winchester, foram à polícia local para indagar sobre a estalagem incendiada. De acordo com as informações, os bandidos haviam sido presos e seriam enforcados em breve.

— Seria possível falar com eles antes da execução? — perguntou Bartolomeu. — Nós queremos saber se eles viram os nossos pais quando estes chegaram à estalagem.

Autorizados pela polícia, os irmãos pediram proteção para falar com os malfeitores, pois eles poderiam tentar agredi-los. A conversa foi extremamente desagradável devido ao ódio de terem sido presos e condenados, mas contaram que viram dois velhos que vieram de Portugal e iam seguir para Windsor.

— Só que eles não devem ter chegado ao seu destino — disse rindo o chefe do grupo. — Eu tenho a impressão de que eles foram vítimas de uma brincadeira nossa, que chamei de "desaparecimento involuntário". Mas antes disso eu inventei outra brincadeira. Selecionei dois dos nossos homens mais fortes e desafiei os velhos a lutarem com eles. Se ganhassem, estariam livres para seguir viagem. Mas não foram adversários para Mac e Leo.

— Mas o que vocês fizeram com os nossos pais? — perguntou Florêncio.

— Será que vocês não ouviram o que eu disse? Eles desapareceram.

— Como assim, desapareceram? Ninguém desaparece!

— Pois eles sumiram da face da terra. Eu garanto. Fui eu mesmo que os enterrei na frente da pousada. Agora entenderam? Depois pusemos fogo na estalagem e fomos para a floresta, onde os policiais nos prenderam.

— Vocês são uns bárbaros. Como é possível existir tanta maldade? Vocês não viram que eles eram velhos e não poderiam se defender?

Os próprios policiais que assistiram ao relato do chefe dos bandidos ficaram impressionados com o atrevimento desses malfeitores. Eles foram enforcados no dia seguinte, enquanto os irmãos retornavam a Southampton.

O reencontro com a família não poderia ter sido mais triste. Bartolomeu não quis contar todos os detalhes do drama, mas teve que mencionar o assassinato pelos bandidos. Para uma família de pessoas virtuosas, um episódio dessa natureza foi uma prova de resistência.

28

Nessa época, os navegadores de Portugal já tinham a experiência necessária para explorar regiões desconhecidas a partir das costas africanas. Admirados com os feitos dos portugueses, os seis filhos de Zachary, Orson e Gordon estavam extasiados com as navegações e desejavam ardentemente participar de alguma das viagens pelos oceanos. Parecia incrível que as filhas Clarinha e Esmeralda também estivessem interessadas por algo que normalmente seria apenas o desejo ardente dos homens. Zachary e Joaquina admiraram essa paixão das suas filhas e previram que o destino da família estaria prestes a sofrer uma reviravolta.

Seria, inclusive, uma oportunidade para que os Vivone pudessem avaliar até que ponto esses descobridores eram realmente virtuosos. Para isso, no entanto, seria necessário frequentar a Royal School para poderem, depois de formados, empreender essa pesquisa.

Unanimemente, a família decidiu que os seis deveriam frequentar os dois anos necessários para adquirir todas as noções ensinadas na escola da Inglaterra. Partiram para a Baltimore Estate em 1490. Zachary cuidaria das exportações de vinhos com sua esposa e as duas cunhadas enquanto os filhos ficariam na Inglaterra.

Em 1494, depois de formados, retornaram a Portugal com outro enfoque sobre a vida, especialmente quanto aos princípios morais que iriam nortear as suas vidas. Quando chegaram, tiveram a triste notícia do falecimento de Zachary, pai de Esmeralda e Clarinha, aos 77 anos, devido a complicações renais que já o incomodavam há mais de cinco anos. As mães Joaquina, Margarida e Manuela ocupavam-se com as tarefas domésticas.

O período de dois anos na Inglaterra foi de grande valia para os seis irmãos, que se tornaram cada vez mais unidos. O plano com respeito às viagens oceânicas continuava na mente de todos, e as suas reuniões versavam sobre as façanhas dos portugueses nesse século. Fizeram uma lista das principais realizações desde a conquista de Ceuta, de 1415 até 1494. As descobertas e conquistas dos navegantes foram colocadas em ordem cronológica e descritas pelos irmãos[1]:

> 1415 – Conquista de Ceuta, na África, representando um ponto importante para as navegações para o sul do continente.
> 1418 – Descoberta do arquipélago da Madeira. Gonçalo Zarco e Tristão Vaz Teixeira desembarcaram na ilha de Porto Santo.
> 1427 – Desembarque no arquipélago dos Açores. Diogo de Silves lá desembarcou, por ordem do Infante D. Pedro.
> 1434 – Gil Eanes dobra o Cabo Bojador, também conhecido como o Cabo do Medo.
> 1437 – Os portugueses atacaram a cidade de Tangiers, onde foram derrotados. Para permitir sua partida, os muçulmanos exigiram a entrega de Ceuta e, como garantia do acordo, retiveram o Infante D. Fernando como refém.
> 1444 – Descoberta e conquista da Guiné, após a derrota em Tangiers. O plano era o de procurar alcançar fontes de matérias-primas.
> 1456 – Descoberta de Cabo Verde, conseguida a serviço do Infante D. Henrique.
> 1471 – Conquista de Arzila e Tangiers. Com quatrocentos navios, os portugueses tomam de assalto a Praça de Arzila. Em seguida, D. Afonso V conquista a fortaleza, abandonada por seus defensores.

[1] http://www.cdcc.usp.br/ciencia/artigos/art_19/america.html e http://ensina.rtp.pt/artigo/timeline-descobrimentos/

1488 – Bartolomeu Dias dobra o Cabo das Tormentas, mais tarde rebatizado como Cabo da Boa Esperança. Com esse feito, os portugueses abriram uma nova rota para o Oriente.
1492 – Cristóvão Colombo alcança a América, pensando ter chegado à Índia. Chega também às ilhas do Haiti, Cuba e República Dominicana, retornando em seguida à Espanha.
1494 – Assinatura do Tratado de Tordesilhas. O tratado foi assinado na cidade espanhola de mesmo nome e dividia o mundo "descoberto e por descobrir" em duas partes, com os direitos de exploração concedidos a Portugal e à Espanha.

— Vocês sabem quem foi Cristóvão Colombo?— perguntou Florêncio. — Bem, eu andei conversando com uns marinheiros no porto, que me contaram como foi a vida dele. Vou contar o que me disseram[2].

Cristóvão Colombo nasceu em Gênova, na Itália, em 1451. Desde menino tinha paixão pelo mar e vivia entre navios e marinheiros. Colombo acreditava que seria possível navegar para qualquer lugar, seja leste ou oeste, e depois retornar ao lugar de partida. Ele era um dos poucos que acreditava que a terra é redonda.

O desejo de todos nessa época era poder explorar o comércio com o extremo oriente, onde existiam mercadorias que todos na Europa desejavam, como seda, especiarias e outros produtos. Esse comércio era feito principalmente pelos mercadores venezianos, que seguiam a rota descoberta por Marco Polo.

Colombo iniciou a sua carreira de navegador na marinha mercante portuguesa, tendo sobrevivido a um naufrágio no Cabo de São Vicente, na extremidade sul de Portugal. Sua vida foi bastante acidentada entre 1476 e 1488, pois além de ficar viúvo da primeira esposa, Felipa Perestrello e Moniz, juntou-se a outra mulher de nome

2 http://www.eyewitnesstohistory.com/columbus.htm
http://www.britannica.com/EBchecked/topic/127070/Christopher-Columbus
http://escola.britannica.com.br/article/481023/Cristovao-Colombo.

Beatriz Enríquez de Harana, de Córdoba. Com a primeira esposa teve um filho chamado Diego, com a segunda um filho de nome Fernando.

Colombo tentou angariar recursos para a sua desejada viagem para oeste visando alcançar a Índia. Para isso, apelou para o rei João II de Portugal, mas seu pleito foi recusado. Para alcançar os seus objetivos, entrou em contato com o monarca espanhol católico Fernando II, rei de Aragão, casado com a rainha Isabela I de Castela. Em janeiro de 1492, os reis concordaram em financiar a expedição e forneceram a Colombo três caravelas, de nomes Santa Maria, Pinta e Nina.

A viagem iria cumprir diversos objetivos. Em primeiro lugar, era fundamental aumentar o poder de Castela e Aragão, cujos reis tinham receio da concorrência portuguesa. Em segundo lugar, o fervor missionário cristão e o ódio ao islamismo, prevalecente à época, constituiu um dos motivos importantes. Além da própria atração pela aventura, somada à esperança de aumentar as conquistas e descobrir ouro, prata, pérolas e especiarias de que a Europa tanto necessitava para cozinhar, para preservar e para a medicina, tudo isso provocou uma explosão de energia que resultou em sua primeira viagem.

Finalmente, em agosto de 1492, Colombo partiu do porto de Palos, na Espanha, objetivando alcançar a Ásia (as Índias), rumando na direção oeste. A primeira parada foi nas Ilhas Canárias, onde teve que aguardar ventos mais fortes que chegaram no mês de setembro, prosseguindo depois.

No entanto, a viagem se prolongou além do que fora planejado, a ponto de quase provocar um motim da tripulação. Para conter a preocupação dos marinheiros, Colombo elaborou dois diários de viagem diferentes, um mostrando a distância real percorrida diariamente e outro indicando uma distância menor, enquanto mantinha o primeiro em segredo. Esse artifício acalmou a tripulação, pois aparentemente reduzia a extensão real navegada até então.

O artifício durou até outubro, quando voltou a ameaça de motim. Como último recurso, prometeu aos marinheiros que voltariam para a Espanha se não encontrassem terra num prazo de dois dias. No dia seguinte, porém, a terra foi avistada.

Em 12 de outubro de 1492, o "almirante" (título com o qual o próprio Colombo se nomeou), desembarcou inicialmente numa ilha chamada Lucayos, ou Guanahani na língua indígena, uma das ilhas das Bahamas. Ao desembarcar, admirou-se que os nativos andavam sem roupa. Havia frutas, água em profusão e árvores muito verdes. Nesse momento determinou que os seus auxiliares confirmassem a posse da terra por escrito para o rei e a rainha de Castela e Aragão.

Portanto, Colombo abriu o mundo das Américas para os europeus. Mas, apesar de trazer a cultura europeia para a América, foi responsável por provocar grandes sofrimentos aos nativos, pois os escravizava, obrigando-os a trabalhos forçados em minas de ouro e prata. Além disso, os indígenas contraíram doenças trazidas pelos europeus. Podemos afirmar, com certeza, de que Colombo não se qualificava com um homem virtuoso. Ele deveria ter frequentado a Royal School, para aprender os necessários princípios morais indispensáveis a um navegador da sua espécie.

Os seus navios alcançaram Cuba em 29 de outubro e, em 6 de dezembro, chegaram à ilha chamada de Hispaniola[3]. Construiu um forte no local e, em janeiro de 1493, retornou à Espanha. Trouxe com ele papagaios, plantas, ouro, roupas e alguns indígenas, sendo considerado herói pelos reis.

O detalhe mais importante da viagem de Colombo foi a sua ilusão de ter alcançado as Índias Orientais, razão pela qual chamou os nativos de "índios."

[3] Ilha hoje dividida entre o Haiti e a República Dominicana.

29

Em 1494, a família Vivone estava formada por nove membros. As três mães já tinham entre 60 e 62 anos, e a idade dos filhos variava entre 22 e 27 anos. Numa época de grandes aventuras marítimas dos espanhóis e dos portugueses, esperavam-se mais proezas dos navegadores, e seria difícil prever até que ponto as descobertas e explorações afetariam a vida, principalmente em Portugal, onde todos moravam.

Apesar de os filhos acharem como seria maravilhoso se pudessem participar das viagens dos exploradores, os perigos a enfrentar seriam muito maiores do que as suas compensações ou recompensas. Uma das belas qualidades de todos os familiares era o bom senso, portanto a ideia de enfrentar tempestades e de se sujeitarem a possíveis naufrágios não era exatamente o que todos desejavam. Portanto, esse projeto foi afastado completamente. Decidiram por consenso que seria mais inteligente e menos arriscado aproveitar as descobertas de novos mercados pelos aventureiros portugueses e se dedicar à especialidade de seus pais, ligadas ao comércio internacional. Seria lícito imaginar que os territórios descobertos e explorados seriam bons consumidores dos produtos da família, especialmente seus vinhos franceses.

— Pensem bem — argumentou Esmeralda —, não devemos desprezar a experiência adquirida pelo meu pai e os meus tios com as exportações de vinho para a Inglaterra e para Portugal. Temos a vantagem de não necessitarmos mais da frota de navios, que só vinha se deteriorando. Além disso, contamos com os bons amigos portugueses, que têm nos atendido com tanta presteza. Portanto, trata-se de uma oportunidade única numa época em que o mundo está presenciando grandes transformações e enorme crescimento. Eu proporia até que organizássemos uma pequena empresa sediada aqui em Lisboa, com esse propósito. O que acham da ideia?

Todos se entusiasmaram e, em 1497, a exportadora estava em pleno funcionamento. Deram-lhe o nome de FRANCESCO VIVONE EXPORTAÇÕES MUNDIAIS, em homenagem ao mais velho antepassado da família.

— Acho que a nossa idade já não permite uma participação muito ativa na empresa — argumentou Margarida. — Gordon e eu conversamos bastante sobre isso e chegamos à conclusão de que devemos nos fixar em Braga, onde nasci. Os meus pais me deixaram uma quinta bastante grande, onde ficaremos muito bem acomodados. Vocês jovens terão muito mais liberdade de tocar os assuntos relativos às exportações, e nós seríamos apenas um peso a mais nas suas atividades. Assim que puderem, venham nos visitar para matar as saudades.

Em 1508, a exportadora completou onze anos de existência, oito anos após o início do século XVI. Nesse período puderam viajar à Inglaterra e à França para verificar o desenvolvimento da Royal School e os negócios da vinícola. Na verdade, a família tinha agora propriedades em três países e tudo indicava que o futuro seria esplêndido, principalmente porque os seis possuíam os necessários princípios morais para administrar da melhor forma os negócios da família Vivone. Clarinha, que se dedicava às tarefas administrativas da empresa, era uma estudiosa de história e reafirmou a todos que as chances de sucesso no futuro próximo seriam imensas, caso soubessem exatamente quais os territórios, encontrados por Portugal, que fariam parte do recente Tratado das Tordesilhas.

— Você poderia nos fornecer mais detalhes sobre esse tratado, e sobre a recente viagem de Pedro Álvares Cabral? Como podemos nos aproveitar do que eles descobriram e ainda estão por descobrir? — perguntou Margarida.

— Vamos ver se consigo resumir tudo isso que você quer, pois é uma história bem longa — respondeu Clarinha.

"O Tratado de Tordesilhas[1] constituiu um acordo entre Espanha e Portugal, destinado a resolver os conflitos sobre as terras recém-descobertas por Cristóvão Colombo e outros exploradores, no final do século XV. Em 1493, depois da chegada dos relatórios das descobertas à Espanha, os reis Fernando II e Isabela I pediram ao papa Alexandre VI, ou Rodrigo Bórgia,, de nacionalidade espanhola, para apoiar as suas exigências com relação ao chamado Novo Mundo, visando inibir os portugueses e outros demandantes rivais. Para acomodar os reis, o papa estabeleceu uma linha demarcatória de polo a polo, de 100 léguas, cerca de 350 milhas, a oeste das Ilhas de Cabo Verde, dando-lhes direitos exclusivos a todas as áreas já descobertas e a serem descobertas a oeste da linha, enquanto os portugueses ficariam com a parte leste. Espanha e Portugal não poderiam ocupar quaisquer territórios em mãos de um soberano cristão.

"O Rei João II de Portugal ficou descontente porque os direitos do seu país foram insuficientemente reconhecidos. Reunidos na cidade de Tordesilhas, os embaixadores espanhóis e portugueses aceitaram a divisão do papa, mas concordaram em recuar a linha 1.185 milhas a oeste das Ilhas de Cabo Verde, o que foi finalmente aprovado pelo papa Júlio II, em 1506. Com a nova demarcação, Portugal conquistou o direito de explorar e ocupar uma área bem maior, pois a linha divisória foi fixada mais a oeste.

"Eu sei que vocês queriam conhecer detalhes da vida de Pedro Álvares Cabral. Antes disso, porém, deverão ter paciência para eu falar sobre outro grande navegador português chamado Vasco da Gama[2], que precedeu Cabral.

1 http://www.britannica.com/EBchecked/topic/599856/Treaty-of-Tordesillas

2 Vasco da Gama (1460–1524). http://www.britannica.com/EBchecked/topic/224711/Vasco-da-Gama

"Vasco da Gama nasceu em 1460, em Sines, Portugal. Foi responsável pela abertura da rota que vai do oeste da Europa para o leste, através do Cabo da Boa Esperança, que fica no extremo sul da África. Vasco da Gama, no entanto, não foi o primeiro que o alcançou. Foi Bartolomeu Dias, também português, quem o descobriu, em 1488, e lhe deu o nome de Cabo das Tormentas, devido às violentas tempestades que o navegador e sua tripulação sofreram na região. O rei João II, no entanto, considerando que a passagem pelo cabo propiciaria um novo caminho para as Índias, resolveu mudar o nome para o atual Cabo da Boa Esperança.

"Em 1495, o rei Manuel I, o Venturoso, ascendeu ao trono e escolheu Vasco para abrir a rota para a Ásia e para afastar os muçulmanos que detinham o monopólio do comércio com a Índia e com os países orientais.

"Vasco da Gama levava consigo três intérpretes, dois dos quais sabiam a língua árabe e um que era proficiente em alguns dialetos bantu, falados na Nigéria e no Congo. Com uma frota de quatro navios, partiu de Lisboa em 1497, cruzando o Cabo da Boa Esperança no fim do ano. Depois de ancorar em Maputo, capital de Moçambique, Vasco da Gama fixou os chamados padrões, colunas que provavam a chegada dos portugueses em Mombasa e Malindi. Em maio de 1498, chegaram a Calcutá, na Índia. Muitos dos seus marinheiros morreram de escorbuto e Vasco voltou a Portugal em setembro de 1498, com apenas 55 sobreviventes, de uma tripulação original de 170 homens. A chegada foi triunfal, e o rei Manuel I outorgou-lhe o título de Dom e uma pensão anual de mil cruzados, além de imóveis.

"Se vocês ainda aguentarem ouvir mais uma das minhas histórias, contarei agora a história do português Pedro Álvares Cabral[3]."

— Estou muito curiosa — falou Esmeralda.

— Bem, então vamos lá. Cabral nasceu em Belmonte, Portugal, em 1467, filho de Fernão Cabral e Isabel de Gouveia, uma família nobre portuguesa. Entre as suas inúmeras proezas destacaram-se

[3] http://www.britannica.com/EBchecked/topic/87709/Pedro-Alvares-Cabral

duas realmente importantes. A primeira foi o descobrimento de um novo território ao qual deu o nome de Terra de Vera Cruz. Em segundo lugar, alcançou as Índias a partir da Europa, pela rota em torno do Cabo da Boa Esperança, que havia sido contornado por Vasco da Gama em 1498. Alguns acham que um explorador espanhol de nome Vicente Yánez Pinzón, que acompanhou Colombo na sua primeira viagem à América, esteve no país três meses antes da chegada de Cabral. Outro que teria estado na Terra de Vera Cruz foi Duarte Pacheco Pereira, que teria chegado em 1498.

— Mas como ele foi escolhido para empreender essas viagens e como foi essa viagem? — perguntou Esmeralda.

— Cabral era estimado pelo rei Manuel I e recebeu vários privilégios em 1497, tais como um subsídio pessoal, um título de consultor de Sua Majestade e o hábito da Ordem de Cristo. Três anos após a viagem pioneira de Vasco da Gama, o rei lhe outorgou o comando de uma segunda grande expedição à Índia. Declarando ter imensa confiança em Cabral, promoveu-o a almirante supremo de uma frota composta de treze navios, que partiram de Lisboa em 9 de março de 1500[4], devendo seguir a rota adotada por Vasco da Gama, com o objetivo de reforçar os laços comerciais e as conquistas do seu antecessor.

"Em pleno Atlântico, porém, desviou-se para sudoeste e, em 22 de abril do mesmo ano, a sua frota chegou ao litoral num domingo de Páscoa, onde avistou um monte ao qual deu o nome de Monte Pascoal.

"No dia 24 de abril, a esquadra se abrigou num porto natural, batizado como Porto Seguro. Permaneceram no país até 2 de maio e, em contato com os nativos obtiveram informações sobre o território desconhecido. Para informar ao rei Manoel I o novo descobrimento, Cabral despachou um navio para avisar o seu soberano, e encarregou Pero Vaz de Caminha, o escrivão da frota, de redigir a carta.

"O nome de Terra de Vera Cruz foi usado até 1501. De 1501 a 1503, o local foi chamado de Terra de Santa Cruz, de referência cristã, e de

[4] http://escola.britannica.com.br/article/483138/Pedro-Alvares-Cabral

1503 em diante chamaram-no Brasil, devido à abundância de uma árvore cuja seiva era avermelhada cor de brasa.

“Cabral fez um grande esforço para tratar com cordialidade os habitantes e chegou a recebê-los na sua caravela. Depois de permanecer dez dias no Brasil, partiu para a Índia numa viagem praguejada de problemas. Perdeu quatro dos seus navios ao contornar o Cabo da Boa Esperança, e chegou a Calcutá somente em setembro de 1500, onde estabeleceu um posto comercial fortificado. No entanto, o posto foi atacado pelos muçulmanos, que mataram todos os seus defensores antes que os reforços pudessem chegar provenientes da frota ancorada na baía.

“Cabral bombardeou a cidade, capturou dez navios muçulmanos e executou as suas tripulações. Na viagem de volta a Portugal, ainda aportou em Cochim, na Índia, onde carregou os seus seis navios restantes com especiarias. Completou a sua carga em Carangolos e Cananor, na mesma costa e, em janeiro de 1501 iniciou sua viagem de volta, na qual ainda perdeu mais dois navios por naufrágio. Chegou a Portugal em junho de 1501, elogiado pelo rei Manuel I.

“No entanto, ao solicitar apoio do rei para nova viagem, foi preterido por Vasco da Gama. Cabral nunca mais ocupou posição de relevo na corte e acabou se retirando para a sua casa na Beira Baixa.”

— Acho que esse Cabral foi um verdadeiro herói. Ele teve uma coragem extraordinária para empreender todas essas viagens tão perigosas — comentou Esmeralda.

— E se nós conseguíssemos viajar até o Brasil e conhecer os mistérios, os habitantes e as riquezas do novo país? — perguntou Cristiano.

— Bem, é uma excelente ideia, mas temos que pensar nas nossas propriedades — ponderou Bartolomeu. — Na França é a vinícola que estava sendo conduzida pelos nossos sócios Claude, Jean Pierre, Hugo e Olivier, já falecidos e atualmente por Paul, filho de Claude e por Eric, filho de Jean Pierre; na Inglaterra é a Baltimore Estate e a Royal School; aqui em Lisboa temos que cuidar da nossa residência e não podemos esquecer a nossa empresa Francesco Vivone Exportações Mundiais.

— Bartolomeu, o que você sugere então? — perguntou Clarinha.

— Veja bem, Clarinha, nós somos seis. Acho que você e a Esmeralda deveriam cuidar da vinícola, porque são as mais organizadas e ficaríamos sossegados com o entrosamento com os franceses nossos sócios. Quanto ao Florêncio, eu acho que ele seria ideal para administrar a Royal School, pois demonstrou um amor especial pelos princípios do Moralismo, e possui uma habilidade incrível para aprender e ensinar línguas.

"Quanto ao meu irmão Cristiano, a grande qualidade dele é o comércio exterior, herdado do nosso pai. Eu não tenho sua habilidade de fazer grandes negócios, mas ele é extraordinário nesse ramo. Portanto, deveria administrar a nossa empresa de exportação. Ao mesmo tempo, o que ele poderia fazer tranquilamente aqui em Lisboa, seria cuidar da nossa residência onde continuaria morando.

— Bem, temos que ver o que o Fabiano gostaria de fazer e, logicamente eu mesmo — informou Bartolomeu.

— Eu gostaria de conhecer outras terras recém-descobertas — informou Fabiano. — Deve haver alguma forma de chegar ao Brasil. Quem sabe numa das viagens autorizadas pela coroa portuguesa eu possa me engajar como marinheiro, ficar uns tempos com os selvagens e pesquisar as riquezas da nova terra. Tenho certeza de que devem ser incalculáveis. Mas eu sei que, no momento, Portugal não está muito interessado no Brasil, apesar da grande abundância de pau-brasil. Por isso, acredito que as invasões de outros países à procura dessa madeira vão alertar a corte portuguesa para defender a sua propriedade e as suas riquezas. Assim talvez, eu poderia embarcar numa dessas expedições de defesa.

— E você, Bartolomeu, o que pretende fazer daqui por diante?

— Bem, estamos em 1508 — disse Bartolomeu. — Acho que nós dois deveríamos nos concentrar nos bens da família até que a corte portuguesa acorde para a necessidade de proteger sua posse no Brasil. Enquanto isso não acontece, ajudaremos a família a cumprir com as obrigações e visitaremos a cidade de Braga, para ver como estão nossas mães. Eu sugiro, além disso, que visitemos todas as propriedades, independentemente de quem estiver cuidando delas. Por exemplo, as primas estarão na vinícola e isso não impede que nós fiquemos lá por algum tempo. Depois iremos à Baltimore Estate e, em seguida, tentaremos auxiliar nas vendas da empresa de exportação.

A estratégia deu resultados excelentes e consolidou as propriedades da família Vivone. Um episódio feliz ocorreu na vinícola, com as irmãs Clarinha e Esmeralda, logo após a chegada. Elas se viram cercadas por Paul, filho de Claude Demignon e por Eric, filho de Jean Pierre Demignon, e acabaram se apaixonando por eles. A consequência foi o casamento de Paul com Clarinha e de Eric com Esmeralda.

Infelizmente, em 1510, quando Bartolomeu e Fabiano chegaram a Braga, souberam que, devido à epidemia de gripe que assolou a cidade em 1509, as três mães haviam falecido. A comunicação sobre o triste episódio não foi feita em virtude da generalização da moléstia, que não poupou a maioria dos habitantes da região. Os dois primos trouxeram a notícia para Lisboa e enviaram correspondência para Clarinha e Esmeralda em Marseille.

30

Em 1516, o navegador português Cristóvão Jacques[1] (1480–1530), nomeado fidalgo da casa de Portugal pelo rei, seria enviado ao Brasil para expulsar os franceses que se instalaram na costa do país (na chamada expedição "Guarda-Costas") e iniciar o comércio com os nativos, além de adquirir produtos locais, especialmente pau-brasil, madeira de grande demanda na Europa. Cristóvão Jacques havia participado anteriormente da frota de Gonçalo Coelho, em 1503, quando conheceu o litoral brasileiro. Coelho foi um navegador, também português, que comandou as duas primeiras expedições exploratórias das terras descobertas por Cabral, tendo sido acompanhado por Américo Vespuccio (c. 1454–1512)[2].

Os dois primos se entusiasmaram com as navegações e resolveram entrar em contato com Cristóvão Jacques para indagar se

1 http://www.e-biografias.net/cristovao_jacques/

2 https://www.britannica.com/biography/Amerigo-Vespucci. Américo Vespuccio ou Amerigo Vespucci nascido em Florença, Itália, foi um mercador e navegador-explorador que teve o posto de "navegador-mor" em Sevilha, Espanha. A denominação de "América" originou-se do seu nome. Sob os auspícios dos portugueses, Vespuccio saiu de Lisboa em 1501 e chegou à costa brasileira, constando ainda ter chegado à Baía de Guanabara e à foz do rio da Prata, voltando a Lisboa em 1502. Vespuccio escreveu cartas sobre as suas viagens realizadas entre 1497 e 1504, dirigidas principalmente à família Medici, com a qual mantinha relacionamento.

poderiam se engajar nessa viagem. Depois de muito esforço, descobriram seu paradeiro.

— Por que vocês querem ir para o Brasil? — perguntou Jacques. — O que pretendem fazer quando chegarem? Se realmente decidirem embarcar conosco, terão que trabalhar como os demais marinheiros e não receberão qualquer remuneração.

— Estamos plenamente de acordo com as condições, pois desejamos ardentemente conhecer o território e queremos ter um maior conhecimento dos seus habitantes. Basta nos avisar quando será a partida.

— Daqui a exatamente quinze dias. Estejam no porto às 5h da manhã pontualmente, e estejam cientes de que vamos combater piratas franceses que estão roubando pau-brasil, o que representa um risco de vida considerável.

— Caro senhor fidalgo, sabemos que uma viagem ao Brasil é por si só perigosa; por isso, estamos preparados para o que der e vier.

Quinze dias depois, os dois primos embarcaram na maior aventura das suas vidas. Trabalharam incessantemente como marinheiros sob o rigor imposto por Cristóvão Jacques. Mas era tudo um sacrifício programado e nada poderia abalar os seus objetivos, apesar de não saberem o que os aguardava. A frota era composta de duas caravelas, que deveriam patrulhar a costa brasileira e combater os corsários franceses.

A viagem correu conforme o previsto, e a chegada, na opinião de Fabiano e Bartolomeu, foi simplesmente maravilhosa, considerando as belezas naturais com que se depararam. O desembarque se deu em novembro, numa enorme baía que Jacques chamou Baía de Todos os Santos, onde foi festejado por indígenas que receberam presentes da tripulação e olhavam os estrangeiros com grande curiosidade.

Cristóvão estabeleceu uma feitoria (espécie de fortaleza rústica) na ilha de Itamaracá[3], em Pernambuco, na foz do rio Igaraçu, que constituiu a primeira estrutura de defesa do litoral da Terra de Santa

[3] http://historiapernambuco.blogspot.com.br/2010/11/1516-feitoria-de-itamaraca-em.html

Cruz. O motivo principal do estabelecimento da feitoria se deveu à enorme quantidade e à excelente qualidade do pau-brasil existente na região. Cristóvão seguiu depois para o sul, até o rio da Prata, onde aprisionou corsários e piratas franceses, destruiu feitorias e embarcações, confiscando as suas cargas.

Fabiano e Bartolomeu acompanharam todas essas aventuras, cada vez mais maravilhados com o mundo novo que estavam conhecendo. Lamentavam, porém, a brutalidade com que Cristóvão tratava os prisioneiros franceses, pois ele os mandava para Portugal ou os executava. Sobre ele pode-se dizer, com certeza, que não se tratava de pessoa virtuosa.

Finalmente, os dois primos resolveram permanecer na ilha de Itamaracá, não só pela sua beleza, com abundância de frutas, folhagens exuberantes e aves raras, como também pelo tratamento carinhoso que recebiam dos indígenas. Apaixonaram-se pelos animais selvagens que lá viviam especialmente macacos, araras e papagaios, algo nunca visto em todos os países da Europa em que estiveram. Os nativos, além de suas ocupações normais, cortavam madeira em troca de machados, foices e rastelos de ferro, realizando com os navegadores o chamado escambo. Esse contato propiciava uma intimidade maior entre eles, o que os aproximava dos portugueses ou de outros que chegavam à costa brasileira.

— Onde vamos achar um lugar para dormir? — perguntou Fabiano. — Não podemos simplesmente dormir no mato. Vamos perguntar ao Cristóvão para ver se ele consegue nos acomodar entre os portugueses que permanecerão na feitoria, ou mesmo com os nativos, se isso for possível.

Antes de partir para as patrulhas costeiras à cata de mais corsários franceses, o fidalgo lhes concedeu o privilégio de se acomodarem na feitoria com alguns dos marinheiros que conheceram durante a viagem.

Realizaram o desejo de conhecer o idioma dos indígenas, para poder conviver com eles. Diziam os companheiros da caravela que os nativos eram os caetés. Eles habitavam a região compreendida entre a ilha de Itamaracá e o rio São Francisco, falavam a língua tupi e eram conhecidos pela sua ferocidade e pela prática de rituais antropofágicos.

Apesar de tudo isso, Bartolomeu e Fabiano conseguiram estabelecer um relacionamento cordial com eles. É estranho que isso tenha ocorrido, pois não era costume desse povo. Eles haviam se aliado aos franceses e detestavam os portugueses.

Todas as manhãs, os primos se embrenhavam no mato para se aproximar das aldeias dos caetés. Eram imediatamente cercados pelos indígenas, que os tocavam, e às vezes queriam arrancar as suas roupas para ver o que tinham por baixo. Fabiano, que havia se destacado em línguas na Royal School, começou a ouvir as palavras proferidas, tentando adivinhar o seu significado. Queria de todas as formas aprender o idioma.

Numa das idas à aldeia, a sorte foi amiga de Fabiano. Ele conheceu uma nativa de feições maravilhosas, que imediatamente o penetrou com os olhos. Houve uma simbiose incrível, uma ligação entre um europeu e uma ameríndia de rosto precioso e corpo escultural. Ela o tocou, querendo saber do que esse homem era feito.

Fabiano sabia que ela falava o idioma tupi[4], usado por praticamente todos os habitantes do litoral. Seria, portanto, necessário conquistar a confiança da jovem caeté e iniciar um diálogo baseado em toques de objetos e ouvir os nomes pronunciados por ela. Ele também sabia que os portugueses que ficaram no Brasil aprenderam a língua dos nativos, que eles chamavam de "língua brasílica". Dessa maneira passaram a se comunicar com os nativos com maior facilidade.

Fabiano resolveu apontar para algum objeto e, por gestos, perguntaria o nome em tupi. Assim que ela o dissesse, ele citaria o mesmo em português. Dessa forma seriam alcançados dois objetivos, ou seja, ele aprenderia o tupi e ela o português. A primeira coisa apontada por ele foi uma árvore imensa que se encontrava na aldeia. Logo a

[4] http://tupi.fflch.usp.br/node/16 e https://www.youtube.com/watch?v=1UBGKKIYmpA.

jovem percebeu o que ele queria e pronunciou a palavra "ybyrassú", e Fabiano, logo em seguida, falou "árvore grande". Ela riu muito devido à sua forma diferente de falar e disse "paraná", apontando para o rio que corria ao lado da aldeia, e Fabiano completou com "rio". Os dois acabaram rindo um do outro, parecendo duas crianças brincando de adivinhação.

Fabiano aprendeu rapidamente o idioma. No mesmo dia já se lembrou de várias palavras que traduziu para ela, assim que achavam um objeto ou uma pessoa. Naquele dia trocaram as seguintes palavras:

Ybyrassú	**Árvore Grande**
Ybyrá	**Árvore**
Itú	**Cachoeira**
Pirá	**Peixe**
Oka	**Casa**
Xe-py	**Meu pé**
Îakaré	**Jacaré**
Pereba	**Ferida**
Ixé	**Eu**
Itá	**Pedra**
Ygara	**Canoa**
T-obá	**Rosto**
Kunhã	**Mulher**
Abá	**Homem**
Paraná	**Rio**

Repetiram a brincadeira nos dias seguintes, até que um grupo de indígenas curiosos se juntou aos dois, rindo cada vez que Fabiano pronunciava as palavras em português.

Enquanto isso, Bartolomeu permanecia mais tempo na feitoria, onde conheceu uma portuguesa de nome Angélica de Albuquerque, irmã de Aloísio de Albuquerque, um nobre enviado por D. Manoel I para fiscalizar a segunda caravela de Cristóvão Jacques. Ela tinha 23 anos e havia se separado do marido recentemente.

Lamentavelmente, a feitoria não correspondia exatamente às expectativas de Angélica e Aloísio, que tiveram de se adaptar às precárias condições e à falta de higiene das acomodações. As feitorias eram, na verdade, entrepostos comerciais, geralmente fortificados, funcionando simultaneamente como mercado, armazém, ponto de apoio à navegação e alfândega, podendo reger as trocas, negociar produtos em nome do rei e cobrar impostos. Eram facilmente abastecidas e defendidas por mar, proporcionando segurança e dominando o comércio no Atlântico. Elas também se dedicavam à extração de pau-brasil[5].

Desde cedo surgiu uma amizade entre os dois primos e os irmãos portugueses, principalmente em virtude das ideias muito semelhantes entre eles. Aloísio relatou que tinha uma pequena escola em Lisboa onde eram ensinadas línguas estrangeiras, principalmente francês, inglês e italiano. Mostrou-se vivamente interessado quando soube que a família Vivone era proprietária de um colégio destinado a ensinar princípios morais baseados no livro do antepassado Francesco Vivone, chamado *Moralidade e Ética*. Fabiano logo forneceu maiores detalhes sobre o currículo da Royal School.

— Vocês acham possível nos unirmos em torno dessa ideia e mostrar ao nosso povo o que é ser virtuoso? — perguntou Aloísio.

— Como voltaremos a Portugal em breve, podemos pensar seriamente no assunto, seria uma honra ter o seu apoio em Lisboa — respondeu Fabiano.

No período em que ficaram na feitoria, entre 1516 e 1519, Bartolomeu e Fabiano tiveram experiências totalmente diferentes das vividas nos outros países em que estiveram. Fabiano conseguiu aprender perfeitamente o idioma tupi e ensinar o português a vários

5 http://www.receita.fazenda.gov.br/historico/srf/historia/catalogo_colonial/letraf_feitorias.htm

indígenas. Entretanto foi à jovem Yjara[6], (significando sereia, mãe d´água) que ele dedicou a maior parte do seu tempo. O contato diário agradou ao tuxaua, pai da jovem. Ele acabou passando horas ouvindo as aulas de Fabiano e aprendeu o suficiente para se comunicar em português.

Yjara, com presumíveis 21 anos, já conseguia escrever as letras e palavras tanto em português como em tupi. Aprendeu também a contar e escrever números, um sucesso. Esse período de constante contato despertou uma espécie de dependência mútua e uma atração cada vez maior entre eles. Fabiano não resistiu aos encantos de Yjara, e ela sentiu algo no coração que nunca tinha imaginado. Demorou um pouco para que ele tomasse uma decisão corajosa, vinte dias antes da partida para Lisboa.

Interrompendo sua aula, olhou fixamente para os olhos de Yjara e confessou seu amor à linda criatura, salientando que não conseguiria viver sem ela, estivesse onde estivesse.

— Mas você vai voltar para Portugal, como será a minha vida sem você? — perguntou Yjara.

— Quero que você seja minha esposa e gostaria de levá-la comigo. Sei que é uma proposta súbita e surpreendente, mas não posso sair do Brasil sem você. Esses anos que passamos juntos foram o suficiente para confirmar o meu profundo amor.

— Eu não saberia mais o que fazer se tivesse que viver sem a sua presença ao meu lado — disse Yjara. — Não tive coragem em todos esses anos de confessar que você realizou os meus sonhos desde que chegou à aldeia. O meu amor cresce todos os dias e o seu pedido era o que eu mais esperava. Estou encantada, aceito com o maior carinho. Sei também que o meu pai não teria qualquer objeção, pois ele tem por você uma profunda admiração.

— Conheço os problemas de adaptação que você vai ter ao morar num lugar totalmente desconhecido, onde olharão para você com a

6 http://www.melhornome.com.br/Tupi.htm.

mesma curiosidade que vocês olharam para mim, quando cheguei à aldeia. Logicamente, você terá que se adaptar às roupas que os europeus usam, mas sei que isso pode até ser uma surpresa agradável para você.

— Esse problema de adaptação à nova vida não me afetará, pois já senti que as coisas estavam mudando com a chegada dos estrangeiros em nossa terra, e que haveria uma reviravolta de costumes de ambos os lados.

— Estou exultante e ansioso para comunicar a nossa decisão ao meu primo Bartolomeu, que você já conhece. Ao mesmo tempo, pedirei à Angélica para fornecer as roupas que você poderá usar na viagem. Ela tem muito bom gosto e certamente escolherá algumas bem lindas. Mas temos ainda uns vinte dias para preparar a mudança, devo também comunicar o fato ao comandante Cristóvão Jacques e conversar com o seu pai.

Depois de rituais e festas indígenas, embarcaram todos na caravela rumo a Portugal. Yjara estava deslumbrante com o vestido escolhido por Angélica. Somente na hora do embarque ficou evidente que havia algo de diferente entre Bartolomeu e Angélica, pois os dois não saíam de perto um do outro. Fabiano foi alertado desse fato por Cristóvão, o qual, nesses três anos, havia se afeiçoado a todos eles.

— Bartolomeu, que história é essa que você não sai de perto da Angélica? Posso supor que corre algo entre vocês? — perguntou Fabiano.

— Nós havíamos combinado de só divulgar o nosso romance em Lisboa, mas parece que não tivemos muita sorte com o nosso segredo. Por isso não há motivo para não divulgar que estamos noivos e vamos nos casar assim que chegarmos a Portugal. Sabemos também que as suas intenções a respeito de Yjara são bastante semelhantes às nossas, estou certo?

— Estou a perceber que essa volta para a terrinha ficará na história das nossas famílias, podendo-se até dizer que se trata de uma expedição pré-nupcial que requer uma comemoração com um bom vinho — alegou Aloísio.

As duas caravelas chegaram a Lisboa quase ao mesmo tempo, devido aos ventos favoráveis e mar relativamente calmo, passando ambas a navegar lado a lado em quase todo o trajeto.

31

Cristiano quase caiu de costas com a chegada repentina de Bartolomeu, Fabiano e Yjara. Angélica resolveu passar na residência e guardar as lembranças trazidas do Brasil, enquanto Aloísio partia numa viagem ao palácio do rei Manoel I (1469–1521), em Évora, a aproximadamente 135km de distância. Ele ficaria ausente durante pelo menos duas semanas.

A primeira providência de Fabiano foi apresentar sua noiva, contar como se apaixonaram e como conseguiu ensiná-la a falar e ler o português, algo impensável para quem nunca havia frequentado uma escola na infância e juventude. Ela logo se descontraiu e relatou sua satisfação por conhecer tanta coisa inesperada. Pelo relato de Fabiano, ela ficaria mais feliz ainda se pudesse conhecer o vinhedo na França e a escola na Inglaterra, assim que fosse viável.

— Fabiano, desejo congratulá-lo pela sua coragem de empreender uma viagem tão insólita a uma terra desconhecida e preciso dizer que estou entusiasmado com a vinda da minha cunhada e sua futura esposa Yjara — disse Cristiano. — Quero que ela desde já se sinta como pessoa da nossa família. Florêncio está na Inglaterra e Clarinha e Esmeralda na França, veja só como todos estamos espalhados pela Europa. E você, Bartolomeu, eu soube que também trouxe a sua noiva. Gostaríamos muito de conhecê-la.

Enquanto Aloísio permanecia em Évora, a atmosfera na residência dos Vivone era de imensa alegria com a vinda de Yjara. Ela relatou coisas incríveis do seu passado, relembrou a coragem do seu pai, o tuxaua na luta contra nativos inimigos e contra portugueses que torturavam e escravizavam os caetés.

Angélica trouxe consigo uma bagagem com um conjunto de roupas para Yjara, que foram imediatamente aprovadas por todos. Ao mesmo tempo, relatou como se iniciou o relacionamento de Aloísio com o rei D. Manoel I, o Venturoso.

— Nós morávamos perto de Alcochete, onde nasceu D. Manoel[1]. A cidade foi escolhida para evitar os surtos de peste negra que ocorriam na capital. Ficava à beira do rio Tejo, do lado oposto de Lisboa. Os nossos pais mantinham uma quinta onde plantavam uvas e forneciam vinhos a várias vilas vizinhas, e nossa marca foi ficando famosa e conhecida nos meios aristocráticos da região. D. Manoel era filho adotivo de D. João II e continuou incentivando as navegações portuguesas, notadamente para a Índia e para o Brasil.

"Com as viagens de Vasco da Gama para o Oriente e de Cabral para o Brasil, D. Manoel acumulou uma enorme fortuna. As suas conquistas foram confirmadas pelo papa e reconhecidas pela Espanha, com a qual ele mantinha um excelente relacionamento. Graças a D. Afonso de Albuquerque[2], enviado à Índia em 1506, foram conquistados diversos portos-chave como Goa, Málaca e Ormuz, que lançaram as bases do Estado da Índia e permitiram aos portugueses controlar uma parte importante do comércio marítimo oriental.

"D. Manuel se casou três vezes. A primeira em 1497, com D. Isabel, filha do rei Fernando II de Aragão e da rainha Isabel I de Castela, responsáveis pela unificação dos reinos ibéricos no país que se tornou a Espanha. D. Isabel faleceu um ano depois. O segundo casamento se deu em 1500, com a Infanta D. Maria de Castela, e o terceiro, em 1518, com D. Leonor, irmã de Carlos V, Sacro Imperador

1 http://www.britannica.com/biography/Manuel-I

2 http://www.google.com.br/url?sa=t&rct=j&q=&esrc=s&source=web&cd=5&ved=0CDIQFjAE&url=http%3A%2F%2Fwww.esdmibeja.pt%2Fpowerpoint_manuel.ppt&ei=gjuDVa3HMsOHNrf_gogE&usg=AFQjCNEnjkYvFHLfZlYpnFB4dDyvcyj39g&bvm=bv.96041959,d.eXY.

Romano-Germânico. D. Manuel residiu a maior parte do seu reinado em Lisboa.

"Cliente assíduo dos nossos vinhos, D. Manuel visitou várias vezes nossa vinícola e se tornou nosso amigo. Foi nessa ocasião que conheceu o meu irmão Aloísio, que lhe parecia ideal para exercer um papel relevante na corte. Nomeou-o inspetor de construção naval e da navegação portuguesa. Por isso, vocês o conheceram como inspetor da viagem de Cristóvão Jacques."

Aloísio retornou a Lisboa no início de 1520 pouco depois da visita ao rei. Trouxe notícias importantes para a família. Em primeiro lugar, sabendo da chegada da noiva de Fabiano, primeira caeté presente em Portugal, o rei D. Manoel I insistiu em conhecê-la no seu retorno a Lisboa, o que seria em breve. Em segundo lugar, pediu para ser padrinho do casamento da irmã de Aloísio com Bartolomeu e, finalmente, fazia absoluta questão de comparecer ao casamento de Fabiano com Yjara.

— Fabiano, você conseguiu me ensinar o português com muito esforço — disse Yjara. — Eu também fiz o possível para não o desapontar, não só pelo prazer de aprender, como pelo meu amor por você. Eu sabia que poderia conquistá-lo mais depressa se falasse a sua língua. Agora que consigo me entender com os portugueses, pergunto se você estaria disposto a me ensinar o inglês e o francês. Quem sabe eu até poderia frequentar as aulas na Royal School, se e quando formos para a Inglaterra, e assim eu poderia conhecer o real significado da palavra "virtuoso".

— Meu amor, terei imenso prazer em lhe ensinar essas duas línguas. Aliás, você mencionou o termo "virtuoso". Pois posso lhe dar um exemplo que vai esclarecer do que se trata. Vou contar a história de uma família que viveu do século passado até recentemente. Trata-se da família dos Bórgia[3].

"Os Bórgia eram de origem nobre na Espanha. Eles fincaram raízes na Itália, onde se tornaram importantes nos campos da política

3 http://www.britannica.com/topic/Borgia-family

e da religião católica, entre 1400 e 1500. Dois dos seus membros se tornaram papas e outros foram líderes políticos e religiosos.

“Em 1455, Alfonso Bórgia (1378–1458) foi eleito papa e assumiu o nome de Calisto III. Outro membro da família foi Rodrigo Bórgia, que conseguiu se eleger papa através da compra de votos dos cardeais responsáveis pela nomeação dos pontífices. Ele adotou o nome de Alexandre VI (1431–1503) e, com a sua amante Vannozza dei Cattanei, teve quatro filhos com os nomes de César, Lucrécia, Gioffre e Juan.

“Apesar de ser proibido o casamento de sacerdotes da Igreja Católica e de ter relações sexuais, Alexandre VI simplesmente ignorou essa determinação e continuou a atrair outras mulheres ao seu leito.

“O papado de Alexandre VI foi conhecido pelos subornos, assassinatos, envenenamentos, corrupção, desvios de dinheiro e outros crimes, como torturas e perseguições. Era costume queimar os hereges em praça pública, algo realmente bárbaro. Todos esses crimes foram cometidos pelo papa e pelos seus filhos. Um exemplo do tipo de maldade que existia na família foi o assassinato do filho Juan, aparentemente pelo seu próprio irmão César. Enfim, se você pensar bem, nenhum desses personagens foi o que se poderia chamar de virtuoso. Para uma pessoa ser considerada virtuosa, ela deve ter uma vida sem pecados e sem falsidade, ter bons costumes e ser absolutamente honesta. Além disso, deve ter aversão à mentira, ter pureza de propósitos e ser incorruptível. Pela história que acabo de contar, você verá que nenhum dos membros da família Bórgia tinha qualquer uma dessas qualidades.”

— Agora entendi. Não foi esse o assunto do livro do seu antepassado Francesco Vivone? — perguntou Yjara.

— Exatamente.

— Mas então os meus parentes não são virtuosos, porque alguns deles matam outras pessoas e as comem! Aqui em Portugal uma coisa dessas seria horrível. Imagine se um português mata outro português, corta-o em pedaços e come? Será que existe alguma diferença entre os Bórgias e os caetés?

— Acho que é uma questão de cultura. Os indígenas foram ensinados pelos seus antepassados de que a antropofagia não é crime e têm outra compreensão do que é certo ou errado. Os Bórgia, no entanto, cometiam os crimes conscientemente, por pura maldade e pela sede de poder, e sabiam exatamente o que estavam fazendo. Eles tinham o entendimento de que isso ou aquilo estava errado. Mesmo assim, preferiram optar pelos crimes e não pela decência.

Ao chegar, Angélica propôs que o casamento dos dois casais fosse realizado a bordo do navio comandado por Cristóvão Jacques, no qual os quatro voltaram do Brasil. Seria uma recordação simpática e o rei D. Manuel poderia comparecer à solenidade, pois foi ele quem determinou a viagem de Cristóvão ao novo continente.

Jacques ficou entusiasmado com a ideia de celebrar um casamento a bordo do seu navio, atualmente ancorado no porto de Lisboa. D. Manuel, convidado por Aloísio, concordou com a data de 25 de julho de 1520, portanto em 15 dias. Seriam também convidados os amigos portugueses, da Empresa Franco-Portuguesa de Comércio Internacional, que haviam adquirido os navios de propriedade de Lorde Baltimore, negociados por Anderson. Os únicos que não estariam presentes seriam as irmãs Clarinha, Esmeralda e seus respectivos maridos, atualmente em Marseille, e Florêncio, na Royal School.

Bartolomeu propôs que as respectivas luas de mel fossem passadas, parte na vinícola e parte na Inglaterra, na residência da Baltimore Estate. O programa não poderia ser mais maravilhoso e foi recebido com entusiasmo por todos.

Com a curiosidade de uma criança, D. Manuel estava ansioso por conhecer a indígena Yjara e já vinha, em silêncio, arquitetando um plano para o futuro das suas navegações. Mantinha segredo desse projeto que seria exposto logo após o casamento.

Durante a solenidade, as noivas brilharam pela beleza, pela exuberância das roupas e pela alegria estampada em suas feições. Os noivos não cabiam em si de tanto orgulho. Como capitão do navio,

Cristóvão Jacques celebrou o casamento ao lado do rei D. Manuel, padrinho de Angélica e Bartolomeu.

Durante a festança, foi possível perceber um aumento de intimidade do rei com os presentes, especialmente com Fabiano e sua esposa Yjara. Extremamente ansioso, não conseguiu manter o seu segredo e pediu que os dois casais ouvissem sua proposta.

— É com imenso prazer que me encontro nesta solenidade, e quero congratular os noivos que acabaram de chegar ao nosso país, trazendo consigo essa linda donzela do Brasil. Pensei muito antes de fazer a minha proposta a Fabiano e Yjara, sobre um projeto que venho elaborando. Desejo convidá-los oficialmente para serem os meus assessores, com a finalidade de ensinarem o idioma tupi a alguns membros da minha corte e aos navegadores que partirão para o Brasil brevemente. Acho que o conhecimento da língua da população que lá vive será de grande utilidade para que possa haver maior harmonia e maior entendimento entre pessoas tão diferentes em matéria de hábitos e costumes. As aulas poderiam ser ministradas no meu palácio, onde recebo os nobres e os navegadores que o frequentam.

— Vossa Majestade nos honra sobremaneira pela confiança que ora deposita em nós — disse Fabiano. — Estive conversando com Aloísio que, como Vossa Majestade sabe, é proprietário de uma escola que ensina línguas estrangeiras. Ele se dispôs a incluir entre os seus cursos a língua tupi e, se Vossa Majestade concordar, nós poderíamos fazer parte do corpo docente do colégio, lecionando o idioma nas dependências do seu palácio.

— Se Vossa Majestade me permitir — disse Yjara —, gostaria de dizer que me sinto imensamente honrada pelo convite e posso lhe garantir, com o auxílio indispensável do meu amado marido, que farei tudo o que estiver ao meu alcance para ensinar meu idioma. Tenho que mencionar que é grande a minha felicidade de receber, logo em seguida ao meu casamento, uma proposta tão maravilhosa como essa que Vossa Majestade nos apresenta.

— Então aproveitam a lua de mel e voltem revigorados para iniciar essa nova etapa em suas vidas.

Ao chegarem à vinícola, nova surpresa. Clarinha, Paul, Esmeralda e Eric ficaram estáticos com a chegada dos dois casais. Nunca poderiam imaginar que Fabiano fosse se casar, principalmente por ser o mais tímido da família. Não demorou muito para se entrosarem com Yjara e com o casal de portugueses recém-casados, porém Paul e Eric não falavam português, e tiveram problemas de comunicação com os novos hóspedes.

A mata que cercava a propriedade imediatamente atraiu Yjara, despertando lembranças da sua vida no Brasil. Tirou os sapatos, entrou na mata cantando e dançando como se fosse uma festa indígena. Todos correram para acompanhá-la e apreciar esse espetáculo tão diferente, mas logo a perderam de vista. Depois de longa procura, ouviram sua voz chamando a todos. Ela estava em cima de uma das maiores árvores, rindo do susto que pregou na família.

Voltando à casa, Paul contou que as exportações trouxeram grandes lucros à vinícola, devido às mudas recebidas de Bordeaux, que melhoraram consideravelmente a qualidade. As exportações para a Inglaterra e para Portugal aumentaram ano a ano. Receberam recentemente uma oferta dos produtores de Bordeaux, para comprar toda a vinícola por um preço muito acima do seu verdadeiro valor. Esse assunto seria discutido com todos os presentes no jantar de comemoração dos enlaces matrimoniais.

Os casais receberam as melhores acomodações existentes na propriedade e resolveram desaparecer por algum tempo. No dia seguinte, durante o almoço, Yjara perguntou a Fabiano o que era um papa e o que ele fazia.

— Vou tentar responder, pois a pergunta é muito interessante e muito difícil de resumir em poucas palavras. O papa é o chefe da Igreja Católica Romana. Ele mora num palácio chamado Palácio Apostólico na Cidade do Vaticano, em Roma, e cumpre todos os ensinamentos de Deus, escritos num livro sagrado chamado "A Bíblia". Muitos daqueles que creem na existência de Deus também acreditam num homem que viveu há mais ou menos 1500 anos, chamado Jesus

Cristo. Jesus é considerado filho de Deus por todos os cristãos. Ele nasceu para divulgar a palavra do seu pai na terra.

"A população da maioria dos países da parte ocidental da Europa adotou o cristianismo. Como você há de se lembrar, os católicos acreditam que existe um só Deus que, segundo eles, foi quem criou o universo em sete dias. Quem adere à religião católica também obedece aos ensinamentos de Jesus Cristo. Devido ao seu nome, surgiu a palavra cristianismo, termo adotado por todos aqueles que consideram Jesus o 'Filho de Deus e Salvador da Humanidade'.

"Jesus nasceu na cidade de Belém e viveu numa minúscula aldeia chamada Nazaré. A sua mãe chamava-se Maria, e o seu pai, José. Mas o que contam é que Jesus foi colocado dentro do ventre de Maria pelo Espírito Santo, ou seja, houve uma intervenção divina sem que José tivesse tido qualquer contato com ela. Um detalhe interessante a respeito do seu nascimento foi que a mãe dele era virgem e continuou virgem para o resto da vida, coisa que as pessoas da época chamaram de milagre."

— Não posso acreditar muito nessa história de gravidez sem contato do marido — argumentou Yjara. — Ora, seria a mesma coisa se nós dois tivéssemos um filho sem a sua participação no assunto. Outra coisa que também não entendi muito bem: qual a diferença entre a religião católica e o cristianismo.

— Eu já tive essas mesmas dúvidas. Quanto à gravidez, só posso concordar com você. Sobre o cristianismo, ele tem três vertentes deferentes: a primeira é a Igreja Católica Romana que é a do papa. A segunda é a Ortodoxa Oriental[4] que não reconhece a autoridade do papa e não quer acreditar na virgindade de Maria, mãe de Jesus. Além disso, eles aceitam o casamento dos padres que já eram casados antes da conversão à Igreja Ortodoxa e apenas os bispos não podem se casar. A terceira é a Igreja Protestante que eu vou explicar daqui a pouco.

[4] http://www.significados.com.br/igreja-ortodoxa/

"Conta-se que Jesus Cristo era dotado de dons divinos e que, durante a sua vida, pregava a bondade, o respeito aos outros e queria salvar as pessoas dos seus pecados. Ele teria também realizado diversos milagres curando pessoas doentes. Pode-se dizer que Jesus era o que Francesco Vivone chamaria de um homem virtuoso. Infelizmente, as suas ideias não agradaram aos líderes judeus, pois a moralidade que Jesus ensinava estava contra os princípios e interesses desses líderes. Por isso, Jesus acabou sendo crucificado, sofrendo dores terríveis durante muitas horas, e acabou morrendo pouco tempo depois. Mas conta-se que ele ressuscitou e retornou da morte. Depois de aparecer para muitas pessoas por quarenta dias, dizem que ele subiu para o Céu.

"Portanto, o papa é a pessoa responsável pela administração do Vaticano e, através dos seus subordinados (cardeais, arcebispos, padres e outros sacerdotes), trabalha pela divulgação dos ensinamentos de Jesus Cristo entre os seguidores da religião católica."

— Meu amor, tudo isso é muito interessante — aparteou Yjara. — O meu pai me ensinou quais são os deuses do nosso povo, e eu acho que é tudo muito parecido com o deus dos católicos. Ele me disse que quem realizou toda a criação foi o Deus Trovão, que chamavam de Tupã. Ele teve a ajuda da deusa Araci, quando desceu à terra e criou tudo o que existe, incluindo o oceano, as florestas, os animais e as estrelas. O meu pai me explicou que Tupã criou a humanidade com estátuas do homem e da mulher feitos de argila, misturando uma porção de coisas que pegou da natureza. Aí ele soprou a vida neles e foi embora[5]. Como o meu pai é o cacique e ensina tudo isso, a gente poderia dizer que ele é o papa indígena.

— Yjara, acho que você tem alguma razão. O seu pai é o papa dos caetés. Você sabe que hoje estamos no ano de 1521 e o papa que está em Roma chama-se Leão X, nomeado em 1513, bem antes da nossa ida ao Brasil. Ele se tornou o papa número 217, imagine quantos

[5] https://super.abril.com.br/mundo-estranho/como-e-a-mitologia-tupi-guarani/

papas já existiram desde o ano 30 depois de Cristo. O primeiro foi São Pedro, que permaneceu como papa durante 37 anos e, dizem, tinha as chaves do Céu.

"Acontece que o catolicismo não é a única religião que existe. Em 1483, nasceu em Eisleben, na Saxônia, Alemanha, um homem chamado Martinho Lutero[6], que era um estudioso das religiões. Apesar de também acreditar em Deus, como os católicos, ele reformulou várias ideias do cristianismo organizando um movimento que resultou na chamada Reforma Protestante, criando o protestantismo, ocasionando uma divisão entre o Catolicismo Romano e as novas tradições protestantes denominadas de Luteranismo. Ele foi uma das figuras mais influentes da história da cristandade.

"Lutero apresentou 95 teses, ou ideias, entre as quais vale a pena citar duas bem diferentes das tradições da religião católica. Em primeiro lugar, os sacerdotes protestantes podem se casar. Em segundo, ao contrário do contato com Deus, realizado por meio dos sacerdotes católicos na absolvição dos pecados dos fiéis, Lutero achava que a salvação deveria ser feita pela fé e não por meio de algum mensageiro, como acontece nas confissões. As suas teorias foram adotadas por grande número de pessoas para as quais Lutero criou as primeiras Igrejas Luteranas. Ele acabou traduzindo a Bíblia do latim para o alemão, o que permitiu o acesso de um maior número de leitores que não conheciam a outra língua.

"Baseado nas ideias de Lutero, um francês de nome João Calvino[7] criou uma nova corrente religiosa. Considerava desnecessário haver o clero regular da igreja, criticava o culto às imagens, só admitia os sacramentos da eucaristia e do batismo, e considerava a Bíblia a base da religião. Ele exaltava as características individuais necessárias à prática comercial, o que agradou a classe burguesa. Suas ideias foram logo aceitas por toda a Europa e chegaram especialmente à

6 http://www.suapesquisa.com/biografias/lutero/

7 João Calvino (1509–1564)

Escócia, Holanda e Dinamarca, sendo os seus seguidores chamados presbiterianos.

"Vou apenas mencionar mais duas religiões importantes. Uma é a religião judaica, cujos praticantes são chamados de judeus, e a outra a islâmica, cujos praticantes são chamados de muçulmanos. Existem algumas diferenças entre essas duas e o catolicismo e o protestantismo. Os judeus baseiam suas crenças nas leis de um livro intitulado Torá, que é equivalente à Bíblia dos cristãos. É interessante ouvir a história do judaísmo para entender os seus fundamentos.

"Os judeus moravam num país chamado Egito e eram escravos do faraó, rei do país. Como eram muito numerosos, o faraó achou que eles poderiam se revoltar, e deu uma ordem segundo a qual nenhuma criança poderia viver. Mas, entre os judeus havia um menino chamado Moisés[8], nascido próximo ao ano de 1500 antes de Cristo. Com medo de matarem o menino, sua mãe fez uma cesta e o colocou no rio Nilo, onde ele ficou flutuando até ser encontrado por uma princesa egípcia, filha do faraó. Moisés acabou sendo educado no palácio real e o faraó queria que ele se preparasse para um alto cargo, ou até para o trono do Egito. Ele permaneceu no país até os 40 anos.

"Com essa idade, numa determinada ocasião, Moisés viu um egípcio batendo num judeu e ficou tão bravo que matou o egípcio e o enterrou na areia. Quando souberam do assassinato, Moisés fugiu para o deserto de Midiã, onde conheceu um homem chamado Jetro, que o contratou para cuidar dos seus rebanhos. Moisés acabou se casando com uma das filhas de Jetro.

"Yjara, você está cansada de ouvir essa história?"

— Você não imagina como estou gostando de ouvir tanta coisa nova. Por favor, continue contando — disse Yjara.

— Bem, nessa ocasião, Deus entrou em contato com Moisés e o mandou voltar ao Egito para libertar o povo judeu. Acompanhado por seu irmão Arão, o seu porta-voz perante Deus, Moisés convenceu o povo a fugir, mas foram impedidos pelo faraó. Então Deus enviou

8 http://www.jesusnet.org.br/tabernaculo/moi_ex.htm.

dez pragas ao Egito e causou uma verdadeira calamidade no país. Finalmente, o faraó permitiu a saída dos judeus, mas logo se arrependeu e mandou o exército atrás dos que estavam acampados ao lado do Mar Vermelho. Nessa hora, Moisés realizou o seu famoso milagre, abrindo as águas do Mar Vermelho para os judeus passarem e, em seguida, fez com que elas voltassem, precipitando-se sobre o exército do faraó.

"Depois da travessia, os judeus se concentraram ao pé de um monte chamado Sinai. Moisés, que era o único que podia se comunicar com Deus, subiu ao monte Sinai e lá permaneceu por quarenta dias sem comer nem beber. Foi nesse período que Deus lhe ensinou os dez mandamentos da Torá, e pediu que os lavrasse em duas tábuas de pedra, para que o povo pudesse conhecê-los. Ao descer do monte, constatou que os judeus estavam reverenciando um bezerro de ouro como seu deus. Moisés soube então que o povo, preocupado com a sua demora, pediu a Arão que moldasse um deus que pudessem adorar, um ídolo que os reconduzisse ao Egito onde haviam sido escravos. Arão então pediu aos judeus que tirassem os brincos de ouro que as mulheres e os filhos usavam, derramou o ouro num molde e fez um bezerro de ouro dizendo que foi esse ídolo que os tirou do Egito.

"Quando Deus soube do ocorrido, ficou com ódio dos judeus e prometeu acabar com todos por ter sido substituído pela imagem de um animal. Moisés, revoltado, quebrou as duas placas com os mandamentos e destruiu o bezerro, queimando-o no fogo. Em seguida, Deus chamou Moisés novamente ao alto do monte e prometeu que novamente escreveria os mandamentos, para ele gravar na pedra. Lá ficou Moisés, mais quarenta dias sem comer e beber, e voltou com as pedras para informar o povo de que Deus não iria destruí-los como prometera. Consta que Moisés viveu até a idade de 120 anos.

"Os judeus acreditam que, numa data futura, virá o messias, um descendente do rei Davi, que trará a perfeição ao mundo. Outros acham que Jesus Cristo é o próprio messias, pois Maria e José eram descendentes de Davi. Você poderia perguntar, mas quem foi esse rei

Davi? Ele foi o maior rei dos judeus, nascido no ano de 1040 antes de Cristo (a.C.) e falecido em 970 a.C. Os cristãos, entretanto, acham que Jesus é descendente do rei Davi e seria o próprio messias.

"Há duas diferenças importantes entre a religião católica e o judaísmo. Em primeiro lugar, os judeus não aceitam que Jesus tenha sido gerado por uma virgem. Em segundo lugar, há uma polêmica sobre a vinda do messias. Como Jesus já esteve entre nós, se ele voltar como messias teria vindo duas vezes. Os judeus, ao contrário, dizem que o messias só virá uma vez, portanto será o verdadeiro messias. Enfim, em minha opinião, essas divergências não têm muita importância, pois só o futuro dirá quem tem razão."

— E no que o islamismo é diferente? — perguntou Yjara.

— Só para fazer um resumo e mostrar as datas em que cada uma dessas religiões foi fundada, pode-se afirmar que o judaísmo foi fundado por um líder de nome Abrão, no ano de 2000 a.C. e a Torá foi escrita mais ou menos no ano de 1250 a.C. O cristianismo foi fundado por Jesus Cristo no ano 30 depois do seu nascimento (d.C.), e o livro que contém a palavra de Jesus é a Bíblia. O islamismo foi fundado por Maomé, que nasceu no ano 570 d.C. na cidade de Mecca, na Arábia Saudita, e o livro que determina as obrigações e as regras dos muçulmanos é o Alcorão. De acordo com a tradição muçulmana, Deus revelou o Alcorão ao profeta Maomé em visões e mensagens ao longo de um período de vinte anos. No Islã, o livro é visto como a palavra verdadeira de Alá, ou Deus. É do Alcorão a palavra final sobre questões sociais, religiosas e legais islâmicas.

"O Islamismo[9] tem algumas semelhanças com o cristianismo. Por exemplo, na questão da vida após a morte: no cristianismo os fiéis estarão com Deus no Céu e os não cristãos serão lançados no inferno para sempre. Os muçulmanos fiéis, por sua vez, irão para o Paraíso e os infiéis serão lançados num lago de fogo. Isso parece ser mais ou menos a mesma coisa.

9 http://www.cacp.org.br/cristianismo-x-islamismo/.

"Quanto à Bíblia, os cristãos alegam que ela foi inspirada por Deus e feita sem erros, enquanto para os islâmicos a Bíblia foi corrompida e só é correta quando concorda com o Alcorão. Os muçulmanos não acreditam que Jesus morreu na cruz. Apesar de ambas as religiões serem monoteístas, acreditam num só Deus, cada uma delas acha que o seu Deus é o único que existe. No cristianismo é Deus, no Islamismo é chamado de Alá.

"Os cristãos acham que Deus mora no céu e é lá que eles desfrutarão a amizade dele, enquanto para os muçulmanos o Paraíso é um lugar onde haverá alegrias inimagináveis, um jardim com árvores e comida, onde há virgens belas só para os homens e nada para as mulheres.

"Enfim, tentei resumir o que pude, para não prolongar demais e não cansar você. O que eu concluo de tudo isso é que todas as religiões têm um lado bom e um lado ruim. Têm coisas que podem ser aceitas pela lógica e outras, no meu entender, que são duvidosas. Mas acho válido alguém adotar uma religião e ter fé nos seus mandamentos, pois cada um tem o direito de acreditar naquilo que bem entende."

— Meu bem, concordo que cada um tem o direito de ter fé naquilo que bem entender — disse Yjara. — Você também disse que existem coisas duvidosas nas várias religiões, mas eu acho que você devia ter dito que existem coisas absurdas que simplesmente não se pode aceitar. Vou dar alguns exemplos, baseados no que você contou. Por exemplo, esse negócio de Moisés abrir uma passagem no Mar Vermelho para os judeus fugirem do faraó, o nascimento de Jesus de uma mãe virgem, Deus falar com Moisés no monte Sinai, quando até hoje ninguém viu Deus, a própria ressurreição de Jesus e sua subida para o céu são coisas que eu não posso acreditar. Isso vale também para a história do Paraíso dos muçulmanos, com lindas virgens, e a ida para o céu dos fiéis cristãos e para o inferno para aqueles que não acreditam no mesmo deus. Outro absurdo é obrigar os coitados dos sacerdotes católicos a uma castidade sem sentido. Dentre meu povo também existem essas coisas absurdas, como acreditar no Deus Trovão ou rituais para se alimentar dos inimigos.

— Yjara, você realmente pegou os aspectos mais incríveis das diversas religiões, e tenho que admitir que todos esses deuses me parecem meio estranhos. Acho que tudo é uma questão de fé. Se alguém resolve acreditar em algo, é difícil os outros convencerem esse alguém a mudar de ideia. Ele ou ela acreditam e pronto.

— Você falou uma verdade. Imagine se eu disser ao meu pai ou à minha mãe que não acredito no Deus Trovão. Pois tenho certeza de que eles vão me mandar embora e nunca mais falarão comigo.

32

Para podermos avaliar as mudanças nesses últimos anos, é interessante atualizar a árvore genealógica da família Vivone e da família Demignon:

ÁRVORE GENEALÓGICA DA **FAMÍLIA VIVONE** ATUALIZADA EM 1472

Francesco Vivone (1200-1257) e
Larissa Fracti Vivone (1201-1258)

- Rolando (1232–1310) e Giovanna (1234–1311)
  - Alfredo (1273–1338)
  - Salvatore (1273–1338)
- Sinibaldo (1232–1303) e Anabela (1236–1316)
  - Alina (1274–1338)
  - Bianca (1274–1338)
- Godofredo (1232–1312) e Matilda (1240–1313)
  - Michele (1274–1338) e Robert Valois (1273–1338)
    - Luigi (1275–1367) e Sigrid Andersen (1305–1369)
      - Houston (1338–1404) e Grace Baltimore (1346-1404)
        - Anderson (1374–1448) e Samira Amal (1390–1461)
          - Zachary (1416–) e Joaquina Querubim (1432–)

Clarinha (1467–)

Esmeralda (1468–)

Gordon (1416–) e Margarida de Souza (1438–)

Florêncio (1470–)

Fabiano (1472–)

Orson (1418–) e Manuela Dias (1434–)

Bartolomeu (1470–)

Cristiano (1472–)

Jefferson (1375–1448)

Harold (1338–1404) e Audrey Baltimore (1346–1404)

Lilian (1376–1448) e Frederic Swinston (1390–1455)

Emily (1377–1377)

■

— Acho que está na hora de voltarmos para Portugal para cumprir o nosso compromisso com Sua Majestade, de iniciar as aulas de tupi para os navegadores — disse Fabiano. — Estamos já no início do ano de 1521, e ele deve estar estranhando nossa ausência tão prolongada.

Ao retornarem a Lisboa, Fabiano pediu a Aloísio para conduzi--los ao rei Manoel I a fim de agilizar o convite aos candidatos. Os nobres presentes no palácio já haviam sido informados sobre a "selvagem" que iria ensinar a língua tupi. Ficaram totalmente deslumbrados com a beleza de Yjara, e logo a cercaram para um exame mais detalhado. Era algo inusitado no palácio de Manuel I receber uma "criatura de outro planeta".

Foram seis os interessados no curso do novo idioma. Eram todos homens fortes, rústicos e autoritários. Mas obedeceram aos desejos de D. Manuel I para servirem-no da melhor forma possível no Brasil. Curvaram-se igualmente aos encantos da indígena, respeitando o seu esforço e a sua honestidade. O curso teve duração de três meses, com a colaboração de Fabiano, que às vezes vinha em socorro de Yjara quando ela não sabia algum termo em português. Foi um sucesso extraordinário, pois todos, sem exceção, conseguiram entender a língua tupi e falar razoavelmente bem o suficiente para poderem se comunicar com os indígenas. O rei D. Manuel, imensamente agradecido pelo esforço de Yjara, como recompensa pediu ao pintor Vasco Fernandes de Viseu (c. 1475–c. 1542), um dos mais famosos da época, para retratá-la. A pintura foi exposta no palácio, pois D. Manuel era apaixonado pela arte.

Só mais um curso foi ministrado por Yjara e Fabiano, pois ela desejava ardentemente conhecer a Inglaterra. Foram mais quinze portugueses, sendo oito da nobreza de Manuel I e sete futuros navegadores que participaram da classe. Durante um dos intervalos das aulas, Fabiano contou aos presentes que Yjara costumava caçar com o seu pai na selva brasileira, e para isso era necessário correr longas distâncias atrás dos animais que seriam abatidos para alimentar a aldeia. O assunto interessou os alunos, cuja maioria havia sido treinada para a guerra. Queriam de todas as formas que Yjara lhes mostrasse as suas habilidades. Propuseram até que os melhores corredores fossem com ela para ver quem chegaria primeiro, e assim poderiam avaliar a sua velocidade.

— Eu corria dentro da floresta, em picadas muito estreitas, o que dificultava a movimentação. Aqui eu tenho mais espaço, o que deverá aumentar um pouco a minha rapidez. Vamos ver como será o resultado — disse Yjara — antevendo o fracasso dos concorrentes.

Decidiram correr em torno do palácio onde passavam as carruagens do rei. Ela resolveu correr descalça, como fazia com o seu pai. Iniciada a disputa, os homens se distanciaram no início e Yjara os acompanhava tranquilamente, sentindo que não teriam fôlego para continuar nesse ritmo até o fim do trajeto. Dito e feito. Yjara começou a disparar pela estrada de terra e rapidamente deixou todos para trás. Qualquer esforço para alcançá-la seria totalmente impossível, dada a sua velocidade. O vexame dos nobres cavalheiros foi terrível, pois nunca se vira uma mulher correr dessa maneira.

D. Manuel I era chamado "O Venturoso", e pode-se dizer que ele realizou grandes feitos nos campos das navegações portuguesas. O envio de Vasco da Gama, em 1497, que teve como resultado a descoberta da rota marítima para as Índias; a descoberta do Brasil por Pedro Álvares Cabral em 1500; a nomeação de Francisco de Almeida como primeiro vice-rei da Índia; a conquista de importantes lugares como Málaca, Goa e Ormuz, que assegurou o controle das rotas comerciais do oceano Índico e do Golfo. É fácil imaginar que todas essas realizações foram a base do chamado império português à época, um dos mais ricos e poderosos da Europa. Tudo isso demonstrou o seu dinamismo como rei de Portugal. Apesar de todas essas realizações, a bondade de D. Manuel chegou a um limite, ao pleitear junto ao papa o estabelecimento da inquisição em Portugal. Tal solicitação demonstra cabalmente o seu desrespeito pela pessoa humana, ao permitir os castigos infringidos àqueles que se recusavam a aceitar a religião católica.

Com a morte de D. Manuel em 13 de dezembro de 1521, assumiu o trono de Portugal o seu filho D. João III[1] (1502–1557), o Piedoso ou Pio, assim chamado por sua crença religiosa. Foi o décimo quinto rei de Portugal. Aos 20 anos, logo depois da coroação, casou-se com D. Catarina da Áustria. Preocupado com a divulgação da cultura, foi um dos responsáveis pela ascensão da Universidade de Coimbra e do Real Colégio das Artes, tendo ele sido chamado de Protetor da Universidade e considerado o mecenas da cultura.

Portugal, através do Tratado de Tordesilhas, tornou-se dono de metade do mundo, mas a administração de um território tão extenso lhe causou um aumento de problemas, sofrendo diversos ataques às possessões portuguesas. Especialmente os turcos e os árabes não aceitavam o monopólio de Portugal, o que requeria o permanente envio de tropas e armas para o Oriente. Com todas essas dificuldades, D. João III mudou as suas prioridades e passou a se dedicar preferencialmente ao Brasil, para tentar o seu povoamento e a sua valorização.

O casal permaneceu em Lisboa até 1523, quando, finalmente, Fabiano resolveu atender o desejo de Yjara de conhecer a Inglaterra.

1 http://www.arqnet.pt/portal/portugal/temashistoria/joao3.html.

Resolveram fechar a casa de Lisboa, encarregando dois funcionários para cuidar da limpeza e dos pagamentos necessários. Durante todo o tempo em que ficaram em Portugal, Fabiano conseguiu ensinar os principais termos e frases da língua inglesa à esposa, ficando admirado com o seu interesse e a sua dedicação. Certamente ela chegaria com conhecimento suficiente para se comunicar com os diretores da Royal School.

A surpresa agradável foi Bartolomeu e Angélica aceitarem o convite para acompanhá-los na viagem, pois Angélica nunca havia estado na Inglaterra. Aloísio, lamentavelmente, não conseguiu se desvencilhar de suas obrigações palacianas, devido ao seu trabalho como inspetor geral da navegação portuguesa.

Como sempre, os amigos da Empresa Franco-Portuguesa de Comércio Internacional, que tinham uma entrega a fazer em Southampton, puseram dois dos camarotes de comando à disposição dos casais. Durante a viagem, Yjara se queixou de fortes enjoos, que poderiam ser consequência das ondas que balançaram violentamente o navio. Como o mal-estar se prolongou mesmo após a bonança, Fabiano alimentou a esperança de que poderia se tratar de uma gravidez. Lamentavelmente, ao chegar à Inglaterra, não foi confirmada a sua suposição. O mal-estar havia sido consequência de algum alimento a bordo.

Foi enorme a expectativa de Fabiano de rever o seu irmão Florêncio, que ficou todo esse tempo administrando a Royal School. Apesar de ser o mais versado em línguas, com certeza Florêncio haveria de reconhecer os méritos de Fabiano ao conseguir ensinar o português e o inglês, e ainda por cima aprender o idioma tupi. A chegada à Baltimore Estate foi uma surpresa, pois Florêncio acabara de chegar da escola e ficou exultante com o aparecimento do irmão e amigos. Imediatamente foi providenciado um jantar em honra dos visitantes, e foi só então que ele soube do casamento de Fabiano com uma moça tão exuberante, e de Bartolomeu com Angélica. A beleza da residência dos Vivone impressionou as duas moças, enquanto Bartolomeu ficou rememorando os bons momentos que passou na Royal School.

A conversa durante o jantar consistiu num relato sobre as peripécias da família. Isso se prolongou até altas horas da madrugada, pois foi necessário contar os principais momentos, tais como os casamentos, a viagem ao Brasil, a permanência na feitoria, o contato com os indígenas e com o cacique dos caetés, pai de Yjara, os planos dos navegadores portugueses para as próximas viagens, a vitória de Yjara na corrida contra os nobres portugueses, a morte de D. Manoel I e a mudança de estratégia do seu sucessor, João III, em relação ao Oriente, passando a priorizar a colonização do Brasil.

Na manhã seguinte, conheceram a Royal School, onde estava sendo preparada a festa de formatura dos mais de quarenta formandos do ano de 1524. Após as apresentações à diretoria da escola, Yjara não perdeu tempo para solicitar a sua inscrição para o ano letivo de 1525, o que animou Angélica para também participar do curso. De imediato, Florêncio, obteve dois exemplares do *Moralidade e Ética*, traduzidos para o inglês, e os presenteou às duas candidatas.

— Eu acho que devemos aproveitar a oportunidade para discutir um pouco sobre o nosso futuro — disse Fabiano. — Vejamos: Clarinha e Esmeralda têm 58 e 57 anos, respectivamente. Elas estão casadas com Paul e Eric, que estão com 64 e 62. Como não tiveram filhos por terem se casado tarde, não terão herdeiros. O que acontecerá com a vinícola?

"Florêncio está com 55 anos e não se casou, o que é uma pena. Ele é uma pessoa maravilhosa e tem um vigor físico invejável. Acho que a sua dedicação de corpo e alma à Royal School o impediu de ter uma vida social mais intensa. Não sei quais seriam os seus planos, coisa que tenho curiosidade de saber. Por outro lado, eu tenho 53 e Yjara tem 30. Como decidimos permanecer algum tempo sem filhos, Yjara estará ocupada com o curso, e eu pretendo colaborar com Florêncio no ensino de línguas estrangeiras.

"Quanto ao Cristiano, ele se dedicou integralmente ao comércio exterior e conseguiu, por meio da sua eficiente estratégia comercial, gerar lucros extraordinários para a Francesco Vivone Exportações Mundiais, da qual todos somos sócios. Assim, temos que estudar uma forma de proporcionar um quinhão maior para ele, desde que todos concordem.

"Agora falemos de Bartolomeu e de sua esposa Angélica. Ele com 55 e ela com 30. Sabemos que Angélica participará do curso da Royal School no ano de 1525, o que ocupará o seu tempo durante dois anos. Quanto a Bartolomeu, sei que ele é um homem de múltiplas habilidades e estou curioso para saber qual escolherá para o futuro da sua família. Enfim, vocês têm alguma ideia sobre o que acabo de dizer?"

— O que eu realmente desejo é ver as nossas esposas terminarem o curso — informou Bartolomeu. — Nós também não queremos ter filhos imediatamente. Assim, poderei permanecer aqui na Inglaterra e me tornar um representante da nossa empresa de exportação, em parceria com Cristiano. Podemos até fundar uma filial aqui na Baltimore Estate. Caso eu necessite alguma ajuda, poderei interessar algum ex-aluno da Royal School a trabalhar comigo.

— Eu queria falar sobre a vinícola — disse Cristiano. — Como as nossas primas e seus maridos já estão um pouco mais velhos, acho que necessitam de alguma ajuda na administração da propriedade. Assim, eu me proponho a auxiliar os quatro naquilo que for necessário e, além disso, posso fazer as exportações a partir de lá. Portanto, se vocês estiverem de acordo, partirei para a França assim que receber o convite do rei Henrique VIII para um jantar no castelo de Windsor. Eu acho que sou uma pessoa de sorte, pois consegui esse relacionamento que descreverei mais tarde a todos vocês.

Tenho um pequeno segredo que gostaria de contar a vocês — disse Florêncio. — Fiquei com muita inveja do Fabiano por ter conseguido conhecer o Brasil. Eu realmente gostaria de ver essa maravilha de país e, quem sabe, arranjar uma linda esposa como a Yjara. O que vocês acham? Nesse acaso, teria que largar a escola nas mãos de Fabiano que é mais do que capaz de me substituir.

"Agora só falta conseguir um navio que me leve para o Brasil. Vamos escrever ao Aloísio e pedir que fale com o rei João III, para verificar quem está programado para a próxima viagem ao Brasil. Talvez o próprio Cristóvão Jacques."

— Bem, com relação à viagem de Florêncio a Portugal, como eu disse, consegui um contato com o rei Henrique VIII[2] — informou Cristiano. — Os Vivone sempre tiveram sorte no seu relacionamento com soberanos. Na verdade, o motivo principal foi o nosso vinho. A produção de Marseille foi a que iniciou a exportação para a Inglaterra e caiu no gosto da nobreza. Em seguida, com as novas mudas de Bordeaux, passamos praticamente a dominar o mercado inglês. Henrique VIII foi um dos que se apaixonaram pelo vinho da França. Um pouco antes da chegada de Fabiano e Yjara do Brasil, consegui fazer amizade com os nobres do castelo de Windsor, presenteando-os pessoalmente com algumas caixas de vinho tinto especial. Numa das minhas idas ao castelo, encontrei casualmente o rei, relatei ser o produtor na França e, ao mesmo tempo, um dos proprietários do Baltimore Estate e da Royal School. Tudo isso o impressionou vivamente e, imaginem, ele acabou visitando a escola com toda a sua corte. Ficamos, os alunos e eu, orgulhosos por recebermos o rei da Inglaterra! Foi uma consagração e um privilégio para todos.

— O que vocês ensinam nessa escola? — perguntou o rei, na ocasião.

— Aqui nós ensinamos principalmente princípios morais, línguas estrangeiras, como o francês, o italiano, o alemão, o português e também música — respondeu Florêncio. — Não sei se Vossa Majestade já teve notícias de que houve uma extraordinária melhora nos costumes da juventude inglesa, em virtude desses ensinamentos. A instituição já funciona há muitos anos com alunos de vários países. O que nos honraria extraordinariamente seria conhecer alguns dos escritos e das composições de Vossa Majestade, pois sabemos que é um mestre nessas duas modalidades. Poderíamos ter acesso a elas?

— Certamente, meu caro Florêncio, mas devemos fazê-lo no meu castelo, depois de um jantar para o qual o convido com grande

2 Rei Henrique VIII (1491–1547)

satisfação. Marquemos dentro de um mês, pois estarei com outros programas até lá. Você receberá o convite dentro desse prazo.

— Portanto, tenho que ficar por aqui até receber o convite — concluiu Cristiano.

De fato, o convite do rei para toda a família veio após vinte dias, e o jantar foi marcado para 18 de dezembro de 1524. Os preparativos dos Vivone para a ocasião ocuparam o tempo de todos, principalmente de Yjara e Angélica, pois seria uma ocasião para ser lembrada para sempre. Cristiano, mais acostumado com o protocolo palaciano instruiu a todos sobre as formas de se comportar numa mesa real e de observar os momentos adequados para poderem saborear as comidas servidas pelos criados. Ao chegarem ao castelo de Windsor, ficaram extasiados com a pompa e com a presença da nobreza que iria participar do jantar. Conforme a sugestão de Cristiano, o rei concordara em mostrar os seus dons nos campos da música e das obras literárias, tendo sido esse o principal motivo para o convite.

A elegância e a beleza das duas mulheres contagiaram o rei e a nobreza, e despertaram a curiosidade sobre Yjara, já tão integrada na vida e nos costumes ingleses. Os nobres insistiram para que ela contasse a sua origem e mostrasse quais as principais diferenças entre as duas sociedades. Ela tomou a palavra e falou longamente sobre os costumes dos indígenas, sobre a sua economia baseada na caça e na pesca, relatou a sua vida como filha de um cacique que ela chamou de rei dos caetés, falou sobre a habilidade dos indígenas com arco e flecha, mencionou o tipo de alimentação e descreveu o tipo de contato com o homem da Europa. O assunto manteve os ouvintes maravilhados, e todos pediram ao rei para que a ocasião pudesse se repetir, pois ansiavam por conhecer o Brasil e aprender mais sobre as suas riquezas. Pediram ainda que Yjara, num futuro próximo, demonstrasse as suas habilidades na caça e na pesca com o arco e flecha, uma ideia que pareceu interessante ao rei, um exímio caçador de perdizes.

Yjara mencionou que no início do ano ela estaria com Angélica frequentando o curso da Royal School of Moral Integrity, escola da qual a maioria nunca havia ouvido falar. Nesse momento, Cristiano lembrou ao rei Henrique VIII da sua promessa de mostrar suas composições musicais e suas poesias, no que foi prontamente atendido.

Foi um sucesso em todos os sentidos, pois o rei ficou vaidoso por poder exibir o seu talento, e a nobreza teve a oportunidade de presenciar uma verdadeira aula sobre uma terra totalmente desconhecida.

33

No início do ano letivo de 1525, Yjara e Angélica se encontravam na Royal School. Não foi fácil entender o italiano e o francês, apesar de muitas palavras soarem parecidas com o português. Do curso participavam alunos de várias nacionalidades, mas principalmente escoceses e irlandeses, além de alguns nobres do castelo de Windsor. A indígena e a portuguesa eram admiradas pelo seu esforço e, principalmente, pela sua beleza e simpatia.

Os princípios morais preconizados por Francesco Vivone foram assimilados pela classe, fazendo com que a mentalidade antes vigente fosse modificada substancialmente. Um dos assuntos que chamou a atenção durante as aulas foi certamente a análise do comportamento do rei D. João III de Portugal, em virtude do seu desejo de ver a inquisição implantada no país. O assunto foi comentado pelo professor e teve o apoio incondicional da classe, demonstrando que um rei como ele não poderia ser considerado virtuoso. A formatura das duas alunas se deu em dezembro de 1527.

O grande prêmio, conferido a Angélica dois anos após a formatura, veio na forma de uma gravidez não programada em dezembro de 1529. Parece que ocorreu um "acidente de percurso", pois eles não queriam ter filhos tão cedo. Enfim, a alegria foi duas vezes maior quando, em setembro de 1530, nasceu o filho Teodoro, batizado em homenagem a um parente próximo de Angélica, residente em Portugal.

A resposta de Aloísio havia chegado em janeiro de 1529, com notícias sobre Cristóvão Jacques[1]. Contou que ele se encontrava no Brasil desde 1526, pois havia sido nomeado governador. Em 1527, voltou a comandar seis navios e combateu os piratas franceses na Bahia, numa luta que constituiu a primeira grande batalha naval do Brasil, conseguindo aprisionar três galeões franceses no Recôncavo Baiano.

Aloísio descobriu também que um amigo de infância do rei D. João III, Martim Afonso de Souza (c. 1500–1571)[2] seria enviado ao Brasil em 1530. Martim era um militar, de família nobre, nascido em Viçosa, Portugal. Ele era considerado um homem de caráter inquebrantável, austero, bravo e pertinaz[3]. Bem antes da viagem, D. João solicitou a Martim Afonso para acompanhar Dona Leonor, a viúva de D. Manuel I, que retornava para Castela, sua terra natal. Castela era o reino de Carlos V (1500–1558) da Espanha, que solicitou a Martim Afonso para acompanhá-lo nas suas lutas contra a França. Carlos tinha uma infinidade de títulos: imperador do Sacro Império Romano-Germânico, herdeiro dos reinos de Castela, Aragão e Navarra. Foi eleito imperador da Alemanha e herdeiro da casa da Áustria, dos Países Baixos, dos reinos de Nápoles e da Sicília, da Lombardia, do Franco Condado, do Ducado de Milão, de Artois e de terras do Novo Mundo conquistadas pela Espanha.

Martim casou-se nessa ocasião e voltou para Portugal em 1525, acompanhando a infanta espanhola Dona Catarina (irmã de Carlos V), que iria se casar com D. João III, e assim tornar-se rainha de Portugal.

Aloísio conseguiu autorização do rei João III para Florêncio embarcar num dos navios de Martim Afonso em 1530. Enquanto isso, Yjara teria bastante tempo para ensinar-lhe a língua tupi e orientá-lo

1 http://www.e-biografias.net/cristovao_jacques/

2 http://www.e-biografias.net/martim_afonso_de_sousa/.

3 http://www.cnpt.embrapa.br/pesquisa/agromet/pdf/Martim%20Affonso.pdf

sobre os costumes do seu povo. Pediu também que levasse alguns presentes ao seu pai, o tuxaua, e aos seus irmãos caetés.

Florêncio chegou a Lisboa no fim de novembro, pois a expedição estava marcada para navegar no dia 3 de dezembro de 1530. O propósito principal de Martim Afonso consistia em colonizar as terras brasileiras. Antes de partir, D. João nomeou-o conselheiro da coroa. A frota, com uma tripulação de quatrocentos homens, era composta de quatro embarcações, a nau capitânia comandada por Martim Afonso e seu irmão Pero Lopes de Souza, mais um galeão chamado São Vicente, comandado por Pero Lopes Pinheiro, e a caravela Rosa, com Diogo Leite, que havia tido experiência no Brasil acompanhando a expedição guarda-costas de Cristóvão Jacques e, finalmente, a caravela Princesa, comandada por Baltazar Fernandes, experiente nas lutas contra os franceses.

Florêncio embarcou na caravela Princesa. Apesar dos seus 60 anos, ele ainda estava forte o suficiente para resistir às intempéries que costumam assolar os navios no Atlântico. Ao chegarem à ilha de Itamaracá, Florêncio esteve presente quando Martim Afonso combateu contrabandistas franceses que roubavam pau-brasil. Após tomar os seus navios, incorporou-os à esquadra portuguesa.

Lamentavelmente, Florêncio não pôde ser alojado na feitoria erguida por Cristóvão Jacques, pois ela havia sido saqueada, mas foi recebido por Diogo Álvares Correia, o chamado Caramuru que estava há 22 anos no Brasil, casado com a tupinambá Paraguaçu. Com a colaboração de Diogo, Florêncio chegou facilmente à aldeia dos caetés, onde foi levado à presença do pai de Yjara, o tuxaua. Os presentes trazidos de Portugal foram um sucesso que facilitou a sua vida entre os nativos.

Martim Afonso seguiu para o sul, onde instalaram o primeiro marco real da colonização do Brasil, em São Vicente. Ali, Martim Afonso construiu um forte e fixou a primeira povoação permanente. O rei D. João III resolveu dividir o Brasil em capitanias hereditárias, nomeou Martim Afonso donatário da capitania de São Vicente e concedeu a de Pernambuco a Duarte Coelho. Martim Afonso foi o primeiro governador-geral do Brasil.

Na ausência de um alojamento apropriado, Florêncio conseguiu se alojar entre os caetés, a convite do tuxaua, cujo português já era bastante fluente. Reunido com ele, Florêncio relatou em tupi todas as peripécias da sua filha Yjara, principalmente o seu curso na Royal School e a sua tenacidade, já dominando perfeitamente o inglês e o italiano, além do português.

Passou os seus dias ensinando maiores noções de português aos caetés, contando histórias sobre Portugal, França e Inglaterra, tudo assistido pelas crianças e adultos da aldeia. O tuxaua apresentou-lhe a sua filha mais moça, irmã de Yjara, de uma beleza igualmente deslumbrante. Seu nome era Mayara, o que significa "sábia". O desfecho não poderia ter sido outro. Em 1531, Florêncio pediu-a em casamento, alegremente autorizado pelo tuxaua. O retorno de Martim Afonso e de sua frota estava programada para meados de 1533. Assim sobraria tempo para cuidar das vestimentas de Mayara e instruí-la sobre os costumes portugueses e dos vários países pelos quais passariam. Em dezembro de 1531, nasceu o filho deles, ao qual foi dado o nome de Piatã, significando "forte, rijo, vigoroso". Sem dúvida era um acontecimento inusitado, um Vivone chegar à Inglaterra com uma esposa indígena e um filho mameluco[4].

Em 1532, Florêncio soube que Martim Afonso foi a São Vicente, onde encontrou um português aventureiro e explorador de nome João Ramalho[5] (1493–1582). Aparentemente, Ramalho chegou ao Brasil em 1512, procurando a "Ilha do Paraíso", mas sua nau naufragou junto à capitania de São Vicente, e ele acabou se salvando. Em seguida embrenhou-se no mato, e caiu nas graças dos guaianases onde se adaptou à vida entre estes. Casou-se com Bartira, filha do cacique Tibiriçá e de sua esposa Potira. Ramalho batizou a sua esposa

4 Mestiço de branco e indígena.

5 http://vejasp.abril.com.br/materia/veja-sao-paulo-25-anos-portugues-joao-ramalho-indio-tibirica/

com o nome cristão de Isabel Dias. Com ela teve nove filhos, além de mais uma grande quantidade de descendentes com outras indígenas, pois havia entre os guaianases uma total liberdade sexual. Como Ramalho era muito esperto, estabeleceu postos no litoral com os seus filhos para fazer comércio com os europeus, principalmente de pau-brasil, mas foi também responsável por vender indígenas escravizados. Ele era um indivíduo extremamente cruel, mas teve um papel relevante ao ajudar Martim Afonso de Souza, conduzindo-o pelas trilhas que rumavam para o alto da serra, onde havia terras mais férteis do que no litoral. Quando chegou ao planalto, Martim Afonso fundou uma cidade à qual deu o nome de Santo André da Borda do Campo.

Finalmente, em meados de 1533, Florêncio, Mayara e filho embarcaram para Portugal, de onde seguiriam o mais rapidamente para a Inglaterra. Ficaram provisoriamente na residência dos Vivone em Lisboa e aproveitaram para familiarizar Mayara com a civilização completamente diferente para os padrões indígenas brasileiros. Mayara era uma pessoa bem mais reservada e tímida do que Yjara, e teve certa dificuldade para se comunicar em português. Lentamente, porém, foi se acostumando à nova vida.

No início de 1534, embarcaram num dos navios dos velhos amigos portugueses da Empresa Franco-Portuguesa de Comércio Internacional, chegando numa semana a Southampton, e em mais quatro dias à Baltimore Estate. Fabiano e Yjara acharam que Florêncio havia morrido, pois ficara ausente quase quatro anos sem dar qualquer notícia. Foi indescritível a alegria de Yjara quando soube do casamento da sua irmã com Florêncio. Teve a certeza de que elas formariam uma dupla invencível junto com os dois irmãos. A boa notícia que Florêncio e Mayara receberam foi o nascimento, em 1531, de dois meninos gêmeos de Yjara, de nomes também tupis, respectivamente Ybyajara, significando cavaleiro do planalto e Cauã, cuja tradução é gavião. A timidez de Mayara foi rapidamente esquecida e se transformou numa dança indígena que contagiou Yjara, Angélica e os dois irmãos. Ficaram ainda mais felizes quando souberam que

Angélica teve um menino de nome Teodoro, em 1531. Por coincidência, Piatã, filho de Mayara, também havia nascido em 1531.

Yjara contou à irmã sobre o maravilhoso curso na Royal School, salientando o quanto aprendeu, principalmente em termos de princípios morais e línguas estrangeiras como italiano, francês e inglês. Para a felicidade de Florêncio, Mayara se interessou vivamente e pediu para se matricular no próximo ano letivo, o que foi de imediato providenciado. Seria o passo fundamental para a chegada de mais uma pessoa virtuosa na família.

A formatura de Mayara coincidiu com um triste fato ocorrido em 1536. D. João III conseguiu que o papa Paulo III instituísse em Portugal o Tribunal do Santo Ofício[6], uma instituição criada pelos países ibéricos para descobrir e castigar os crimes contra a fé. Era a tão conhecida "Inquisição". Em maio de 1536, o papa nomeou os bispos de Ceuta, de Coimbra e de Lamego seus comissários e inquisidores para procederem contra os cristãos novos (judeus convertidos ao cristianismo) e contra todos os culpados por crimes de heresia. O tribunal era controlado pelo rei, sendo que os inquisidores se reportavam e despachavam diretamente com o monarca. O Tribunal do Santo Ofício estendeu sua ação a todo o país e os territórios portugueses. O contrassenso da inquisição mostra como a igreja se considerava a única válida no mundo, e considerava todos aqueles que a recusavam como infiéis ou hereges.

— Bem, está na hora de seguir para Marseille e ajudar as nossas primas e os seus maridos a administrarem a vinícola — disse Cristiano. — Seria maravilhoso se o Florêncio, a Mayara e o Piatã fossem comigo para conhecer a fazenda e tomar um pouco do nosso vinho. Como Fabiano é indispensável como diretor da Royal School, penso que seria melhor ele permanecer por aqui, mas acho que a Angélica deveria aceitar o nosso convite para vir com o Teodoro, enquanto o Bartolomeu faria companhia para o Fabiano.

6 http://digitarq.arquivos.pt/details?id=2299703

— Nós também queremos ir — gritaram os dois irmãos, filhos de Yjara. — Queremos brincar no mato com o Piatã e o Teodoro, e a mamãe poderia fazer um arco e flecha pra a gente. Depois podemos procurar formiguinhas e passarinhos. Por favor, mãe!

— Não podemos deixar o seu pai sozinho aqui, ele vai ficar muito triste sem vocês.

— Se for para eles se divertirem na fazenda, ficarei sozinho até voltarem, mas pode ter certeza de que estarei ocupadíssimo enquanto vocês estiverem por lá — falou Fabiano. — Podem ir sossegadamente. Se eu precisar de ajuda, o Bartolomeu poderá me ajudar nas horas em que não estiver ocupado com as exportações de vinho.

34

A viagem ocorreu no final de 1537, mas uma triste notícia os surpreendeu na chegada. Paul, já com 76 anos, e Eric, com 74, só conseguiam se locomover com grande esforço. Clarinha, com 70, e Esmeralda com 69, dedicavam-se exclusivamente a cuidar dos maridos. Elas também não tinham muita força para administrar as tarefas indispensáveis. Por isso conseguiram a ajuda de alguns funcionários fiéis que passaram a cuidar das uvas e da produção de vinho. A chegada dos parentes foi um verdadeiro alívio para os casais e despertou uma nova esperança de vida para eles. A alegria dos meninos e a beleza das duas indígenas e de Angélica foi um bálsamo para Paul e Eric, que sempre se ressentiam da falta de filhos. No dia seguinte, eles conseguiram se aprumar e caminhar com a família. Chegaram até a brincar com as crianças, mostrando-lhes tudo o que serviria de brinquedo. Pareciam ter ressuscitado.

É desnecessário mencionar que o local das brincadeiras das crianças foi na mata existente na fazenda. Yjara e Mayara construíram ocas para os meninos, prepararam pequenos arcos e flechas e fizeram machadinhas de madeira. A permanência entre o arvoredo durou várias horas até que Angélica os chamou para o almoço. A linguagem usada por todos, inclusive por Florêncio e Angélica era o tupi. Ela havia aprendido a língua durante os três anos de permanência no Brasil e falava com bastante fluência. Teodoro, com 9 anos, não teve qualquer dificuldade de aprender o tupi. Os únicos que não entendiam nada eram os dois casais, moradores do vinhedo.

Piatã, filho de Mayara era o mais calmo de todos e conseguiu realizar uma proeza inusitada. Aproximou-se sorrateiramente de um ninho de passarinhos e ficou observando a mãe alimentando os filhotes. Começou a conversar com ela e viu que a ave não se assustava de forma alguma. Em seguida, Piatã estendeu a mão até o ninho e para a sua surpresa a mãe pulou sobre a sua mão, piando. Todos ficaram abismados com o episódio e ainda mais quando o menino levou o passarinho consigo para casa, montado sobre o seu ombro. Devia ser algum dom especial para se identificar com os animais.

Paul e Eric, como bons franceses, acompanhavam detalhadamente as novidades da política interna da França e as notícias que vinham de Roma sobre as atividades da Igreja Católica.

— Vou contar para vocês uma história interessante que ocorreu entre o papa Clemente VII[1] e o rei Henrique VIII da Inglaterra[2] — falou Eric. — Henrique era casado com Catarina de Aragão, princesa da Espanha, filha do rei espanhol Fernando de Aragão. Como ela não lhe deu um filho homem, Henrique pediu ao papa Clemente VII a permissão para se divorciar da esposa, o que lhe foi negado, pois a religião católica proíbe a separação. Entretanto, com a ajuda de Thomas Cromwell[3] e do bispo de Cantuária, seu divórcio acabou sendo efetivado.

"Em consequência, Henrique foi excomungado pelo papa, mas não se importou com isso, proclamou-se chefe supremo da igreja da Inglaterra e fundou a Igreja Anglicana. Auxiliado pelo seu novo ministro-chefe, Thomas Cromwell, dissolveu os mosteiros, aumentou o total de terras da coroa, consolidando definitivamente o absolutismo da monarquia ao separar-se da Igreja Católica. Em 1533, casou-se com Ana Bolena, dama de honra de Catarina, com quem teve apenas

1 Papa Clemente VII (1478–1534)

2 Henrique VIII (1491–1547). http://www.e-biografias.net/henrique_viii/

3 Thomas Cromwell (c. 1485–1540). https://www.britannica.com/biography/Thomas-Cromwell-earl-of-Essex-Baron-Cromwell-of-Okeham.

uma filha, Elizabeth I. O casamento durou três anos e, em 1536, Ana foi acusada de adultério e decapitada.

"Henrique VIII se casou mais quatro vezes, completando um total de seis. Uma de suas esposas, Ana Howard, se comportou de forma julgada inadequada e o rei mandou também decapitá-la. Com base nesses episódios de uma barbaridade sem igual, pode-se afirmar que Henrique VIII apesar de ter sido considerado 'um dos governantes mais carismáticos a ocupar o trono inglês', fracassou em matéria de princípios morais.

"O sucessor de Clemente VII foi o papa Paulo III[4], cujo nome anterior era Alessandro Farnese. Quando ainda era cardeal, ele teve quatro filhos com Sílvia Ruffini, algo estranho e em desacordo com a lei do celibato da Igreja Católica. Em 1534, ano da sua nomeação como papa, ele foi o primeiro a estabelecer a chamada contrarreforma, que consistia em se defender contra o avanço do protestantismo.

"Um dos seus atos mais importantes para a população indígena, e certamente para Yjara e Mayara, foi uma bula que lançou em favor da liberdade dos indígenas das Américas. Em matéria de arte, durante o seu pontificado, foi executada por Michelangelo a pintura 'Juízo Final', sobre o altar da Capela Sistina, obra iniciada em 1535, e que havia sido encomendada pelo seu antecessor, Clemente VII.

"Em 1537, Inácio de Loyola, um homem empolgado com as doutrinas da religião católica, fundou a Companhia de Jesus, uma ordem religiosa formada por membros conhecidos como jesuítas, que fizeram votos de pobreza e castidade, e se dedicavam integralmente à divulgação da religião católica. Aprovada pelo papa Paulo III, a Ordem dos Jesuítas teve um papel importantíssimo na propagação da Igreja Católica no Brasil e em outros países."

— Mas como é que o senhor conseguiu saber tanta coisa? — perguntou Mayara. — É incrível alguém ter uma memória tão prodigiosa.

— Bem, eu tenho 74 anos e você tem 39. É quase o dobro da sua idade, o que mostra que eu acumulei muito mais experiência do que

[4] Papa Paulo III (1468–1549). http://www.dec.ufcg.edu.br/biografias/PPPaulo3.html.

você, minha querida. Por isso é que eu guardei tanta coisa na minha memória.

Os meninos ficaram na França até meados de 1538, quando ficou claro que deveriam retornar para a Inglaterra com as suas mães, e para poderem aliviar a solidão dos que ficaram. Antes de embarcar em Marseille, Piatã devolveu o passarinho aos seus filhotes para que não ficassem sem alimento, mas a despedida foi muito triste para o menino. A tristeza dos casais que ficaram foi ainda maior, pois haviam se afeiçoado aos visitantes.

A viagem desta vez foi dramática, pois o navio em que se encontravam sofreu horrores na passagem pelo Estreito de Gibraltar. O pânico tomou conta dos viajantes, que passaram momentos de terror. As ondas do Mediterrâneo se elevaram a mais de quatro metros, lavando o convés, e por muito pouco não naufragaram. Foi uma terrível experiência para todos, menos para os meninos, que a acharam o máximo. Durante o resto da viagem, Ybyajara resolveu conversar sobre a história contada por Eric.

— Papai, você nos contou que os caetés são antrofólogos. Então eu queria saber o que o rei Henrique VIII fez com a rainha Ana Bolena. Será que ele comeu a rainha depois de cortar a cabeça dela? Será que também comeu a outra esposa, aquela moça chamada Ana Howard? Será que ele não é caeté como a gente? — indagou.

— Bem, a sua ideia é muito interessante, mas antes eu quero dizer que a palavra não é antrofólogo e sim antropófago. A outra coisa é que o rei é, sem dúvida, um homem muito mal. Imagine se ele vem aqui e corta a minha cabeça. Você não acha que seria uma maldade muito grande? Os caetés que comem gente também não são muito maus? — perguntou Fabiano.

— Você acha que nós temos que comer gente também? Será que nós nascemos maus? Eu acho que não, porque o Piatã não comeu o passarinho e ficou amigo dele, então ele não é mau, não é? E o meu avô tuxaua e a mamãe, será que já comeram gente? — ponderou Ybyajara.

— O meu pai nunca comeu ninguém, apesar de ser costume comerem os inimigos depois de derrotá-los na guerra. E eu também nunca comi ninguém, porque acho isso uma coisa bárbara de gente malvada. Acontece que os caetés aprenderam esse costume dos mais velhos, educados assim no passado — argumentou Yjara.

— Eu acho até que, de certa forma, podemos comparar os reis e os papas aos caetés — intercedeu Florêncio. — Vocês querem saber por quê? Os papas são os chefes da religião católica e acham que no Céu existe o pai de todos, que criou o mundo, e o chamam de Deus. Os reis católicos também acreditam nisso, bem como o rei Henrique VIII. No entanto, há muitas pessoas que não acreditam em nada disso e por essa razão são considerados criminosos e chamados de hereges. Eles são presos e, se não se arrependem, são torturados, enforcados, queimados vivos ou decapitados, pois os reis católicos e os papas têm ódio daqueles que não aceitam a religião deles.

— Mas o que tem isso com os caetés? — perguntou Cauã.

— Os Caetés acreditam num deus que eles chamam de Deus Trovão, e acham que ele criou o mundo, igualzinho ao Deus dos católicos. Quem não acredita nisso é morto. Ora, não parece que é tudo igual? Os papas e os reis castigam quem não acredita no deus deles e os caetés castigam quem não acredita no Deus Trovão.

De volta à Baltimore Estate, surgiu a necessidade de matricular as crianças numa escola britânica antes de poderem frequentar a Royal School. A ideia era de encontrar um colégio onde não houvesse excesso de discriminação de estudantes estrangeiros ou diferentes da maioria dos alunos, como era o caso dos três meninos, principalmente por ainda falarem mal o inglês.

Optou-se então por um colégio que aceitava candidatos de vários países. Entre eles havia alemães, italianos, indianos, franceses e espanhóis, uma mistura excelente que seria ideal para as crianças, pois teriam contato com línguas diferentes. Os três estavam ansiosos pelo início das aulas que começariam em setembro de 1540, e ainda faltavam dois meses. A escola chamava-se British Elementary School.

Já totalmente ambientadas na nova residência, Yjara e Mayara voltaram a se embrenhar no mato, desta vez acompanhadas de perto pelos quatro garotos e por Angélica. Em 1540, os quatro meninos tinham 9 anos. Yjara e Angélica estavam com 45, e Mayara com 42 anos. Portanto todos, sem exceção, estavam com a energia necessária para as aventuras na floresta inglesa. Fabiano e Florêncio continuaram se dedicando à Royal School e à importação de vinhos da França.

Com medo de se aventurarem muito fundo na floresta sem conhecer os seus perigos, os sete exploradores resolveram perguntar quais os animais que habitam normalmente esse território. Bartolomeu achou conveniente uma ida ao castelo de Windsor, onde certamente haveria alguém que poderia fornecer essas informações. O guarda na entrada indicou o caminho para a biblioteca, onde conseguiram achar um livro sobre os bichos que habitavam as matas da Inglaterra. Eram muitos e precisavam ser estudados quanto aos seus costumes e sua ferocidade. Os principais[5] eram:

Animal	Tradução	Características
Esquilo Vermelho	Red Squirrel	Manso
Texugo	Badger	Manso
Raposa Vermelha	Red Fox	Há raposas mansas e bravas
Sapo Marrom	Brown Frog	Manso
Veado Vermelho	Red Deer	Manso e assustado
Toupeira	Mole	Manso e assustado
Corvo ou Gralha	Carrion Crow	Pássaro assustado
Garça	Heron	Manso e assustado
Lontra	Otter	Manso e medroso
Javali	Wild Bar	Perigoso
Cobra Venenosa	Adder Snake	Muito perigosa
Salmão	Salmon	Peixe

5 http://www.wildengland.com/az-wildlife.

Bartolomeu examinou a lista de animais e chegou à conclusão de que somente o javali e a cobra poderiam ser perigosos na floresta, mas que o resto não iria preocupar muito. Para que o grupo não pisasse acidentalmente numa cobra, resolveu comprar botas bem altas para todos. As duas mães, acostumadas com bichos bravos, fizeram arcos e flechas para qualquer emergência e levaram duas machadinhas para cortar madeira.

Bartolomeu, que era o mais habilidoso, se ofereceu para construir uma casa na árvore e um posto de observação bem alto e seguro contra animais mais perigosos. Florêncio e Fabiano não podiam colaborar devido à suas ocupações na Royal School.

Foi necessário achar as madeiras apropriadas para montar a estrutura da casa, bem como as ferramentas necessárias para a empreitada. Em menos de uma semana a casa ficou perfeita e nela cabiam as crianças e os adultos. Terminada a obra, os meninos pediram para pernoitar na casa na primeira noite, o que foi negado, pois seria muito perigoso para os quatro ficarem sozinhos sem iluminação.

No dia seguinte, depois do café, correram para a floresta, subiram rapidamente na casa no alto da árvore e logo se depararam com os primeiros animais. Era um casal de raposas com filhotes, avistados de cima do posto de observação. Cauã, Teodoro e Ybyajara não queriam descer de forma alguma, com medo das consequências, mas Piatã desceu pela corda e ficou olhando os bichos. Percebendo que não tinham a menor intenção de se afastar, Piatã foi se aproximando das raposas e, em seguida, sentou-se no chão, bem à frente dos filhotes, e estendeu as mãos em sua direção, sendo cuidadosamente observado pelos pais.

Os filhotes eram lindos. Chegaram perto e começaram a lamber as suas mãos, querendo brincar. Devido ao ciúme, iniciou-se uma briga, mas Piatã os agarrou de leve e começou a acariciá-los. Era o que eles queriam, e se deitaram de barriga para cima, como fazem os cachorros que querem carinho. Teodoro, Cauã, e Ybyajara ficaram abismados com a coragem do primo de enfrentar quatro raposas selvagens. Lentamente e ainda com medo, resolveram descer para ver o que poderia acontecer, quando o casal de raposas se aproximou dos novos participantes da aventura. Os três imitaram Piatã, estendendo as mãos em direção aos animais e perceberam que eles eram totalmente mansos.

Nesse momento surgiram as mães dos meninos, o que provocou certa comoção entre as raposas, que se embrenharam rapidamente no mato e sumiram. Foi um desapontamento geral.

— Mãe — falou Piatã —, você não imagina o que aconteceu. Eu consegui conversar com as raposas e elas vieram brincar conosco. Agora não sei se voltarão, mas vale a pena esperar um pouco para ver se elas se acostumam com vocês.

Dito e feito. Em pouco menos de dez minutos, os bichos apareceram e ficaram à beira do mato, sem se mexer. Yjara ficou encantada e se sentou no chão, acompanhada por Mayara e Angélica. Como os animais perceberam que não haveria qualquer ataque dos humanos, foram se aproximando das mulheres, soltando seu som característico. Não era um latido e sim um grito, mas parecia amigável. Depois desse episódio, as mulheres tomaram a iniciativa e começaram a acariciar os animais, o que foi aceito com prazer.

— Mãe, podemos levar as raposas para a nossa casa? — perguntou Cauã.

— Se elas quiserem, pode, mas como vamos alimentá-las? Não sabemos o que comem, são bichos caçadores, e em casa não temos nada parecido — respondeu Mayara. — Mas eu acho que a gente poderia ficar com elas durante o dia e depois elas voltariam para dormir na casa delas, o que vocês acham?

A ideia foi unanimemente aprovada por todos, mas faltava convencer as raposas a aceitar o convite para brincar na Baltimore Estate. Isso para Piatã foi muito fácil. Ele deu as costas para as raposas, fingiu que se afastava da floresta e começou a ir embora. Imediatamente as raposas o acompanharam de perto.

— Esse menino realmente entende de animais, e com certeza será um mestre no assunto — acrescentou Angélica, rindo. — Lembram-se de quando ele conversou com o passarinho que acabou montando no ombro dele?

Ao chegarem para o almoço, receberam uma triste notícia enviada por Cristiano, da vinícola, avisando o falecimento de Paul e Eric Demignon devido a um forte surto gripe que se alastrou a partir da Espanha, em 1540. Paul morreu com 79 anos e Eric com 77. Esmeralda e Clarinha também contraíram a gripe, mas conseguiram se recuperar razoavelmente. Cristiano, com 68 anos, não contraiu a doença.

Em setembro de 1540, os meninos foram matriculados na British Elementary School, ansiosos por conhecer outros alunos e aprender a língua inglesa com maior rapidez. Não desconfiavam, porém, que os seus colegas certamente iriam estranhar o fato de os três serem diferentes em todos os sentidos, ou seja, serem nativos de uma terra totalmente desconhecida, pessoas nunca vistas na Inglaterra.

Os quatro meninos de 9 anos foram matriculados na mesma classe. Com cerca de trinta alunos por classe, eles certamente iriam achar um razoável número de amigos para se entrosar. Quanto a Teodoro, ninguém o estranhou. No entanto, logo no início, os alunos olhavam os indígenas de uma forma estranha, alguns riam, outros mostravam a língua, e outros ainda os examinavam de cima para baixo como se fossem bichos desconhecidos. Mas como as suas mães haviam prevenido, eles não se tocaram e até acharam graça. Foi bem difícil entender o inglês falado pelos professores. Tinham que prestar o dobro de atenção do que os ingleses colegas de classe. À noite, em casa, puderam emitir as suas opiniões sobre o que aprenderam durante o dia.

Com a tarde livre voltaram à floresta para ver se as raposas apareceriam. A procura resultou inútil, até que ouviram um grunhido parecendo que alguém estava sofrendo. Correram para ver o que era e viram a raposa presa numa armadilha, com dentes de ferro apertando sua perna esquerda. Ela olhou para os três como se estivesse pedindo socorro. Tiveram que fazer muita força para abrir a armadilha e libertar a coitada. Logo a raposa pulou em cima de Piatã e o lambeu efusivamente, como se estivesse agradecendo o favor prestado por eles. Estava definitivamente celebrada a amizade com as raposas.

— Quem será que colocou essa armadilha na floresta? — perguntou Cauã. — Isso é uma terrível maldade e temos que descobrir o culpado.

Correram para casa e encontraram o Mr. Jack, um dos criados que morava perto da residência. Ele confessou que havia colocado a arapuca para capturar javalis, sua carne preferida.

— Mas, Mr. Jack — falou Ybyajara — a armadilha quase matou a nossa raposa e nós tivemos um trabalhão para soltá-la. Ela é nossa amiga, e eu acho que ela quer viver conosco aqui no nosso jardim. Ela tem um marido raposo e dois filhotes pequenos.

— Então podem trazer os bichos que eu cuido deles enquanto vocês estiverem na escola, está bem?

— Amanhã vamos trazer os nossos amigos para o senhor conhecer — respondeu Piatã.

Os meninos passaram a dormir na casa da árvore e, algumas vezes, Fabiano e Yjara, ou Angélica e Bartolomeu passavam a noite com eles. A felicidade foi geral, e qualquer problema que pudesse ocorrer com os alunos da escola absolutamente não atingia os três meninos.

Jack cuidava das raposas durante o dia e as levava de volta para a floresta à noite, para que não perdessem o hábito de viver por conta própria. Receberam nomes que logo assimilaram. O pai foi chamado de Joe, a mãe de Daisy, os filhotes de Chris e Mike.

No início de 1541, Cristiano comunicou por carta que, infelizmente, as duas primas haviam falecido, em parte devido ao desgosto pela morte dos maridos, em parte em virtude de problemas pulmonares e infecção. Apesar de terem tomado vinho diariamente como remédio para uma vida melhor, a bebida não conseguiu prevenir suas mortes. Cristiano, já com 68 anos, ainda continuava forte e sadio como poucos, mas teve que contratar mais gente para administrar o vinhedo e para continuar exportando.

Vale a pena atualizar a árvore genealógica da família Vivone. A da família Demignon se encontra nos Capítulos 32 e 40. Deixamos de apresentá-la neste capítulo, devido à morte do casal Paul e Clarinha e de Eric e Esmeralda.

ÁRVORE GENEALÓGICA DA **FAMÍLIA VIVONE** ATUALIZADA EM 1541

Francesco Vivone (1201-1257) e Larissa Fracti Vivone (1201-1258)

- Rolando (1232–1310) e Giovanna (1234–1311)
  - Alfredo (1273–1338)
  - Salvatore (1273–1338)
- Sinibaldo (1232–1303) e Anabela (1236–1316)
  - Alina (1274–1338)
  - Bianca (1274–1338)
- Godofredo (1232–1312) e Matilda (1240–1313)
  - Michele (1274–1338) e Robert Valois (1273–1338)
    - Luigi (1275–1367) e Sigrid Andersen (1305–1369)
      - Houston (1338–1404) e Grace Baltimore (1346–1404)
        - Anderson (1374–1448) e Samira Amal (1390–1461)
          - Zachary (1416–1493) e Joaquina Querubim (1432–1510)
            - Clarinha (1467–1541) e Paul Demignon (1461–1540)
            - Esmeralda (1468–1541) e Eric Demignon (1463–1510)
          - Gordon (1416–1488) e Margarida de Souza (1438–1510)
            - Florêncio (1470–) e Mayara (1498–)
              - Piatã (1531–)
            - Fabiano (1472–) e Yjara (1495–)
          - Ybyara (1531–)
          - Cauã (1531–)
          - Orson (1418–1488) e Manuela Dias (1434–1510)
            - Bartolomeu (1470–) e Angélica de Albuquerque (1495–)

Teodoro (1530–)

Cristiano (1472–)

Jefferson (1375–1448)

Harold (1338–1404) e Audrey (1346–1404)

Lilian (1376–1448) e Frederic (1390–1455)

Emily (1377–1377)

■

35

Todos se acostumaram com a vida na Inglaterra e não tinham a menor intenção de viajar para o Brasil. Os colegas dos meninos ficaram curiosos para conhecer as raposas e pediram para Teodoro programar uma visita à Baltimore Estate, o que agradou imensamente aos quatro. Bartolomeu resolveu organizar uma festa para a classe inteira, principalmente para apresentar os animais, que já haviam sido completamente domesticados. A primeira reação dos colegas foi de medo. No entanto, apesar da multidão de crianças, as raposas brincaram com todos sem qualquer incidente.

O assunto foi comentado pelos alunos com seus pais e com os professores, e Piatã virou herói entre os colegas. Ninguém conseguiu entender como uma criança poderia amansar animais que, em geral, são ferozes.

Nos anos seguintes, a escola deu ênfase aos estudos de artes como pintura, escultura, arquitetura e à ciência. Piatã, que era um dos alunos mais curiosos pelo saber, disse ao professor que ouvira falar em Renascimento.

— Professor, eu ouvi alguém falando que agora nós estamos no Renascimento. Será que é possível alguém morrer e nascer de novo? Então quem morreu e quem nasceu de novo?

— A sua ideia é muito interessante. De fato, renascimento quer dizer nascer de novo, mas a palavra, nesse caso, não se refere a morrer e nascer. Ela quer dizer que a Europa está atravessando uma nova fase, mudando uma porção de coisas que havia no passado. Vou explicar um pouco melhor. Vocês sabem que nós estamos no ano de 1545. Será que antes de nós existiram outros povos? Para poder responder a essa pergunta, vou mostrar quais foram os principais povos que existiram antes, depois vou mostrar algumas coisas que eles inventaram, e no fim explicarei o que é o renascimento.

"Há mais ou menos 5.000 anos[1], existiu um povo que habitava um país chamado Mesopotâmia. Há 4.600 anos, surgiu um outro chamado Egito, depois veio um com o nome de Índia, em seguida a China. Depois Israel, a Grécia e logo depois veio Roma[2]. Hoje já existem mais países, como a França, Portugal, Itália, Alemanha, Inglaterra, onde estamos agora, e o Brasil, de onde veio o nosso colega Piatã e os seus dois primos.

"Cada um desses povos produziu coisas novas que não existiam antes. Há muito tempo inventaram o arco e flecha que os antigos usavam na guerra e para caçar, como fazem os nativos do Brasil. No ano de 1440, mais ou menos, um alemão chamado Gutenberg inventou uma máquina para fabricar livros. Foi ele quem produziu a primeira bíblia impressa no mundo, usando o que chamam de impressora. Antes disso, as pessoas tinham que escrever tudo a mão. Por exemplo, a mãe do Ybyajara me contou que um seu antepassado chamado Francesco Vivone, um italiano que nasceu em Roma no ano de 1200, escreveu um livro chamado *Moralidade e Ética*. Sabem quanto tempo ele precisou para fazer cinco cópias iguais do livro? Quase dois anos. Imaginem se naquele tempo existisse a máquina impressora. Pois um dos descendentes de Francesco Vivone conseguiu falar com Gutenberg e lhe pediu cinquenta cópias do livro, que foram impressas em uma semana."

1 http://www.coladaweb.com/historia/roma-e-grecia-antiga

2 http://www.timemaps.com/history

— Mas o senhor ainda não falou o que é Renascimento, professor Stephenson — argumentou James, um dos alunos da classe cada vez mais interessado no assunto.

— Eu vou chegar lá, pode ficar sossegado. Como vocês viram, cada um desses povos produziu alguma coisa nova. Entretanto, antes do Renascimento, na chamada Idade Média, os pintores, escultores, arquitetos e cientistas fizeram coisas maravilhosas em matéria de arte, mas muita gente considera uma época em que o povo era muito atrasado, o que chamaram de "Idade das Trevas". Na realidade, o Renascimento não começou do dia para a noite. Ele veio vindo desde o século XIV, do ano de 1301 a 1399, e XV, de 1401 a 1499. Hoje estamos no Século XVI, que vai de 1501 a 1599. A época atual está sendo chamada de Idade Moderna.

"Na Idade Média, a maioria das artes era controlada pela Igreja Católica[3], e todas as pinturas, as esculturas e a literatura deviam tratar principalmente de assuntos religiosos. Com o tempo foram mudando os costumes e as artes, e os acadêmicos voltaram a estudar as antigas civilizações da Grécia e de Roma[4]. Essa modificação de pensamento foi o que se chamou de Renascimento, porque eles fizeram "renascer" as culturas mais antigas, interessando-se pela literatura de séculos passados. No início do século XIV, os homens começaram a estudar melhor o latim, que era entendido apenas pelos sacerdotes da Igreja Católica. Assim a igreja foi perdendo o controle sobre as artes e sobre a literatura. Ao mesmo tempo em que procuravam antigos manuscritos esquecidos, faziam correções, elaboravam dicionários, faziam traduções e estudavam os manuscritos gregos e latinos. Isso tudo fez com que enxergassem o mundo pelos olhos dos gregos e romanos, não mais pelos monges medievais. Passaram a não ter mais medo do mundo como esses sacerdotes, começaram a aceitar as belezas do que existe e reconheceram que ter prazeres não seria considerado pecado como mandava a religião católica. Como

3 http://www.sohistoria.com.br/ef2/medieval/p2.php

4 http://www.roman-empire.net/founding/found-index.html

eles consideravam o ser humano bom em si mesmo, os novos intelectuais foram chamados de humanistas e os seus estudos intitulados de humanismo"[5].

"O Renascimento começou na Itália e continua até agora. Como vocês sabem, a Itália fica no centro do mar Mediterrâneo e se tornou um local de um ativo comércio entre a Europa e os países mais ao leste, o que teve muita influência na difusão cultural entre essas nações. Uma coisa muito interessante é que na Itália as famílias ricas patrocinavam as artes, pagando e ensinando os artistas para fazerem obras para eles. Uma dessas famílias que foi responsável por financiar artistas chamava-se Médici.

"Surgiram grandes artistas como Michelangelo, Leonardo Da Vinci, Rafael e Ticiano, todos italianos e muito famosos. As técnicas também foram mudando, pois começaram a fazer pinturas à base de óleo, misturando pigmentos em pó com sementes de linho. Como essa mistura demorava a secar, eles tinham mais tempo para retocar os seus quadros. Houve também progresso na escultura e na arquitetura, surgindo uma forma de desenho chamada de perspectiva, que mostrava as construções em três dimensões.

"Nós estamos em plena época da Renascença. Acontece que nem todas as modificações foram pacíficas. Alguns anos atrás, em 1527, Roma[6] foi atacada e praticamente destruída num ataque chamado 'O Saque de Roma'. Mas antes de falar nisso, é importante que vocês conheçam a história de um alemão chamado Martinho Lutero, nascido em 1483. Lutero é um homem muito religioso que não concorda com muitos princípios da Igreja Católica. Apesar de também acreditar em Deus como os católicos, ele reformulou várias ideias do cristianismo e acabou elaborando uma nova religião cristã chamada protestantismo, que resultou no que é conhecido como a Reforma Protestante. Ele é contra várias tradições da Igreja Católica como a proibição aos

5 http://www.mainlesson.com/display.php?author=harding&book=middle&story=ages

6 http://dicionario.sensagent.com/SAQUE%20DE%20ROMA%201527/pt-pt/

padres de se casarem. Ele combate também o que chamam de indulgências. Uma indulgência é uma espécie de perdão pelos pecados que as pessoas cometem. Então, para enriquecer a igreja, o papa vendia indulgências, o que na verdade é uma vergonha. Lutero é totalmente contra esse costume da Igreja Católica.

"O papa Leão X[7], habituado a cobrar altas somas de dinheiro pelas indulgências condenadas por Lutero, emitiu uma bula intimando Lutero a se retratar. Caso contrário seria excomungado. Lutero, indignado, rasgou a bula em frente à multidão e acabou mesmo excomungado em 1521. Leão X morreu logo depois, em circunstâncias misteriosas. Seu nome de nascimento era João de Lourenço de Médici, segundo filho de Lorenzo de Médici, o Magnífico. Seu primo, Giulio di Giuliano de Medici, viria a sucedê-lo como papa Clemente VII[8].

"Essa nova religião provocou uma divisão entre o Catolicismo Romano e as novas tradições protestantes, denominadas de Luteranismo. Lutero é uma das figuras mais influentes da história da cristandade, tendo, inclusive, traduzido a bíblia do latim para o alemão, para que um maior número de fiéis pudesse ler a bíblia, e não apenas os poucos que sabiam latim. Lutero acha que a educação não deveria ser regulada pela Igreja e sim pelo Estado. Além disso, ele considera que o ensino deveria ser obrigatório para todos, com acesso também às universidades. As ideias dele têm inúmeros seguidores."

— Professor, a minha mãe me contou que teve um francês chamado Calvino, que também criou uma religião como o Lutero. O senhor poderia explicar quem foi ele? — perguntou Cauã.

— Muito bem lembrado. Ele se chama João Calvino[9], tem umas ideias diferentes e é um inovador. Ele acha que os padres são desnecessários, critica o culto às imagens, só admite os sacramentos da

[7] Papa Leão X (1475–1521). http://www.britannica.com/biography/Leo-X

[8] Papa Clemente VII (1478–1534)

[9] João Calvino (1509–1564). Vicentino, C. e Dorigo, G. – *História Geral e do Brasil, pg. 300* - Editora Scipione, S. Paulo - 1ª Ed. 2010.

eucaristia e do batismo e considera a bíblia a base da religião. Ele exalta as características individuais necessárias à prática comercial e por isso agrada aos ricos, pertencentes à classe burguesa. As suas ideias foram logo aceitas por toda a Europa e chegaram especialmente à Escócia, Holanda e Dinamarca, sendo os seus seguidores chamados presbiterianos. Ele criou uma doutrina chamada Doutrina da Predestinação[10], que consistia em considerar alguns predestinados, ou seja, aqueles que seriam salvos por Deus. Para saber quem seria escolhido como predestinado, ele achava que somente as pessoas bem-sucedidas na vida teriam esse direito, e todos os outros estariam excluídos, uma ideia que favorece a tal classe burguesa.

"Tenho que contar mais uma coisa sobre o rei Henrique VIII. Ele tinha uma esposa chamada Catarina de Aragão que não conseguiu lhe dar um filho homem, algo importante para que o filho herde o trono da Inglaterra. Henrique, então, pediu ao papa que lhe permitisse o divórcio de Catarina, mas o papa não lhe concedeu o desejo. Irritado, Henrique se proclamou chefe da igreja inglesa e criou a Igreja Anglicana, de doutrina protestante. Henrique não reconhecia a autoridade do papa e, por isso, foi por ele excomungado. Como vingança, o rei confiscou todos os bens da Igreja Católica existentes na Inglaterra."

— E o Saque de Roma, professor? O que aconteceu em 1527? — gritaram dois alunos ao mesmo tempo.

— Calma, que eu vou chegar lá, mas é importante que vocês saibam como e por que houve o Saque de Roma.

"Antes de chegar à história do saque, vou contar um pouco sobre o rei Carlos V, rei do Sacro Império Romano-Germânico e rei da Espanha onde foi chamado de Carlos I. Ele é um rei poderosíssimo e dono de metade do mundo[11]. Carlos é defensor da religião católica e tem muitos inimigos, inclusive o próprio Lutero. Ele teve que enfrentar quatro guerras contra a França, bem como inúmeras revoltas

10 http://www.historialivre.com/moderna/calvino.htm

11 Rei Carlos V (1500–1558). http://educaterra.terra.com.br/voltaire/mundo/carlos_v.htm

dos príncipes alemães, que se aproveitaram do furor luterano contra as indulgências do papa. Com todas essas guerras ele ficou sem dinheiro para pagar seu exército.

"Os soldados de Carlos V se revoltaram por não receberem os seus salários e resolveram saquear a cidade de Roma, onde as defesas eram fracas e poderiam obter dinheiro. As tropas eram, em sua grande maioria de luteranos e, no dia 6 de maio de 1527, os membros das legiões luteranas do exército imperial de Carlos V promoveram um levante e tomaram a cidade de assalto. O Saque de Roma é até agora um dos episódios mais sangrentos do Renascimento. O fanatismo deles chegou a tal ponto que os soldados luteranos nomearam Lutero 'Papa de Roma'.

"Vocês podem imaginar a maldade dessas tropas? Só para dar alguns exemplos da carnificina: eles massacraram todos os doentes do Hospital do Espírito Santo. A população de Roma era de 55 mil habitantes. Os soldados mataram 36 mil e só sobraram 19 mil. Os palácios foram destruídos a tiros de canhões, os soldados faziam jogos esportivos com os crânios dos apóstolos São João e Santo André. O rio Tibre, que passa por Roma, ficou cheio de cadáveres de crianças e de religiosas[12]. Foi horrível."

Os alunos ficaram horrorizados com a história contada pelo professor Stephenson. Ele aproveitou a oportunidade para mencionar que existe uma escola na Baltimore Estate onde os professores ensinam os alunos a terem uma educação completamente diferente. Essa escola, disse ele, chama-se "The Royal School of Moral Integrity". Informou também que no fim do ano, depois da formatura, os alunos que quiserem, poderiam se matricular na Royal School e aprender os princípios recomendados por Francesco Vivone, um antepassado de Piatã, Cauã, Teodoro e Ybyajara.

12 http://notacatolica.blogspot.com.br/2010/04/o-que-foi-o-saque-de-roma.html

36

Em novembro de 1545, ocorreu a formatura dos alunos da British Elementary School. Logicamente, os pais dos quatro rapazes fizeram questão de matriculá-los na Royal School, o que todos aceitaram de bom grado. Durante o curso, todos conseguiram aprender as várias línguas ensinadas, destacando-se o italiano, o francês e o inglês. Na aula de princípios morais, a classe como um todo analisou profundamente o comportamento do papa Leão X, sendo que todos, sem exceção, concluíram que jamais um homem na sua posição, que usava de indulgências para se apropriar de dinheiro dos fiéis, poderia ser considerado virtuoso. Acharam também que a crítica de Lutero dirigida contra essa prática era perfeitamente justificada.

Com a formatura em 1547, pode-se afirmar que todos os membros da família Vivone frequentaram a Royal School e estavam aptos a desenvolver e aplicar as noções sobre os princípios morais que lhes foram ensinados.

— Como grande parte da nossa família é composta por descendentes de caetés, menos Teodoro e Angélica, acho que poderíamos nos dedicar a divulgar os princípios da Royal School no Brasil — propôs Yjara. — Afinal de contas, tivemos o privilégio de aprender novas línguas e novos costumes, e de conviver com pessoas de outras nacionalidades. Somos uma família de sorte e, devido à eficiência dos nossos antepassados, temos recursos suficientes para viver uma vida maravilhosa. Os nossos filhos são educados tão bem quanto os mais nobres estudantes da Inglaterra. Eu estou muito orgulhosa por pertencer à família Vivone, mas, apesar desse sentimento, tenho saudade do meu passado e dos meus parentes que ficaram em Itamaracá.

— Vamos pensar um pouco sobre como podemos realizar esse novo projeto — disse Angélica. — Eu também tenho saudades do tempo que passamos por lá. Vejamos as nossas idades, o que é extremamente importante. O Bartolomeu está com 75 anos e eu com 50. Cristiano está na França e tem 73. Florêncio tem 75 anos e Mayara 47. Agora faltam os meninos. Todos os quatro têm a mesma idade, ou seja, 16 anos, uma idade maravilhosa. Eles foram os mais jovens a passar pela Royal School e podem ser considerados quase adultos, com tudo o que aprenderam.

— Espere um pouco. Eu tenho algumas dúvidas — alegou Mayara. — Em primeiro lugar, considero as idades dos nossos maridos e de Cristiano um tanto elevadas, apesar de atualmente não apresentarem qualquer problema de saúde. Em segundo lugar, como ficaria o trabalho de Cristiano na França, e de Bartolomeu, Florêncio e Fabiano aqui na Inglaterra? Seria impossível deixar tudo nas mãos de empregados? Em terceiro lugar, quem administraria a Royal School e a Baltimore Estate? Em quarto lugar, o esforço que uma viagem desse tipo exigiria dos mais velhos, principalmente pela distância e falta de comodidade. Acho perigoso enfrentarmos esses riscos. E vocês estão esquecendo a nossa residência em Portugal. Em que condições vamos encontrá-la? Enfim, gostaria de ter a opinião de vocês e de ouvir os nossos maridos sobre tudo isso.

— As suas dúvidas são extremamente válidas — disse Angélica. — Como vamos sair desse impasse?

— Acho que está na hora de chamar os nossos queridos maridos, pois eles poderão ter ideias diferentes das nossas ou até melhores — retrucou Mayara.

— Do que se trata? — perguntou Florêncio durante o jantar em que todos, menos Cristiano, estavam presentes.

— Estamos num impasse — esclareceu Mayara. — Nós gostaríamos de passar uns tempos no Brasil, mas estamos com dúvidas quanto aos três homens da família. Sei que ninguém está doente nem velho demais para viajar, mas uma expedição como essa teria algumas desvantagens que eu tentei apontar.

Depois de esclarecer os maridos sobre o assunto, Florêncio tomou a palavra e deu o seu parecer.

— Apesar de termos recursos suficientes para levar uma vida confortável, os quatro homens da família têm obrigações que não podem ser desprezadas e todos sabem quais são. Não acho que poderíamos nos ausentar por um período tão longo como certamente durará a viagem. Entretanto, como há muito tempo não vamos a Lisboa, um de nós deveria ir até lá para ver como está a nossa casa. Mas seria uma viagem curta e rápida. Além disso, apesar da nossa saúde perfeita, temos que reconhecer que não somos mais tão jovens como vocês. Enfim, eu proporia que vocês empreendessem essa viagem sem a nossa companhia, pois tenho a certeza de que estaremos aqui na volta. Aliás, notei que o Fabiano fez um sinal de aprovação com a cabeça, e sei que Cristiano também estaria de acordo. Então eu deixaria na mão das nossas excelentíssimas esposas e dos nossos filhos "adultos".

Ybyajara era o mais interessado em história e se destacou entre os alunos da Royal School, sendo várias vezes elogiado pelos professores. Ele pediu a palavra e fez as suas ponderações.

— Acho que deveríamos, antes de tudo, dar uma olhada no que está acontecendo aqui na Inglaterra. Hoje estamos no início do ano de 1548 e vocês sabem que o nosso rei Henrique VIII faleceu no ano passado, assumindo então o filho Eduardo VI[1], aos 9 anos. Ele está sendo tutorado por Eduardo Seymour, duque de Somerset, e constitui o primeiro rei inglês criado como protestante. Por ser ainda uma criança, não se sabe o que ele fará quando atingir a maioridade. Com relação à pretendida viagem, pelas informações que recebemos do tio Aloísio, foi programada para o ano de 1549 uma viagem ao Brasil, de um português chamado Tomé de Souza. Sabem quem é ele?

[1] Rei Eduardo VI (1537–1553). http://www.dec.ufcg.edu.br/biografias/RBEdua06.html

"Pelo que pude averiguar, Tomé de Souza[2] nasceu em Portugal, numa freguesia chamada Rates. É político e militar, foi designado capitão da povoação e terras da Baía de Todos os Santos, governador-geral da capitania da Bahia e primeiro governador-geral de todas as capitanias e terras do Brasil. O rei o encarregou de dar combate aos indígenas rebeldes e defender o litoral brasileiro. Ele levará consigo cerca de mil homens. Eu soube que o rei D. João III quer que ele construa uma fortaleza em um povoado destruído por indígenas e saqueado por franceses, e transforme o território de todas as capitanias numa estrutura organizada e lucrativa a serviço de Portugal[3].

"Pergunto se não seria o caso de irmos a Lisboa pedir ao tio para falar com o rei D. João III e pedir que nos permita embarcar em algum dos navios de Tomé de Souza? Não sabemos se ele irá a Itamaracá, mas não custa tentar. O que vocês acham?"

— Isso tudo está errado — argumentou Cauã. — Nós estamos com 16 anos e, apesar de termos feito o curso na Royal School, não somos formados em nada. Uma viagem dessas para o Brasil seria uma espécie de férias, e eu acho que no momento não estamos em condições de perder tempo. Por exemplo, eu gostaria de ser advogado, pois todos os cidadãos necessitam dos serviços de quem conhece as leis. Eu ficaria feliz se pudesse fazer o curso de direito na Universidade de Oxford, Cambridge ou Paris. Oxford foi fundada em 1096, Paris em 1170 e Cambridge em 1209. Todas elas têm inúmeros cursos e eu sei que eles seriam excelentes.

— Você despertou o meu interesse — afirmou Ybyajara. — Eu também gostaria de ter uma profissão. Sei que dois dos nossos antepassados contribuíram para construir uma capela no castelo de Windsor e o nome de um deles está numa placa de agradecimento no castelo. Imaginem se eu pudesse ser engenheiro como eles, poderia construir casas, pontes e outras obras.

2 Tomé de Souza (1503-1579). http://www.suapesquisa.com/quemfoi/tome_de_souza.htm

3 http://guiadoestudante.abril.com.br/aventuras-historia/tome-souza-salvador-patria-480973.shtml.

— E eu — disse Teodoro —, poderia ser como o meu tio Aloísio, que viaja pelo mundo todo. Eu poderia estudar comércio exterior e trabalhar com o meu tio Cristiano, em Marseille, vendendo os nossos vinhos. O meu pai faz a mesma coisa e eu gostaria de seguir a profissão dele.

Mayara ouviu toda a conversa e ficou entusiasmada com a maturidade dos rapazes. Perguntou a Piatã o que ele gostaria de fazer.

— Mãe, eu sempre gostei de animais e sei que eles gostam de mim. Mas acho que eu deveria ser médico, pois posso ajudar as pessoas a ficarem com saúde e curar os animais. Mas aí eu teria que fazer dois cursos, medicina e veterinária. Acho que isso seria possível, apesar do esforço contido numa decisão dessas.

Angélica, Mayara e Yjara se entreolharam, e cada uma percebeu o quanto os rapazes tinham razão. Logo decidiram permanecer na Inglaterra e dar todo o apoio aos maridos enquanto os quatro adolescentes estivessem na universidade. Caso os chefes da família concordassem, o próximo passo seria uma visita a Oxford, para ver as condições e as possibilidades de matrícula.

Fabiano, Florêncio e Bartolomeu ficaram maravilhados com a perspectiva de verem os seus filhos em uma universidade do porte de Oxford, e logo se prepararam para acompanhar os rapazes à universidade. Toda a família se opôs imediatamente, tendo em vista as idades dos três. Chegou a vez de Yjara dar o seu parecer.

— Eu sou da opinião de que os quatro deveriam viajar para Oxford sem qualquer interferência nossa. Eles são tão ou mais responsáveis do que a maioria dos rapazes dessa idade e seriam recebidos na universidade como quaisquer outros candidatos. O certificado do curso na Royal School certamente será um fator positivo para que sejam aceitos. Nós, mulheres, devemos ficar com os nossos maridos e ajudá-los no que for possível. Na idade de 16 anos está em formação a personalidade de cada um, e quanto menos influência dos adultos mais maduros eles se tornarão. Como as aulas começam em setembro, terão algum tempo antes da viagem, pois deveriam chegar a Oxford pelo menos dois meses antes do início.

Para não terem qualquer problema com os prazos de matrícula, partiram para Oxford em junho de 1548. Foram diretamente à universidade para descobrir quais os requisitos necessários para poderem frequentar os cursos escolhidos. Ao chegarem ao escritório de admissões foram informados que só poderiam ser aceitos alunos com idade acima de 17 anos. Foi um desaponto geral e não tiveram outra opção senão voltar para a Baltimore Estate.

— E agora, o que faremos? — perguntou Cauã. — Nossos aniversários são no mês de junho e a matrícula termina em agosto, portanto teríamos que passar esse próximo ano em casa e ficar estudando na biblioteca do castelo de Windsor, caso isso seja permitido. Vamos conversar com a família e decidir em conjunto, certo? Ou então quem sabe seja possível passar uns onze meses no Brasil e voltar a tempo. Como estamos em junho de 1548, teríamos que estar de volta no máximo em maio de 1549.

— Ótima ideia, Cauã — alegrou-se Teodoro. — Portanto temos que falar com os pais e, se eles concordarem, colocaremos em ação o nosso plano anterior.

Parece que tudo é fácil para os moços. Os planos saem do seu cérebro em poucos minutos e as decisões são tomadas ainda mais depressa. Os principais "probleminhas" seriam os seguintes:

1. Chegar rapidamente a Portugal;
2. achar o tio;
3. conseguir vagas na expedição de Tomé de Souza;
4. programar a volta para maio de 1549.

No jantar os pais perceberam o tumulto que reinava no ambiente e Bartolomeu perguntou do que se tratava. Logo explicaram o plano e pediram permissão para viajar a Portugal para encontrar o tio e tentar uma vaga numa das caravelas de Tomé de Souza.

— Vocês gostariam que nós fôssemos juntos para o Brasil? — perguntou Bartolomeu. — Acontece que, apesar de adorar um programa desses eu não poderia acompanhá-los, pois estou com dores nas juntas e mal consigo caminhar. O Florêncio e o Fabiano estão cuidando da escola e as nossas esposas estão nos ajudando em quase tudo.

Para vocês irem sozinhos acho perigoso, pois não estão contando com imprevistos, principalmente numa viagem longa como essa. A única forma de realizar esse sonho seria convencer o tio Aloísio a se juntar a vocês.

— Pai, eu concordo com tudo isso que você falou — argumentou o filho. — Eu sei que seria penoso para você. Agora, quanto a localizar o tio, seria mais prático irmos direto a Lisboa, pois uma carta de ida e volta levaria o dobro do tempo e estando lá teríamos mais chances de organizar as coisas, você não acha?

— A sua ideia tem lógica, mas vocês estão mesmo dispostos a enfrentar o que der e vier? — ponderou Bartolomeu.

— Nós somos quatro e estaremos sempre juntos, um defendendo o outro. E sabemos falar inglês, português, italiano, francês e tupi. Sabemos um pouco de alemão, mas não o suficiente. Enfim, dá para a gente se entender com qualquer pessoa. Além disso, na Royal School tivemos aulas de luta romana e somos suficientemente fortes para enfrentar qualquer perigo — informou Ybyajara.

— Se eu fosse vocês, eu já estaria fazendo as malas — disse Fabiano. — Se as queridas senhoras nossas esposas estiverem de acordo, vamos achar um jeito de vocês embarcarem em Southampton no primeiro cargueiro com destino a Lisboa. Se eu pudesse, iria com vocês com certeza.

37

A sorte parece estar sempre ao lado da família Vivone. Ancorado no porto, encontrava-se o navio cargueiro dos amigos portugueses da Empresa Franco-Portuguesa de Comércio Internacional, preparando-se para levantar âncora para Portugal. Foi com muita alegria que o seu comandante recebeu os rapazes, mas programou para eles um trabalho no convés, idêntico ao da tripulação. Foi uma bela notícia, pois era o que os quatro adolescentes desejavam para passar o tempo.

O trabalho durante a viagem a Portugal foi extenuante para os rapazes, com a grande vantagem de que se tornaram realmente fortes e bem-dispostos para enfrentar qualquer desafio. Em Lisboa voltaram a ocupar a residência dos Vivone, que estava em boas condições graças aos cuidados de Aloísio.

Em julho de 1548, iniciou-se a batalha pelas vagas numa das caravelas de Tomé de Souza. O tio Aloísio, alto funcionário do reinado de D. João III, havia sido convocado novamente para fiscalizar a expedição, à semelhança do que fez na viagem que teve a participação de Florêncio. Por acaso, Aloísio era amigo de Tomé de Souza, e não foi difícil convencê-lo a levar os rapazes. Aloísio salientou que os quatro falavam cinco línguas e poderiam ser úteis em possíveis contatos com os piratas franceses. Ao mesmo tempo, teriam a vantagem de falar com os indígenas sem qualquer problema.

Enquanto se preparavam para a grande aventura, Aloísio conseguiu uma vaga para os rapazes como professores de línguas no palácio de D. João. Por terem tido muitas aulas de didática na Royal School, foram extremamente bem-sucedidos, a ponto de o próprio D. João III solicitar que eles lhe ensinassem algumas palavras em tupi. Logicamente, as mulheres ficaram curiosas sobre os três jovens descendentes de nativos brasileiros ensinando línguas estrangeiras com tanta desenvoltura. Grande parte dos filhos e das filhas dos nobres queriam participar das aulas. Quanto a Teodoro, as raparigas ficaram totalmente maravilhadas com a sua beleza física. O número de alunas em suas classes foi totalmente inesperado. O único problema que tiveram foi "resistir" ao assédio das moças. A algazarra foi tão grande que se consideraram afortunados por poderem usufruir de tanto sucesso. Os quatro eram convidados para todos os eventos sociais do palácio e chegaram a despertar inveja dos jovens filhos dos nobres portugueses.

Não demorou muito tempo para que cada um dos quatro arrumasse uma namorada. Entretanto, combinaram entre si que nem por sombra poderia passar pelas suas mentes algum compromisso mais sério com as raparigas. Entendiam que seria fundamental seguir rigorosamente o plano da viagem ao Brasil, sem qualquer interferência de cunho emocional. Decidiram, ainda, informar cada uma das candidatas que não esperassem qualquer tipo de engajamento mais permanente. Tal atitude estava de acordo com os princípios morais que todos eles aprenderam durante o curso na Royal School.

Enquanto esperavam a data da partida, programada por Tomé de Souza para 1º de fevereiro de 1549, tiveram tempo para estudar as atribuições que o governador-geral teria ao desembarcar no Brasil[1]. Foi importante saber que, para ser escolhido governador, deve-se pertencer à nobreza, recebendo poderes que davam, com certos limites, uma dignidade real. Sob a sua responsabilidade estão todas as matérias ligadas à administração, com a obrigação de prestar contas

1 http://linux.an.gov.br/mapa/?p=4843.

a Portugal. Tomé de Souza recebeu o regimento com as suas tarefas que consistiriam em promover o povoamento de todas as terras e a propagação da fé católica. Teria que avisar os capitães e governadores sobre sua chegada, pedindo ajuda para a instalação de um governo em Salvador e para localizar um local adequado para a construção de uma fortaleza.

Quanto à colonização, ele ficaria encarregado de distribuir sesmarias a quem pedisse, sendo que cada escolhido pagaria apenas o dízimo à Ordem de Cristo. O governador é responsável por desenvolver uma produção econômica lucrativa, especialmente o cultivo de cana-de-açúcar, dando terras para a construção de engenhos para aqueles que tivessem recursos para tal. Outro tema contido no Regimento de 1548 é o relacionamento com os nativos. O governador-geral deverá conservar a paz e punir os indígenas que causem conflitos e promovam guerras. Proíbe também que cristãos tratem com os nativos em suas aldeias, sem licença especial do governador-geral, além de estipular um dia específico para a realização de feiras para que se possam comprar e vender mercadorias e impedir que lhes sejam dadas armas.

Para facilitar a conversão ao catolicismo, o regimento manda que o governador-geral zele para que os indígenas morem próximos às vilas e povoações. Quanto à administração militar e de defesa, o regimento determina a construção de navios e concede ao governador-geral o poder de dar armas aos capitães e governadores, ordenando-lhes que informem a proximidade de corsários ao redor das capitanias.

O grande momento da partida chegou em 1º de fevereiro de 1549[2]. O embarque foi muito triste para as namoradas que insistiram até o esgotamento para acompanharem os quatro ao Brasil. De acordo com o combinado, todos os choros foram solenemente ignorados. Tomé de Souza colocou-os no convés com os tripulantes, que os obrigaram

2 http://www.historia-brasil.com/colonia/thome-sousa.htm

a fazer turnos em dobro, pois encararam a sua presença como uma intromissão de filhinhos de papai.

Durante a travessia, porém, os marinheiros verificaram que não se tratava disso, pois os rapazes trabalhavam alegremente, sem qualquer reclamação, além de falarem uma língua incompreensível. A pergunta que não obtinha resposta era "de onde surgiram esses gajos?" O que parecia ser o chefe dos tripulantes, aparentemente um dos preferidos por Tomé de Souza, chamou-os de lado.

— Oh, rapazes, vocês estão a falar uma língua que aqui não se entende. Só um de vocês parece um homem normal como nós, mas os outros três têm as fuças diferentes. Em que raio de país vocês nasceram? — perguntou o capitão Henriques.

— Senhor capitão, respeitosamente, tenho a informar que somos filhos de mães brasileiras, ambas descendentes de caetés, nativos da ilha de Itamaracá, onde os nossos pais as conheceram e as esposaram — respondeu Cauã. — A língua que falamos é chamada tupi, falada por quase todo o país. Os nossos parentes têm residências na Inglaterra e na França, e nós estudamos numa escola denominada Royal School of Moral Integrity, que significa Escola Real de Integridade Moral, onde aprendemos o inglês, o português, o italiano e o francês. Estamos indo ao Brasil graças à generosidade do comandante Tomé de Souza, ao qual estamos imensamente gratos por nos proporcionar essa oportunidade. O meu nome é Cauã e o meu irmão chama-se Ybyajara. Os nossos primos têm o nome de Piatã e Teodoro. Este último é sobrinho de Aloísio de Albuquerque, que está presente também nessa viagem.

— Mas que bela surpresa, meu jovem. O Aloísio foi meu contemporâneo no ginásio Junqueira Braga onde estudamos juntos, principalmente assuntos ligados à navegação, como astronomia, cartografia e matemática. Pois saiba que Aloísio foi um dos mais brilhantes matemáticos da nossa época. Fiquei muito feliz por saber que ele não se empenhou para lhes dar privilégios nessa viagem, o que ressalta mais uma vez o caráter corretíssimo do seu tio.

Depois de uma hora, o capitão voltou a se encontrar com os rapazes.

— Caro Cauã, se é que entendi o seu nome, estou curioso para aprender um pouco da língua tupi, tendo em vista que dentro em breve teremos contato mais frequente com os indígenas. Como ainda nos restam quase dois meses de viagem, poderíamos aproveitar a presença de vocês para praticar essa língua e o francês, pois certamente teremos problemas com os invasores das terras brasileiras. Seria possível?

— Seria uma honra para nós quatro. Posso até acrescentar que temos condições de ensinar as duas línguas simultaneamente, ou seja, em vez de ensinarmos só o tupi, nós faríamos a tradução para o francês e daríamos o significado em português. Isso seria satisfatório? — indagou Ybyajara.

— Magnífico. Então está combinado. Como tenho certeza de que vocês estão com fome, convido-os a me acompanharem até o refeitório.

Com um sorrisinho malandro, só faltou os quatro pularem do convés de tanta alegria. Finalmente poderiam colocar em prática os ensinamentos recebidos na Royal School e transmitir as línguas aos aventureiros portugueses.

O capitão Henriques programou a instrução muito inteligentemente, escalando vinte dos seus homens de maior confiança, ficando cinco para cada "professor". Foram quase três horas diárias e as aulas se tornaram uma verdadeira diversão e uma forma de relaxamento para os navegadores. Os assuntos e as palavras da nova língua eram acompanhados de altas gargalhadas por eles, devido à dificuldade de pronúncia, tanto para o tupi como para o francês. Tomé de Souza participou algumas vezes da recreação. O rendimento foi tal que os "pupilos" saíram confiantes de que indígenas e franceses os entenderiam.

38

A nau Salvador, de Tomé de Souza, aportou na baía de Todos os Santos, em 29 de março de 1549, após dois meses de uma viagem tranquila[1]. Ao chegar, constatou que os indígenas haviam destruído o povoado onde seria construída uma fortaleza. Ao mesmo tempo, o local havia sido saqueado pelos franceses, que roubavam grandes carregamentos de pau-brasil. Portanto, o cenário era desolador, com colonos dispersos, indígenas amotinados, franceses contrabandistas e administradores ineptos.

Na capitania da Bahia, oficiais da corte calculavam existir de cinco a seis mil guerreiros tupinambás, para cerca de cem colonos. As dificuldades eram de tal ordem que estava na hora de tomar posse efetiva do Brasil e fazê-lo render para Portugal. Felizmente, Tomé de Souza trouxe consigo uma armada de mil homens. Para cumprir a sua missão, a armada reunia três naus (Salvador, Conceição e Ajuda), duas caravelas (Leoa e Rainha), um bergantim (São Roque) e duas outras naus de comércio, que deveriam voltar cheias de pau-brasil. Era um total aproximado de quinhentas a mil pessoas, entre mais de cem soldados, noventa marinheiros, setenta profissionais (carpinteiros, ferreiros, serradores etc.), funcionários públicos, jesuítas comandados por Manuel da Nóbrega, quinhentos degredados e outros peões para o trabalho pesado.

1 http://guiadoestudante.abril.com.br/aventuras-historia/tome-souza-salvador-patria-480973.shtml.

Cientes desses problemas, os quatro rapazes se dispuseram a prestar assistência aos oficiais de Tomé de Souza, visando um maior contato com os nativos. Tomé de Souza iniciou fundando a cidade de Salvador, que seria a primeira capital do Brasil. A data de sua fundação foi idêntica à data da sua chegada à Bahia, ou seja, 29 de março de 1549.

A falta de controle português sobre a colônia brasileira era tanta que, em 1548, Luiz de Góis, irmão de Pero de Góis, donatário de São Tomé, pediu socorro ao rei D. João III: "Se com tempo e brevidade Vossa Alteza não socorrer estas capitanias e a costa do Brasil, ainda que nós percamos as vidas e fazendas, Vossa Alteza perderá a terra", escreveu.

— Estou achando estranho que o comandante Souza tenha sido recebido com tanta simpatia, se é sabido que os nativos estavam revoltados — indagou Piatã ao capitão Henriques.

— O que eu soube foi que um português chamado Diogo Álvares Correia naufragou na costa da Baía de Todos os Santos, lá pelo ano de 1510. Ele caiu nas graças dos tupinambás e acabou se casando com uma nativa chamada Paraguaçu, filha do cacique Taparica. Bem, eu sei que ele foi chamado de Caramuru pelos indígenas e, imaginem, celebrou o casamento com Paraguaçu na França, onde ela foi batizada de Catarina Álvares Paraguaçu, antes de voltar ao Brasil. Na verdade, alguns dizem que Caramuru era um fidalgo da casa real que naufragou nas proximidades do rio Vermelho, em Salvador. Seus companheiros foram mortos pelos tupinambás, mas ele conseguiu sobreviver e passou a viver entre eles. O nome Caramuru significa moreia, um ser marinho que vive entre as rochas e, por ter sido encontrado no mar entre as pedras, ele recebeu essa alcunha. Outros o consideram um contrabandista, que poderia ter vindo com os franceses em busca do pau-brasil. No entanto, ele foi muito útil para intermediar as relações entre os nativos e os portugueses e foi por isso que Tomé foi recebido tão bem quando chegou. Eu soube também que Paraguaçu, em 1530, mandou construir a igreja da Graça, a primeira da cidade. Nessa igreja, Manuel da Nóbrega rezou a primeira missa de Salvador, em 1549. Aliás, é bom salientar que Salvador foi declarada capital do Brasil.

"Logo após o desembarque, Tomé de Souza localizou uma colina que caía verticalmente sobre a praia. Era o ponto mais alto da região, uma perfeita defesa natural, com fontes de água e um rio correndo na direção oposta ao mar. Esse ponto registra um desnível que fica a setenta metros da região mais baixa, e ali seriam construídos os prédios da administração pública e as moradias, enquanto na baixa seriam localizados o ancoradouro, os armazéns, a casa de fazenda e contos e a casa de pólvora. As obras começaram em abril de 1549. Ajudado por Manuel da Nóbrega e por Caramuru, Tomé incorporou os nativos aos esforços de edificação, pois havia escassez de mão de obra portuguesa. O trabalho indígena era forçado ou pago com foices, enxadas, tesouras, espelhos, pentes e anzóis. O comandante foi o primeiro a enfrentar o trabalho pesado, carregando nos ombros os caibros e as madeiras para a construção das casas.

— Eu acho que, pela maneira como Tomé de Souza se comportou em todo o trajeto de Portugal até o Brasil, e depois na própria Bahia, seria lícito admitir tratar-se de um homem sério — argumentou Cauã. — Logicamente, um governador-geral tinha que se haver, por vezes, com crimes cometidos por degredados e com a ausência de mulheres portuguesas, o que fez aumentar a miscigenação entre os colonizadores e os indígenas.

Toda a situação era devidamente observada pelos quatro rapazes, que se sentiam perfeitamente à vontade, pois não tinham qualquer problema de comunicação com quem quer que fosse. Dormiam no alojamento dos soldados, situado próximo ao dos jesuítas. A sua intenção de colaborar com os portugueses foi notada por Manuel da Nóbrega, que acabou por encarregá-los de uma missão bastante arriscada. Pediu-lhes que se dirigissem ao cacique dos tupinambás, de nome Taparica, que mora a cerca de 5km para dentro da mata, a fim de levar alguns presentes trazidos por Tomé de Souza. Nóbrega sabia da familiaridade com a língua nativa e tinha certeza de que seriam muito bem-sucedidos.

— Vocês devem entrar em contato com Catarina Paraguaçu, esposa de Caramuru, para ela lhes indicar a trilha mais curta para chegar à aldeia — aconselhou Nóbrega.

No dia seguinte iniciaram a "viagem" em direção à aldeia. No meio do trajeto, observaram uma revoada de araras azuis que pousaram em algumas árvores próximas e ficaram olhando curiosamente para os quatro. Não demorou muito para Piatã ensaiar um contato com elas. Adotou a mesma tática usada na ocasião em que um pássaro que acabou ficando em seu ombro.

— Piatã, você seria capaz de pegar um desses bichos tão lindos? — perguntou Cauã.

— Vamos tentar ficar bem quietos e sentados no chão como se não os tivéssemos visto. Assim eles não terão medo de nós. Todos os nossos movimentos têm que ser lentos e naturais — esclareceu Piatã.

Em pouco tempo, surgiram mais umas oito araras, que começaram a gritar e se agitar. Dava a impressão de que estavam iniciando uma briga. Uma delas desceu alguns centímetros e ficou olhando de lado, como costumam fazer os papagaios e os periquitos. Os quatro observadores, totalmente imóveis, começaram a torcer para ela se aproximar. Nesse momento, Piatã estendeu a mão em direção à arara e olhou fixamente para os seus olhos. A arara balançou a cabeça para os dois lados e desceu mais um pouco enquanto Piatã analisava, maravilhado, a beleza da ave.

Um dos presentes de Manuel da Nóbrega foi um pacote com bolachas que Piatã abriu lentamente, quebrou uma lasca de uma delas e a colocou na mão estendida. Nesse momento iniciou-se nova gritaria das araras, enquanto a mais corajosa descia até alcançar o chão. Piatã, tranquilamente deitou-se de costas e fingiu estar dormindo. Os outros o imitaram com extremo cuidado.

Essa cena demorou quase trinta minutos. O silêncio agora era total. Mas a arara continuou se aproximando de Piatã e logo bicou a bolacha, comendo tranquilamente ao lado dele. Com a mão direita e sem um movimento brusco, Piatã retirou um pedaço maior de bolacha e colocou na mão esquerda, ao que a arara simplesmente subiu em sua mão e comeu o petisco sem sair do lugar. Repetida a estratégia mais três vezes, Piatã pousou levemente a mão sobre as asas fechadas da arara. Foi uma cena fantástica e sem oposição. Confirmou-se mais uma vez a habilidade extraordinária de Piatã com os animais. Com mais uma meia hora, a arara estava sentada no seu ombro comendo bolachas que lhe eram oferecidas.

— Temos que ir embora. Largue a ave aí, senão chegaremos tarde à aldeia e já passa das 11h — disse Teodoro.

— Não se incomode, vou levá-la comigo e apresentá-la ao cacique Taparica — brincou Piatã.

Mal sabiam eles que há mais de uma hora eram observados por um bando de tupinambás, que saíram da mata e começaram a falar quase ao mesmo tempo. Teodoro, que para eles era diferente dos outros três, explicou em bom tupi que eles ali estavam para levar presentes ao chefe Taparica. Espantados com a facilidade com que Teodoro falava a língua deles, já o consideraram parte de seu povo e puxaram os quatro pelos braços. Apontaram para Piatã com a arara no ombro e caíram na gargalhada. Estava quebrado definitivamente o gelo entre eles.

Taparica estava sentado no chão, cercado de crianças que saíram correndo para ver o "domador" de araras. Ao perceber a aproximação dos estranhos, começou também a fazer perguntas em tupi, rapidamente respondidas por Ybyajara. Recebeu os presentes com alegria e pediu aos seus subordinados que buscassem quatro conjuntos de arco e flecha e quatro arpões de pesca, retribuindo a oferta de Manuel da Nóbrega com os armamentos indígenas. A seguir convidou-os a ficarem na aldeia para conhecerem o seu "reino." Cauã agradeceu o convite e prometeu que voltaria, pois teria que informar o jesuíta de que a entrega havia sedo feita com sucesso. Afirmou que dentro de alguns dias aceitaria o convite e permaneceria algum tempo na aldeia.

Manuel da Nóbrega abriu um sorriso ao se deparar com os quatro rapazes voltando do compromisso e ficou maravilhado com a ave que Piatã carregava no ombro. Os soldados tentaram se aproximar da arara, mas só receberam bicadas ciumentas. Ela só aceitava carinhos dos seus quatro amigos.

O tio Aloísio, estrategicamente, manteve-se distante por algum tempo, mas não pôde se abster de congratulá-los pelo sucesso na missão junto ao cacique Taparica. Alertou-os, porém, que os seus contatos seriam mínimos, pois o trabalho exigia total dedicação e independência.

Um dos problemas de certa gravidade enfrentada por Tomé de Souza foi a ausência de representantes do sexo feminino, especialmente de nacionalidade europeia. Era de se supor que os militares e todos os outros do sexo masculino estariam com as suas necessidades sexuais insatisfeitas. Assim, não foi grande surpresa o assédio dos homens às mulheres indígenas, que eram raptadas ou presas como mancebas dos brancos. A situação se tornou caótica a ponto de o padre Manuel da Nóbrega, alarmado, pedir ao rei D. João III que enviasse ao Brasil mulheres portuguesas. Sem entender a verdadeira gravidade do caso, D. João enviou apenas seis órfãs e incumbiu o governador de casá-las. O reduzido número de mulheres não impediu uma considerável miscigenação entre índios e portugueses[2].

Para os rapazes, no entanto, a iniciação da sua vida sexual foi uma surpresa maravilhosa. As indígenas, ao contrário do que acontecia em outros casos, em vez de serem forçadas, se deleitavam com os quatro, que dedicavam grande parte do seu tempo a um considerável número de voluntárias. Teodoro, no entanto, foi o campeão absoluto. Parecia um enxame de abelhas em torno do belo rapaz.

Essa vida continuou por dois anos enquanto continuavam as obras necessárias à colonização. Eles se entrosaram com os jesuítas e os soldados e ganharam o respeito pela sua extrema dedicação e obediência. Nesse período, Tomé de Souza, apesar de ansioso por voltar à terrinha, trabalhou incessantemente. Algumas das suas obras foram a casa da Câmara, a residência do governador, o Colégio dos

2 http://guiadoestudante.abril.com.br/aventuras-historia/tome-souza-salvador-patria-480973.shtml.

Jesuítas e a igreja matriz. Instalou o sistema administrativo conhecido como governo-geral, criou cargos de capitão-mor, ouvidor-mor e provedor-mor ao mesmo tempo em que organizou o sistema jurídico da colônia.

O governador mandou edificar fortalezas em vários pontos importantes e estratégicos ao longo da costa, como proteção contra invasões estrangeiras. O processo de evangelização dos indígenas contou com a chefia de Manuel da Nóbrega, que participou na criação do primeiro bispado em 1551. Desenvolveu ainda a agricultura e pecuária visando estimular a colonização do território brasileiro[3].

Pode-se afirmar, sem qualquer dúvida, que Tomé de Souza foi um homem honradíssimo, que poderia ser chamado de patrono da colonização do Brasil depois do seu descobrimento, e responsável por lançar as bases da América Lusitana[4] e os pilares de uma cidade com incrível personalidade política e cultural. O único ponto negativo de Tomé de Souza foi o fato de ter forçado os nativos a trabalharem nas construções.

3 http://www.suapesquisa.com/quemfoi/tome_de_souza.htm

4 https://www.youtube.com/watch?v=eu_g7I5QSo8

39

Em 1552, Tomé de Souza desejava ardentemente voltar a Portugal. As saudades e o cansaço do seu trabalho exaustivo fizeram com que implorasse ao rei D. João III para autorizar a sua volta. No entanto, faltavam ainda algumas missões a serem cumpridas. Acompanhado por Manuel da Nóbrega teve de percorrer a costa para inspecionar as capitanias do sul. Chegou até São Vicente, passando por Ilhéus, Porto Seguro, Espírito Santo, Rio de Janeiro e Angra dos Reis, onde visitou as vilas e povoações de engenhos e lhes forneceu artilharia necessária para a defesa.

Finalmente, o rei nomeou um novo governador-geral para o lugar de Tomé de Souza. Tratava-se de Duarte da Costa, que desembarcou no Brasil em julho de 1553. Duarte da Costa veio acompanhado do padre José de Anchieta[1], um jesuíta nascido em 1534, em Tenerife, nas Ilhas Canárias, Espanha. Em 1551, Anchieta ingressou na Companhia de Jesus em Portugal e, em 1553, embarcou para o Brasil na comitiva do novo governador-geral, para catequizar os nativos com Manuel da Nóbrega.

Os quatro rapazes, donos de uma experiência extraordinária ganha durante a sua estada no Brasil, voltaram com Tomé de Souza a Portugal. Junto deles estava o tio Aloísio. Depois dessa longa

1 http://www.prefeitura.sp.gov.br/cidade/secretarias/cultura/bibliotecas/bibliotecas_bairro/bibliotecas_m_z/padrejosedeanchieta/index.php?p=4942.

ausência, queriam novamente aproveitar a residência em Lisboa, onde acharam uma carta enviada da Inglaterra. A notícia era triste.

Ela comunicava o falecimento de Cristiano, em Marseille, em 1553. Ele já estava muito velho e, apesar da sua rusticidade, não resistiu a uma isquemia que ocorreu durante uma caminhada pela vinícola. Ao saberem do ocorrido, Bartolomeu e Angélica partiram para a França pensando que ainda o veriam com vida, mas chegaram tarde. Ele foi enterrado na fazenda pelos funcionários que continuaram sua obra. Antes, porém, o seu tino comercial foi providencial para a família, pois conseguiu convencer seu amigo e proprietário da vinícola de Bordeaux a fazer uma oferta pela fazenda de Marseille. O montante foi apresentado a Bartolomeu e aos primos, que imediatamente aprovaram a excelente oferta. Antes de falecer, Cristiano também aceitara uma oferta dos seus amigos da Empresa Franco-Portuguesa de Comércio Internacional, que desejavam adquirir a Francesco Vivone Exportações Mundiais, providenciando toda a documentação necessária para a venda das duas empresas e enviando o dinheiro para a Inglaterra. Com esse passo, a família se livrou de um peso desnecessário em custos e trabalho.

Receberam ainda correspondência das mães, preocupadas com a longa ausência dos quatro filhos e contando que os três maridos estavam com sintomas típicos da idade e não tinham mais resistência para enfrentar as obrigações diárias. Por sorte, com a venda da vinícola, Bartolomeu ficou dispensado da administração das exportações, e Fabiano e Florêncio delegaram as suas obrigações a ex-alunos da Royal School.

— Tio Aloísio, temos que voltar para a Baltimore Estate a fim de nos matricularmos na Universidade de Oxford e gostaríamos imensamente que você fosse conosco, pois além de ainda não conhecer a propriedade, está na hora de matar as saudades da minha mãe. Que tal? — perguntou Teodoro.

— Estive pensando seriamente nisso, e acho que está mesmo na hora. Vamos arrumar as passagens para Southampton imediatamente.

A chegada dos cinco foi triunfal depois da longa ausência. As mães não se continham de alegria e falavam todas ao mesmo tempo para saber as novidades. As raposas já passaram a morar na propriedade e tiveram mais alguns filhotes, que logo se afeiçoaram aos quatro exploradores. Aloísio relatou todos os episódios havidos nos cinco últimos anos e teceu grandes elogios à atuação dos rapazes.

A sorte continuava a iluminar os dias dos quatro, que conseguiram se matricular em Oxford, cada um numa especialidade diferente. Piatã em medicina, Cauã em direito, Teodoro em engenharia e Ybyajara em matemática e astronomia. Os estudos demandariam total dedicação à universidade, durante um prazo de seis anos, portanto entre 1554 e 1560.

As três esposas, por sentirem que os seus maridos necessitavam de cuidados médicos constantes, resolveram colocá-los num lar para idosos localizado perto da Baltimore Estate, enquanto Aloísio voltava para Portugal para o seu cargo de inspetor geral das navegações portuguesas.

Durante a sua viagem ao Brasil, Aloísio escrevia à família contando as últimas novidades que ocorriam na colônia. As suas cartas eram devoradas pelas três mulheres na Inglaterra. A mais recente descrevia os problemas que enfrentava com as invasões francesas.

Contava ele que, em 1559, a costa nordeste do Brasil estava sendo violentamente disputada entre portugueses e franceses. Por um lado, de acordo com o Tratado de Tordesilhas, Portugal e Espanha detinham cada um a metade do mundo. A França, por sua vez, jamais aceitou esse tipo de partilha que havia sido abençoada até pelo papa.

Foi nesse ano que ocorreu a formatura dos quatro Vivone, cada um em sua especialidade. No dia da festa final, compareceram as suas mães orgulhosas, ainda mais porque Teodoro foi escolhido como orador da turma. O seu discurso representou uma das etapas mais importantes da família Vivone e teria sido motivo de orgulho de Francesco, seu antepassado e patriarca.

— Fui honrado pelos senhores professores para apresentar, como orador da turma de formandos do ano de 1560, o meu sentimento de gratidão à Universidade de Oxford, aos senhores professores e, especialmente aos nossos colegas — começou Teodoro. — A nossa família, aqui composta pelos meus três primos e por mim pode ser considerada privilegiada, não só por termos sido admitidos nesta maravilhosa universidade, mas pela experiência que adquirimos em nossa juventude. Quis o destino que tivéssemos o privilégio de conhecer um novo país descoberto no ano de 1500, o Brasil, de onde vieram as minhas tias, genuinamente brasileiras. Conseguimos com isso, aprender os seus costumes à semelhança do que pudemos assimilar na França e em Portugal, terra onde nasceu a minha mãe. Afortunadamente, a nossa permanência nos proporcionou o aprendizado de um total de cinco línguas, notadamente inglês, francês, português, italiano e tupi, a língua dos indígenas brasileiros.

"Tivemos ainda a honra de frequentar, antes da Universidade de Oxford, o curso ministrado por dois anos na Royal School of Moral Integrity, escola situada próximo ao castelo de Windsor, onde aprendemos que somente através de um altíssimo grau de integridade moral é possível percorrer todos os caminhos do futuro que nos espera. A data de hoje consolida, para qualquer estudante, o sonho de receber a cultura a ser transmitida aos seus herdeiros.

"O convívio com os nossos colegas que hoje se formam foi algo indescritível em termos de fraternidade e troca de experiências. Tenho certeza de que todos eles seriam oradores bem melhores do que eu e por isso me considero feliz por poder representá-los neste momento.

"Temos a sorte de viver na Inglaterra, onde a cultura é distribuída com zelo pelos melhores professores universitários que dedicam aos alunos todo o seu esforço e amizade. Foram os melhores anos da nossa vida que ficarão na memória para sempre. Felicito a todos e apresento os meus sinceros agradecimentos pelo privilégio que me concederam."

Todos os anos a Universidade de Oxford fixa uma lista de empresas no quadro de avisos desejosas por contratar recém-formados para o seu quadro de funcionários. Ao mesmo tempo, os empresários procuram contatos pessoais com os ex-alunos para entrevistas iniciais de candidatos. Os salários oferecidos são, na realidade, os mais altos da Inglaterra, em virtude do alto nível da formação universitária dos seus alunos.

Os quatro Vivone tinham as profissões mais solicitadas. Com a idade de 29 anos, tinham um futuro promissor. Depois de uma semana de tratativas, o grupo estava contratado, cada um para uma entidade diferente. Entre elas achava-se uma entidade governamental de Londres, dedicada ao estudo de astronomia e matemática avançada que assinou contrato com Ybyajara, aluno brilhante nessas duas matérias. A entidade tinha o nome de British Research Institute for Astronomy and Advanced Mathematics, especializada em pesquisas da abóbada celeste e matemática avançada.

Piatã foi disputado pela Universidade de Southampton para assumir o cargo de assistente do departamento de cirurgia. Na universidade souberam do seu talento especial em operações e diagnósticos. Cauã foi para o Ministério da Justiça da rainha Elizabeth I (1533–1603), filha de Henrique VIII e Ana Bolena, para analisar todos os processos referentes a tributos da nobreza e da população em geral. Teodoro, por sua vez, foi contratado como assistente de engenharia para cuidar das reformas a serem realizadas no castelo de Windsor.

Como os locais de trabalho dos quatro ficavam relativamente próximos à Baltimore Estate, seria possível prestar auxílio às mães na administração da propriedade e cuidar também dos seus pais, internados no lar de idosos.

Antes de iniciarem os respectivos trabalhos, resolveram comunicar aos pais as boas notícias, e se preparavam para fazê-lo no domingo seguinte, quando receberam uma notícia aterradora. Um dos velhos do asilo, permanentemente deprimido pela piora constante do seu estado de saúde, provocou um incêndio que atingiu grandes proporções e se alastrou com uma rapidez incontrolável. Todos dormiam quando as chamas se espalharam e não tiveram qualquer chance de escapar do fogo, principalmente porque a maioria já não se movimentava sem auxílio dos enfermeiros. Quando o socorro chegou, o edifício estava em ruínas e não houve sobreviventes.

É impossível imaginar o desespero dos quatro rapazes e das suas mães ao saberem das notícias. Seria impossível pensar que um acidente dessa natureza pudesse ceifar três vidas de homens tão dedicados ao trabalho e à família. Bartolomeu, Florêncio e Fabiano eram conhecidos como pessoas de uma retidão moral inconfundível, que haviam demonstrado a todos o que é ter como princípio a honestidade absoluta.

O enterro do que restou dos três falecidos foi realizado na Baltimore Estate, com a presença de uma multidão de ex-alunos da Royal School. Angélica, debulhada em lágrimas conseguiu apenas agradecer os votos de solidariedade de todos. Os filhos e as esposas deixaram para a posteridade uma homenagem na lápide que dizia:

AQUI JAZEM OS NOSSOS QUERIDOS ESPOSOS E PAIS BARTOLOMEU, FABIANO E FLORÊNCIO VIVONE, TRÊS HOMENS VIRTUOSOS QUE NOS DERAM O SEU AMOR E NOS ENSINARAM TUDO O QUE EXISTE EM TERMOS DE BONDADE HUMANA. ELES SERÃO LEMBRADOS PARA SEMPRE.

Yjara, Angélica, Mayara, Piatã,
Ybyajara, Cauã e Teodoro Vivone
Dezembro de 1560

40

Com os últimos acontecimentos atualizamos a árvore genealógica.

ÁRVORE GENEALÓGICA DA **FAMÍLIA VIVONE** ATUALIZADA EM 1560

Francesco Vivone (1200-1257) e
Larissa Fracti Vivone (1201-1258)

- Rolando (1232–1310) e Giovanna (1234–1311)
  - Alfredo (1273–1338)
  - Salvatore (1273–1338)
- Sinibaldo (1232–1303) e Anabela (1236–1316)
  - Alina (1274–1338)
  - Bianca (1274–1338)
- Godofredo (1232–1312) e Matilda (1240–1313)
  - Michele (1274–1338) e Robert Valois (1273–1338)
    - Luigi (1275–1367) e Sigrid Andersen (1305–1369)
      - Houston (1338–1404) e Grace Baltimore (1346–1404)
        - Anderson (1374–1448) e Samira Amal (1390–1461)
          - Zachary (1416–1493) e Joaquina Querubim (1432–1510)
            - Clarinha (1467–1541) e Paul Demignon (1461–1540)
            - Esmeralda (1468–1541) e Eric Demignon (1463–1540)
          - Gordon (1416–1488) e Margarida de Souza (1438–1510)

Florêncio (1470–1560) e Mayara (1498–)

Piatã (1531–)

Fabiano (1472–1560) e Yjara (1495–)

Ybyajara (1531–)

Cauã (1531–)

Orson (1418–1488) e Manuela Dias (1434–1510)

Bartolomeu (1470–1560) e Angélica de Albuquerque (1495–)

Teodoro (1530–)

Cristiano (1472–1553)

Lilian (1376–1448) e Frederic (1390–1455)

Emily (1377–1377)

ÁRVORE GENEALÓGICA DA **FAMÍLIA DEMIGNON**

Claude (1430–1503) E Gabrielle (1434–1504)

Paul (1461–1540) e Clarinha Vivone (1437–1541)

Jean Pierre (1433–1505) e Jeanette (1436–1497)

Eric (1463–1540) e Esmeralda Vivone (1468–1541)

Hugo (1435–1505)

Olivier (1436–1500)

As últimas notícias chegadas através do tio Aloísio mostraram uma faceta triste da história do Brasil[1]. Ele fez algumas considerações sobre o que ocorreu desde o descobrimento. Apesar de ter sido descoberto em 1500, a verdadeira colonização só começou em 1530, com a fundação das primeiras vilas. Portugal se confrontava com um problema sério: o alto custo de manutenção das capitanias hereditárias demandava novas fontes de lucro e o suprimento de mão de

1 http://noticias.universia.com.br/destaque/noticia/2012/02/28/914494/escravido--no-brasil-colonia.html.

obra para o cultivo da cana-de-açúcar. Para enfrentar esse dilema, resolveu-se escravizar os povos indígenas que se dedicavam à extração de pau-brasil. Posteriormente, os portugueses iniciaram o tráfico de africanos escravizados como principal fonte de lucros. No entanto, a brutalidade com que eram tratados os negros, provenientes da África, passou a ser um lamentável capítulo dessa história. Com os porões dos navios negreiros lotados de pessoas escravizadas que, em condições desumanas, sofriam as mais bárbaras torturas e punições e as que morriam eram simplesmente jogadas ao mar. Ao chegarem, eram expostas em lojas onde seriam vendidas como mercadorias aos usineiros que sempre escolhiam as mais fortes e sadias.

O primeiro navio negreiro chegou a Salvador em 1560, destinado a atender dois objetivos dos portugueses. Em primeiro lugar, a exigência interna de obter mão de obra qualificada para os engenhos construídos para a produção de açúcar, mercadoria de grande aceitação na Europa e, em segundo lugar, a exigência externa dos traficantes para que esse comércio altamente rentável fosse mantido.

Os quatro Vivone iam colecionando sucessos nas respectivas profissões e só voltavam ocasionalmente para a Baltimore Estate para visitar as mães. Como a idade não poupa ninguém, as três sentiam o seu avanço implacável, devido principalmente ao esforço despendido na administração da Royal School. Felizmente, tinham o auxílio de ex-alunos extremamente dedicados e corretos.

Piatã teve que deixar as raposas sob os cuidados dos funcionários da residência, que domesticaram completamente a família descoberta pelos quatro exploradores nas matas inglesas. Era uma alegria reencontrá-las durante as visitas.

Os anos entre 1560 e 1568 proporcionaram vários sucessos aos quatro profissionais. A formação em Oxford e na Royal School foi a chave que lhes abriu inúmeras portas. Piatã foi chamado várias vezes ao castelo de Windsor para atender doentes da nobreza, inclusive a rainha Elizabeth I (1533–1603) da Inglaterra e Irlanda. Foi chamado para examiná-la após uma queda em que quebrou a perna e teve que ser engessada, mas sem maior gravidade.

Ybyajara, por sua vez, foi nomeado professor de astronomia da British Research Institute for Astronomy and Advanced Mathematics. Cauã foi convidado para assumir o cargo de procurador de justiça, enquanto Teodoro passou a engenheiro residente do castelo de Windsor.

A melhor notícia, porém, foi o namoro que surgiu entre o grupo e as raparigas casadoiras do castelo de Windsor, assiduamente frequentado pelos quatro. Cada um deles tinha a possibilidade de escolher entre uma colmeia de moças da nobreza inglesa, o que só poderia resultar em casamento. Como era costume da família Vivone, tudo deveria ser realizado em conjunto. O combinado foi a realização das núpcias na Baltimore Estate com a presença maciça dos ex-alunos da Royal School e da nobreza do castelo de Windsor. Enfim, um acontecimento que repercutiu por toda a Inglaterra. Quem poderia imaginar o comparecimento de ingleses ao casamento de três descendentes de nativos brasileiros e mais um filho de portugueses?

A perspectiva de uma efeméride desse naipe animou as mães dos rapazes, fazendo com que rejuvenescessem dez anos devido à atividade frenética para organizar a festa de casamento. A data marcada foi de 10 de novembro de 1567. Cauã casou-se com Sherry Paulson (nascida em 1542), Piatã com Sílvia Taylor (nascida em 1544), Teodoro com Elizabeth Evans (nascida em 1543) e Ybyajara com Trudy Watson (nascida em 1542). Portanto a família Vivone acabou de contabilizar um novo aumento dos seus membros. Um convite especial foi dirigido ao tio Aloísio e aos amigos portugueses da Empresa Franco-Portuguesa de Comércio Internacional. Desnecessário mencionar que, juntamente com os pais das noivas, uma verdadeira multidão compareceu ao evento, gente da mais alta nobreza da Inglaterra, inclusive os pais e parentes próximos. Foi mais um sucesso.

Tio Aloísio acabara de regressar de sua viagem ao Brasil e, depois de abraços e beijos, principalmente na sua irmã Angélica, aproveitou para fazer um minucioso relato dos últimos acontecimentos. O número de ouvintes foi enorme.

— Em 1557, a rainha Catarina, viúva de D. João III, nomeou o desembargador Mem de Sá[2] para o cargo de terceiro governador-geral do Brasil, em substituição a Duarte da Costa. A situação de desorganização deixada por esse homem necessitava de um governador ativo, entendido e, sobretudo, honesto. Mem de Sá possuía todas essas qualidades, sendo conhecido pelo seu grande coração, zelo e prudência. Ele era um fidalgo português, formado em direito, que havia feito uma bela carreira como juiz probo e enérgico.

"Mem de Sá só chegou à Bahia em 28 de dezembro de 1558. Desde logo, tomou várias providências auxiliado pelos jesuítas e incentivou a catequese dos nativos sob a supervisão de um padre da Companhia de Jesus, instituição que deu prioridade ao ensinamento do trabalho e da disciplina. O governador demonstrava grande energia em sua repressão aos abusos. Determinou a proibição da antropofagia pelos indígenas, cuja desobediência geraria graves penas. Ao ser desobedecido por um cacique de nome Cururupeba, mandou prendê-lo por um ano, o que foi suficiente para torná-lo dócil e submisso. Acabou vencendo os Paraguaçus, que preparavam emboscadas para os portugueses e, em menos de dois meses, apaziguou uma revolta indígena no Espírito Santo e os proibiu de comer carne humana.

"Mem de Sá sustentou uma verdadeira guerra contra os nativos nas capitanias de Ilhéus e de Porto Seguro[3] e, sobretudo, na capitania de São Vicente, onde debelou a terrível 'Confederação dos Tamoios', que ameaçava eliminar para sempre os portugueses das praias brasileiras. A Confederação dos Tamoios[4] foi uma reunião dos chefes indígenas do litoral norte paulista e sul fluminense que se iniciou em 1554, em represália à ação violenta dos portugueses contra os tupinambás, provocando mortes e escravidão. O problema entre tupinambás e portugueses iniciou-se com o casamento de João Ramalho, português e braço direito de Brás Cubas, governador da capitania de

[2] Mem de Sá (1500–1572). http://catolicismo.com.br/materia/materia.cfm?IDmat=B7CC0CE7-3048-560B-1C98EB2CEFAEC875

[3] http://www.arqnet.pt/dicionario/samem.html

[4] http://www.historianet.com.br/conteudo/default.aspx?codigo=603

São Vicente, com a filha de Tibiriçá, chefe dos guaianases. O casamento proporcionou uma aliança entre brancos e guaianases contra as outras nações indígenas. Em resposta ao ataque aos tupinambás, o chefe da aldeia de Angra dos Reis, Cunhambebe, investiu contra as propriedades portuguesas. Enquanto isso, Brás Cubas continuava a escravizar índios e aprisionou um chefe tupinambá, Kairuçu, e seu filho Aimberê. Kairuçu morreu dos maus tratos recebidos e Aimberê conseguiu organizar uma fuga em massa das propriedades de Brás Cubas.

"Livre do cativeiro, Aimberê aliou-se às aldeias de Angra dos Reis, de Ubatuba e às dos indígenas goitacazes e aimorés, aliança que constituiu a referida Confederação dos Tamoios, chefiada por Cunhambebe.

"Como se não bastassem os problemas enfrentados por Mem de Sá com os nativos, chegaram os franceses ao Rio de Janeiro, comandados por Nicolas Durand de Villegagnon um cavaleiro de malta francês que formou uma aliança com os tupinambás para garantir sua permanência no Rio de Janeiro, oferecendo armas a Cunhambebe para lutar contra os portugueses. Por outro lado, uma nação indígena, a Termiminó, aliou-se aos portugueses contra os tupinambás e os franceses, acirrando as disputas. Depois de um surto de doenças que dizimou centenas de nativos, entre eles Cunhambebe, Aimberê foi escolhido o novo chefe e a luta continuou. Aimberê procurou o apoio de Tibiriçá e, juntos, combinaram lutar contra os portugueses. Villegagnon, que abraçara as ideias religiosas de Calvino, tinha como objetivo procurar fortuna em terras novas e, auxiliado pelo seu amigo e correligionário, o almirante Coligny, partiu para o Brasil. Estabeleceu-se numa das ilhas da baía do Rio de Janeiro, a que deu o nome de Coligny, onde edificou um forte que devia ser inexpugnável pela natureza do terreno, e que se chamou forte de Villegagnon. A região foi chamada de França Antártica.

"Apesar dos problemas com guerras religiosas, o rei da França Henrique II[5] aplaudiu a tentativa de colonização de Villegagnon, enviando tropas ao Brasil. Villegagnon abandonou os seus companheiros em 1558 e voltou à Europa, enquanto Mem de Sá recebia uma ordem para expulsar os franceses. Mesmo sem reforços de Portugal, o governador conseguiu, com 120 portugueses e 140 nativos, expulsar os franceses do Rio de Janeiro. A vitória de Mem de Sá foi mais significativa quando ficou claro que os franceses dispunham de 150 bons soldados franceses e mais de mil Tamoios. Enquanto os franceses fugiram para dentro da mata, Mem de Sá, após destruir o forte, voltou à Bahia.

"No entanto, os franceses se reorganizaram e tornaram a fortificar a ilha. Somente em 1563 chegou à Bahia o sobrinho Estácio de Sá, que vinha em seu auxílio para expulsar definitivamente os franceses que ainda se encontravam na Baía de Guanabara. Foi fundamental a colaboração que Mem de Sá recebeu de Manuel da Nóbrega e de José de Anchieta para a expulsão dos franceses. Estácio de Sá, em 1º de março de 1565, fundou a cidade de São Sebastião do Rio de Janeiro. Ele veio a falecer em fevereiro de 1567, vítima de uma flecha envenenada que o atingiu no rosto durante o combate em Uruçu-mirim, batalha que significou o fim da ocupação francesa, Mem de Sá ainda ficou mais cinco anos na Bahia como governador-geral do Brasil.

"Um dos capítulos mais tristes da colonização do Brasil mostra claramente como existe maldade no coração de certas pessoas. Pois em Salvador, na Bahia, como em outras cidades, localiza-se o chamado pelourinho, uma coluna de pedra bem no meio da praça, onde ficam o centro administrativo e político e as principais instituições. Lá vivem os ricos que, entre outras coisas, usam o local para castigar escravos na frente dos outros como uma forma de exemplo[6]. São

[5] Rei da França Henrique II (1519–1559)

[6] http://brasilianadigital.com.br/brasiliana/colecao/obras/334/do-escambo-a-escravidao-as-relacoes-economicas-de-portugueses-e-indios-na-colonizacao-do-brasil-1500-1580 Obra de Alexander Nelson de Armond Marchant, 1943.

barbaridades de estarrecer e é difícil imaginar como alguém possa se dispor a executar tais crueldades."

Todas essas notícias foram recebidas com horror pela família Vivone e seria impensável qualificar qualquer indivíduo que apoia tais selvagerias como humano.

— Tio Aloísio, você realmente é uma fonte inesgotável de notícias — admirou-se Cauã. — Como é que consegue lembrar todos os acontecimentos com tanta precisão? Só falta você falar sobre a pirataria que presentemente ameaça as colônias portuguesas e os seus navios. Pelo que vimos, foi um trabalhão para Mem de Sá expulsar os franceses do Rio de Janeiro.

— Muito oportuna essa sua lembrança. Eu ia mesmo tocar nesse assunto e, se vocês tiverem paciência, posso dar uma ideia do perigo que os corsários representam tanto para Portugal como para a Espanha.

— Estamos ouvindo com atenção, por favor, continue — pediu Piatã.

— Bem, como vocês sabem, o Tratado de Tordesilhas homologado pelo papa fez com que Portugal e Espanha se tornassem monopolistas do comércio mundial. Com isso, os dois países deixaram de lado a rivalidade que havia entre eles, tornando-se aliados. Acontece que essa aliança entre os dois países ibéricos de religião católica acirrou os ânimos com outras nações europeias de religião predominantemente protestante[7].

"Espanha e Portugal necessitavam urgentemente de mão de obra para desenvolverem a produção de açúcar e de tabaco para as suas exportações à Europa e outras nações do Atlântico. Por outro lado, Portugal com marcante presença na África Ocidental, começou a transportar uma enorme quantidade de africanos escravizados, um negócio altamente lucrativo. Espanha e Portugal estabeleceram então um monopólio sobre esse tráfico e criaram leis mercantis rigorosas,

7 http://www3.gettysburg.edu/~tshannon/hist106web/site3/beginnings%20of%20piracy%201.htm.

e injustas, sobre qualquer outro país que quisesse participar desse novo tipo de comércio.

"No entanto, os outros países, desgostosos com esse domínio comercial, passaram a contrabandear pessoas escravizadas e bens às Américas, uma atividade logo desbaratada pelos países ibéricos. Tais ataques tiveram um alto custo para os contrabandistas que passaram então a se dedicar à pirataria.

"Os corsários franceses, por exemplo, atacaram as povoações espanholas em Cuba, Porto Rico e no resto de suas possessões nas Antilhas, avançando onde as defesas se mostravam mais fracas, deixando os espanhóis à mercê da esperteza dos piratas, principalmente porque era difícil defender os navios e as possessões simultaneamente.

"Em 1560 os ingleses fizeram algumas incursões com navios piratas contra os espanhóis, que reagiram com tal violência a ponto de trucidarem os ingleses em San Juan de Ulua, situada ao sul do México. Essa derrota parou temporariamente os ataques por receio de provocarem guerra contra uma nação tão potente como a Espanha. Mesmo assim, alguns investidores financiaram incursões piratas contra os espanhóis, porém sem resultados significativos."

41

Em 1567, aproveitando a presença dos onze familiares e do tio Aloísio na Baltimore Estate, Yjara resolveu promover um almoço com todos, pois queria recordar vários fatos da sua vida e fazer algumas perguntas.

Inicialmente fez uma análise das idades dos remanescentes para depois expor as suas ideias. Vejamos:

Angélica – 72 anos
Yjara – 72
Mayara – 69
Teodoro – 37
Piatã, Ybyajara e Cauã – 36
Trudy e Sherry – 25
Elizabeth – 24
Sílvia – 23

— Vejam — disse ela — dirigindo-se ao tio Aloísio. Você, com 70 anos, é um pouco mais moço que a sua irmã. Felizmente, apesar dessa idade, ainda está em excelente saúde. Acho também que nós três mulheres estamos resistindo com garbo ao passar do tempo, pois não estamos dando grande importância aos nossos cabelos brancos.

"Aloísio, você que passou grande parte da sua vida no Brasil, em Portugal e em outros países, com certeza teve contato bem próximo com grande número de líderes de todos os tipos, desde reis, governadores, nobres, papas, navegadores, aventureiros e outros tais.

Assim, você deve ter adquirido uma grande experiência com relação aos princípios morais adotados por eles durante as suas vidas. Por essa razão considero que você é a pessoa certa para nos relatar quais dentre todos eles poderiam ser considerados VIRTUOSOS. Como você sabe, toda a nossa família frequentou a Royal School of Moral Integrity situada aqui na Baltimore Estate, com exceção apenas das queridas noras que acabaram de chegar à nossa família."

— É um assunto que venho examinando há bastante tempo — retrucou Aloísio —, realmente tive o privilégio de conhecer de perto muitos desses personagens. É um tema complexo, pois cada um tem os seus méritos e é difícil muitas vezes fazer uma análise imparcial dos seus atos. Veja só, tomemos um exemplo bem recente do atual governador-geral do Brasil, Mem de Sá. Ele é pessoa das mais evoluídas, cultas, de total honestidade, eficiente, bondoso, justo. Poderíamos considerá-lo VIRTUOSO? Pois não podemos! Apesar de ter proibido a escravidão dos nativos e a prática da antropofagia, ele estimulou o tráfico de africanos escravizados para o Brasil. Ora essa, a meu ver é inadmissível alguém compactuar com uma barbárie como a escravização de seres humanos, iguaizinhos a todos nós. Ele pode ter tido todas as outras qualidades, mas essa última causou um grande dano à sua reputação.

"Mas vamos adiante, com outros exemplos. Vejam o rei Henrique VIII. O homem casou-se seis vezes o que eu até acho uma boa ideia, mas ele mandou decapitar duas delas. Os papas da religião católica podem até pregar o amor, o respeito, a fé em Deus e outras coisas lindas, mas não tinham nenhum acanhamento em mandar torturar, queimar, enforcar ou estrangular o que definem como hereges, só porque os coitados ou as coitadas pensam de forma diferente deles ou têm outra religião que não a católica.

"Agora o que eu considero um crime gravíssimo e uma verdadeira afronta à moral e aos bons costumes foi o comportamento da família dos Bórgia. Para começar, o cardeal Rodrigo Bórgia queria por toda a lei se tornar papa. Para isso, corrompeu grande número de cardeais da Santa Sé comprando os seus votos até conseguir ser eleito com o nome de Alexandre VI. Ele foi conhecido pelos subornos, assassinatos, envenenamentos, corrupção, desvios de dinheiro e outros crimes, como torturas e perseguições. Adotou plenamente o costume da época de queimar hereges em praça pública. Todos esses crimes foram cometidos por ordem dele e dos seus filhos. Um exemplo do tipo de maldade que existia na família foi o assassinato do filho Juan, perpetrado pelo seu próprio irmão César. Como se isso não bastasse, Alexandre VI tinha suas amantes dentro do Vaticano, algo proibido pelas leis da igreja, solenemente ignoradas por ele. Apesar de tudo isso, ele ainda por cima achava ser o representante de Deus na Terra.

"Voltando um pouco mais atrás, o imperador Frederico II da Germânia e o papa Gregório IX, que viveram lá pela metade do século XIII já apoiavam a matança de hereges. Pior ainda foi a Guerra dos Cem Anos, na qual morreram milhares de franceses e ingleses numa disputa desnecessária e cruel. Outro episódio lamentável foi o das Cruzadas e dos cavaleiros templários, tropas enviadas pela Igreja Católica para libertar Jerusalém da dominação dos muçulmanos. Essas campanhas religiosas causaram milhares de mortos de ambos os lados. Se você pensar bem, como poderíamos considerar VIRTUOSOS os líderes de ambos os lados que promoveram tais violências? Acho que vou parar por aqui, pois se eu continuar vou ter a maior dificuldade de achar alguém que não praticou alguns desses atos."

As quatro jovens recém-casadas ouviram abismadas o relato de Aloísio, e se entreolharam sem saber o que dizer sobre tais atrocidades, pois estavam acostumadas ao ambiente do castelo de Windsor e de sua corte, onde tudo girava em torno de hábitos típicos da nobreza, como discussões sobre vestidos, festas, música, balé, conversas fúteis e pequenos namoricos inocentes.

Os maridos logo perceberam o constrangimento das moças e Piatã interveio rápido, para animar um pouco o ambiente.

— Acho que hoje ouvimos o nosso querido tio Aloísio expor as suas experiências internacionais e queremos agradecer essa aula tão interessante. Penso que as nossas queridas esposas talvez não tivessem tido a oportunidade de ver um mundo tão diferente como esse mostrado pelo tio. Mas eu queria aproveitar para ouvir as suas impressões sobre esse relato diferente e um tanto triste.

— Bem — iniciou Elizabeth —, foi maravilhosa a exposição do tio Aloísio. Nós tivemos a oportunidade de estudar muitos desses episódios em nossas aulas de história da civilização, mas nunca imaginamos que existiria tanta maldade no mundo. Acho que os nossos professores nos pouparam das partes mais tristes. Como nós somos amigas desde a infância, temos as mesmas crenças em matéria de moral. Assim, não só adotamos a honestidade como lei maior para o nosso comportamento, como entendemos e apoiamos integralmente a forma de pensar da família Vivone à qual agora temos o privilégio de pertencer.

— Pois estou de acordo com você — aparteou Trudy. — Ybyajara me convidou para conhecer a Royal School onde se ensinam esses conceitos e eu gostaria de saber se haveria a possibilidade de frequentá-la. Acho que nós todas adoraríamos essa oportunidade.

— Então está combinado — disse Yjara. — Como o ano letivo começa em setembro e já estamos em dezembro de 1567, podemos matriculá-las em 1568 e, enquanto isso, penso que seria adequado uma bela lua de mel. Na volta, podemos programar a visita à Royal School e, se estiverem dispostas, podemos ensinar um pouco do idioma tupi que todos nós falamos correntemente.

Após a volta da lua de mel, os quatro trabalhadores voltaram às suas respectivas responsabilidades enquanto as mulheres tomaram várias decisões, todas sugeridas pelas mais velhas. Foi iniciado o curso de tupi e, Yjara e Mayara, especialistas em corrida e arco e flecha, animaram as noras a experimentarem um pouco a vida dos indígenas brasileiros. A corrida foi penosa para elas no começo, mas aos poucos foram se acostumando com o esforço físico. O difícil foi o treino de arco e flecha, pois os tiros não chegavam nem perto dos alvos.

Trudy, a mais entusiasmada, entrou logo em contato com as amigas do castelo de Windsor e convidou-as a participar dessas novidades. Nos fins de semana, os maridos auxiliavam no ensino, pois eram especialistas nas duas modalidades. A ideia de Trudy atraiu as amigas do castelo, que geralmente nada tinham a fazer. Elas chegaram às dezenas, tornando-se um novo sucesso da família Vivone. Depois de vencido o medo das raposas, o ambiente ficou animadíssimo.

Em 1570, as quatro moças se formaram na Royal School. Saíram maravilhadas com o que aprenderam, principalmente com relação às línguas estrangeiras e aos princípios morais, tema principal do curso. É realmente muito fácil aceitar tais princípios, mas lamentavelmente não é o que se vê entre a maioria dos governantes.

O combinado entre elas foi esperar o fim do curso para pensarem em crianças. Só agora iriam se dedicar um pouco mais ao assunto. Enquanto isso, os quatro maridos, como era costume dos Vivone, foram acumulando uma quantidade de dinheiro que aumentou ainda mais a fortuna da família. A experiência de vida deu-lhes uma vantagem extraordinária quando comparados com ingleses de profissões idênticas.

Em agosto de 1573, durante o almoço com a presença de todos, chegou um envelope com uma carta escrita por um italiano de nome Cornélio Lazzarini, proveniente de Roma. Todos se entreolharam curiosos sem a menor ideia do que poderia ser. Como eram fluentes em italiano graças ao curso da Royal School, não tiveram dificuldade em entender o que estava escrito. A carta dizia o seguinte:

> *Aos herdeiros da família Vivone,*
>
> *Tenho o prazer de me dirigir à ilustre família Vivone para comunicar que estou conduzindo uma investigação junto ao Vaticano, complementando a que vem sendo feita sem resultado desde o ano de 1250. Trata-se de um mistério que até hoje desperta grande curiosidade em Roma, e se relaciona com a existência na Santa Sé dos originais de um livro considerado*

herético pela Igreja Católica Apostólica Romana, intitulado MORALIDADE E ÉTICA, de autoria de um antepassado de sua família, de nome Francesco Vivone.

Pelas informações que consegui amealhar até o momento, um dos quatro originais havia sido presenteado pelo autor ao rei Frederico II, Imperador do Sacro Império Romano-Germânico no ano de 1231. Através de outras fontes por mim consultadas, soube que o Sr. Francesco Vivone, na época havia se esquecido de presentear o papa Gregório IX com um dos seus exemplares. Consta que, em represália, o papa mandou enclausurar o autor nas masmorras do Vaticano, onde permaneceu por um ano produzindo mais um livro idêntico, destinado exclusivamente à Sua Santidade.

Lamentavelmente, o papa Gregório IX faleceu em 1241 logo após recebê-lo e, por consequência, não teve a oportunidade de examinar o seu conteúdo. Eu soube que os cardeais do atual papa descobriram um exemplar num estojo situado na cripta junto aos restos mortais de Gregório IX.

Conforme pude concluir, devem existir ainda três exemplares originais do livro herético cujo paradeiro ainda continua desconhecido, mas que eu me proponho a descobrir. Essa, portanto, é a razão da presente missiva.

Assim, desejo indagar à família Vivone se haveria alguma razão específica para que esses três exemplares continuem em local desconhecido. Caso a minha pergunta não seja considerada impertinente, ficaria imensamente grato se a digna família Vivone me revelasse o destino dado aos restantes exemplares. Pensei até na hipótese de que os exemplares poderiam ter sido destruídos, pois livros considerados heréticos eram queimados em praça pública e os seus autores torturados, enforcados ou decapitados.

Muito agradecido,

Cornélio Lazzarini

— Pelo que pude deduzir dessa carta, o nosso antepassado Francesco Vivone finalmente conquistou o valor que sempre mereceu por ter escrito esse genial livro — disse Piatã. — Entretanto, o que não entendi foi o interesse que este senhor tem pelo livro e principalmente pelos originais. Além disso, gostaria de saber como ele conseguiu nos localizar depois de passados quase 350 anos da data em que o livro foi escrito.

"Vamos pensar em algumas hipóteses:

1. O valor dos originais deve ser altíssimo para alguém proceder a uma investigação sobre o seu paradeiro;
2. É possível que alguma autoridade eclesiástica de Roma tenha contratado o tal Cornélio para nos localizar e nos processar pelo livro ser considerado obra de um herege;
3. Parece que ele não tem conhecimento de que o livro já foi traduzido do italiano para o inglês e que foi adotado pela Royal School há muito tempo.

"Enfim, acho que devemos elaborar uma resposta bem curta e aguardar uma explicação mais coerente sobre o seu interesse pelo livro. Como o Teodoro é o mais qualificado para escrever em italiano, sugiro que ele elabore essa resposta, que tal?"

— Com muito prazer, farei isso agora mesmo.

Prezado Senhor Lazzarini

Deduzimos que o senhor está interessado em ler o livro. Para isso, não é necessário procurar o original e muito menos os exemplares desaparecidos. Teremos imenso prazer em fornecer um exemplar impresso na língua italiana ou na língua inglesa. Assim, caso essa nossa oferta seja do seu agrado, basta que o senhor nos escreva novamente e atenderemos o seu pedido com muita satisfação."

Atenciosamente,

Teodoro Vivone

— Parabéns, senhor escritor — aplaudiu Elizabeth. — Eu não sabia que tinha um marido tão hábil e esperto. Aliás, acho que a nossa honestidade não impede que sejamos espertos. Tenho a certeza de que, com essa mensagem, ele terá que abrir o jogo e saberemos a sua verdadeira intenção.

42

A família Vivone sempre foi beneficiada pela sorte. Parece que a adoção dos conceitos elaborados por Francesco criou um escudo contra adversidades para todos eles, com raras exceções. Como não poderia deixar de ser, duas das esposas declararam a sua gravidez com nascimento previsto para junho e agosto de 1578. As premiadas foram Sílvia e Sherry, respectivamente esposas de Piatã e Cauã. Quanto a Trudy e Elizabeth, estavam ocupadas na Royal School, ensinando balé para algumas das alunas interessadas nessa nobre arte. Por isso, decidiram abster-se temporariamente de uma possível gravidez.

Antes de embarcar de volta para Portugal, Aloísio perguntou aos presentes se estariam dispostos a ouvir um relato sobre mais um episódio de grande importância ocorrido na Europa em 1571.

"Evidentemente", declararam todos de forma unânime.

— Bem, primeiro gostaria de falar um pouco do Império Otomano[1]. No século XI, várias tribos turcas nômades se fixaram numa região chamada Anatólia, na Turquia. Essas tribos ajudaram a difundir a religião muçulmana em terras que estavam sob o domínio de outro império, o Bizantino. No século passado e neste, XV e XVI, o Império Otomano tornou-se um dos mais fortes do mundo, englobando boa parte do Oriente Médio, do Leste Europeu e do Norte da África. Ao

[1] https://super.abril.com.br/mundo-estranho/o-que-foi-o-imperio-otomano.

dominarem essas regiões, os otomanos decidiram tolerar as tradições e as religiões dos povos o que, além do seu imenso poderio militar, pôde garantir a sua expansão. Portanto, o avanço do império constituía uma séria ameaça aos países ocidentais da Europa, colocando em perigo as suas rotas e o tráfico marítimo no Mediterrâneo, com a possibilidade de perderem o seu poder econômico para os muçulmanos[2].

"Essa situação vinha se tornando insustentável. Reunidas em Messina, na Sicília, em julho e agosto de 1571, com forças cristãs lideradas por Dom João da Áustria e a pedido do papa Pio V, a Espanha, os Estados Papais, a República de Veneza, Gênova, Saboia e Malta, sob a bandeira da chamada Santa Liga, formaram uma frota constituída de 206 galeões e 6 navios maiores, armados com artilharia. Rumando para leste, os navios defrontaram-se, em 7 de outubro de 1571, com a frota dos otomanos comandada por Ali Pasha no Golfo de Patras, na costa da Grécia[3].

"Ali Pasha, por sua vez, comandava 230 galeões e 56 navios menores, tendo partido de sua base situada em Lepanto, na Grécia, tentando interceptar a Santa Liga. Ele contava com cerca de 60 mil remadores cristãos, que haviam sido aprisionados e escravizados pelos otomanos. A batalha inicialmente favoreceu os muçulmanos, mas os navios sob o comando de João da Áustria conseguiram se posicionar lateralmente, o que lhes permitiu bombardear os navios com maior eficiência. Algumas tentativas fracassadas de abordagem foram feitas pela Santa Liga até o momento em que um dos cristãos aprisionados pelos otomanos decapitou o capitão Ali Pasha e exibiu a sua cabeça espetada num poste, o que minou totalmente o moral dos combatentes, por ficarem sem comando.

"No final da refrega, verificou-se que os otomanos perderam um maior número de navios e homens do que a Santa Liga. Além da morte de Ali Pasha, os otomanos perderam 25 mil homens, com 3 mil

2 http://www.donquijote.org/culture/spain/history/the-battle-of-lepanto

3 https://www.thoughtco.com/ottoman-habsburg-wars-battle-of-lepanto-2361159

capturados. Dos 210 galeões muçulmanos, foram capturados 130. A impressionante vitória cristã na Batalha de Lepanto conteve a expansão do Império Otomano no Mediterrâneo e bloqueou as suas conquistas para o oeste.

"Duas particularidades interessantes ocorreram nessa batalha. A primeira foi a ativa participação do escritor Miguel de Cervantes como soldado na Batalha de Lepanto, onde teve um ferimento na mão esquerda que fez com que perdesse os movimentos. Por essa razão, foi apelidado de "El Manco". A segunda particularidade foi mais de caráter religioso. Após dez horas de luta encarniçada, os muçulmanos comandados por Ali Pasha repentinamente bateram em retirada. A explicação dada mais tarde por alguns mouros aprisionados pelos católicos foi de que uma linda e brilhante senhora aparecera no céu, ameaçando-os e incutindo-lhes tanto medo que entraram em pânico e começaram a fugir[4]. Tratava-se da Rainha Santíssima do Rosário.

"Constou nos registros dessa história que, enquanto prosseguia a Batalha de Lepanto, o papa Pio V teria tido uma visão sobrenatural na qual tomou conhecimento de que a armada católica acabara de obter espetacular vitória. E imediatamente, exultando de alegria, voltou-se para seus acompanhantes exclamando: 'Vamos agradecer a Jesus Cristo a vitória que acaba de conceder à nossa esquadra.'

"A milagrosa visão foi confirmada somente na noite do dia 21 de outubro, duas semanas após o grande acontecimento, quando, por fim, o correio chegou a Roma com a notícia. Enquanto se travava a batalha contra os turcos em águas de Lepanto, a cristandade rogava o auxílio da Rainha do Santíssimo Rosário. Em Roma, o papa São Pio V pediu aos fiéis que redobrassem as suas preces. As Confrarias do Rosário promoviam procissões e orações nas igrejas, suplicando a vitória da armada católica[5].

"Devoto de Nossa Senhora do Rosário, o papa Pio V instituiu a Festa de Nossa Senhora do Rosário, a ser celebrada a cada dia 7

4 https://servosdarainha.wordpress.com/category/a-batalha-de-lepanto/.

5 https://servosdarainha.wordpress.com/category/a-batalha-de-lepanto/.

de outubro. A notícia da vitória dos cristãos se espalhou por toda a Europa, onde soaram os sinos de todas as igrejas. Por outro lado, o senado de Veneza mandou pintar um quadro representando a batalha naval com a seguinte inscrição: 'Non virtus, non arma, non duces, sed Maria Rosarii victores nos fecit.' Ou 'Nem as tropas, nem as armas, nem os comandantes, mas a Virgem Maria do Rosário é que nos deu a vitória.'"

— Ora, vejam só — aparteou Ybyajara. — Pelo que você nos contou, o papa em Roma teve uma visão da vitória da Santa Liga no dia em que ela venceu os otomanos em Lepanto e convocou a população para intensificar as rezas nas igrejas, suplicando a vitória da armada católica. Além disso, conforme constou no quadro pintado por ordem do senado de Veneza, os responsáveis pela vitória não teriam sido nem as tropas, as armas, nem os comandantes, mas a Virgem Maria do Rosário. Eu sinto muito, mas não consigo acreditar numa história dessas. Se eles perderam a batalha porque se apavoraram com a aparição da Virgem Maria do Rosário no céu, bastaria a Virgem dar um susto no Ali Pasha antes da luta e ele já se renderia de medo, evitando a estúpida e inútil matança de soldados de ambos os lados. Na verdade, ela só apareceu quando a coisa estava ficando preta. Quer dizer que os soldados da Armada Católica e o seu comandante Dom João da Áustria, que utilizou toda essa enorme frota, não tiveram nenhum mérito? A meu ver, o que vence uma guerra não são as orações ou uma santa que aparece de repente e sim um exército forte que aplica estratégias e táticas mais inteligentes, ou que sobrepuja o inimigo com um número maior de soldados ou equipamentos. Enfim, espero que o papa Pio V não ouça o que acabo de dizer, porque ele certamente me consideraria um herege e mandaria algum carrasco me torturar, enforcar ou decapitar.

— Ybyajara, eu tenho que concordar com você — respondeu Aloísio. — Por outro lado, penso que cada um deve acreditar naquilo que quiser. Aliás, temos que admitir que ter fé é importante para as pessoas, pois é um sentimento de identificação com algo, com alguém ou com um ente superior. Aquele que tem fé transmite a ideia de fidelidade e se compromete com aquilo em que acredita. Assim, as pessoas podem optar pela fé cristã, ou pela fé islâmica ou outra qualquer, desde que acreditem em seus mandamentos e sejam fiéis a eles. Quanto ao papa Pio V ele acreditou realmente ter tido a tal visão assim como os venezianos acharam que foi a Virgem Maria do Rosário a responsável pela vitória da Santa Liga. Para nós, esses episódios de fé não passam de mera ilusão.

Aloísio voltou para Portugal em 1578, logo após o nascimento dos filhos de Sherry e Sílvia, respectivamente um menino de nome Bruno e uma menina chamada Elza.

Dessa vez, porém, Aloísio resistiu aos convites para novas viagens ao Brasil, pois desejava aproveitar os seus últimos anos na terrinha onde pretendia escrever um livro com suas memórias. Seria algo inusitado, pois a sua vida teve episódios que precisavam ser registrados para a posteridade.

Yjara, Angélica e Mayara resolveram também levar uma vida mais serena e decidiram parar de trabalhar na Royal School. O seu vigor diminuíra bastante, pois com quase 80 anos seria difícil manter o ritmo de outrora. Piatã fazia de tudo para poupá-las de maiores esforços e dedicava um bom tempo para examiná-las detidamente. O seu diagnóstico indicava que Yjara estava em melhores condições de saúde do que a irmã e do que Angélica, as quais já acusavam fortes problemas de audição e de visão. Mayara também se queixava de tremores nas mãos e um enrijecimento das articulações, doenças ainda sem qualquer possibilidade de cura.

43

Gostaria de contar a vocês que fui convidado pelo meu chefe do departamento de cirurgia da Southampton University para proferir a aula inaugural do curso de medicina que será iniciado em setembro de 1578 — comunicou Piatã. — Pediram-me também para abordar o tema do desenvolvimento da medicina na antiguidade e no mundo moderno. Logicamente estou muito preocupado com o meu desempenho e não gostaria de falhar nessa que considero uma grande oportunidade na minha vida. O que vocês acham?

— Ora, meu amor, você é considerado o melhor cirurgião da Universidade de Southampton e deverá dar um espetáculo de erudição — disse Sílvia. — Eu sei o quanto você progrediu até agora e por isso tenho certeza de que a palestra será um sucesso. Além disso, todos estarão presentes, menos a sua mãe e a tia Angélica. O seu pai ficaria mais do que orgulhoso.

No dia marcado, e após as apresentações e o preâmbulo costumeiro, Piatã iniciou a sua palestra.

— Como filho de uma nativa brasileira e de um pai inglês, tive a sorte e a honra de ser nomeado professor do departamento de cirurgia desta Universidade, onde conheci alguns dos mais brilhantes professores da Inglaterra. Desde a minha infância, ainda no Brasil, o meu destino estava traçado para uma total dedicação ao ser humano visando aliviá-lo, quando possível, dos seus males ou das suas deficiências físicas.

"Foi o que fizeram os nossos antepassados desde a antiguidade, ao procurar a melhor forma de tratamento das doenças. Na sociedade da qual faço parte, a dos caetés, um dos povos brasileiros da qual se originou a minha mãe, os procedimentos para a cura dos doentes são executados por uma figura de grande importância denominada pajé[1]. Ele é o indígena mais experiente da aldeia, responsável por transmitir a sua cultura, história e tradições. É um curandeiro, pois conhece os rituais e o poder de cura de ervas e de plantas.

"Os indígenas acreditam que o pajé conhece os meios de entrar em contato com os espíritos e os deuses protetores. Eles também acreditam que ele é capaz de fazer chover e melhorar o resultado da caça e da pesca. Durante o seu trabalho, chamado pajelança, ele entra em contato com os antepassados mortos, para que passem para os vivos as suas experiências e as suas curas. São crenças passadas de geração em geração, assim como os costumes do povo passam dos pais para os filhos. Infelizmente, nem todos os costumes poderiam ser chamados de humanos, como é o caso dos antropófagos, que devoram os seus inimigos vencidos na guerra. Afortunadamente, eu soube que, em 1558, o governador-geral do Brasil, Mem de Sá, proibiu a antropofagia indígena.

"Apesar de nós médicos considerarmos as técnicas indígenas de pajelança como algo de difícil aceitação, temos que admitir que são costumes arraigados na cultura e devem ser considerados como tal. Mas nós também podemos aprender um pouco com os hábitos que tinham antes da chegada dos descobridores. A sua alimentação, por exemplo, era basicamente natural, pois viviam de mandioca, milho, carne de caça, peixes, raízes, frutas silvestres, palmito, castanhas, cocos e algumas folhas[2], sem qualquer adição de condimentos e gozavam de uma excelente saúde. Há quem diga que esse tipo de

1 http://www.suapesquisa.com/indios/paje.htm

2 http://basilio.fundaj.gov.br/pesquisaescolar./index.php?option=com_content&view=article&id=953%3Aindios-do-brasil-alimentacao-e-culinaria&catid=44%3Aletra-i&Itemid=1

nutrição seria em parte responsável pela sua força e energia, permitindo-lhes suportar longas corridas e caminhadas durante a caça. Entretanto, quando estive no Brasil, notei que alguns deles começaram a apresentar determinados sintomas quando consumiam açúcar da cana oriundo das plantações dos portugueses. Um dos efeitos desse consumo era o visível desgaste dos dentes que apresentavam buracos e mau cheiro. O outro problema ocorria principalmente com os homens. Eles passavam a urinar uma quantidade maior do que a normal, tinham mais fome, mais sede e começavam a emagrecer. Alguns perdiam a visão e chegavam a morrer. Conforme aprendemos em nosso curso de medicina, na antiguidade[3] já apareciam esses mesmos sintomas. O que chamou a atenção naquela época foi o gosto adocicado da urina o que, no caso dos nativos brasileiros poderia ser relacionado com esse maior consumo de açúcar de cana.

"Outro produto adicionado recentemente à dieta indígena foi o sal. Infelizmente, por falta de tempo da minha permanência, não me foi possível identificar problemas resultantes do seu consumo exagerado. Entretanto, examinei vários pacientes ingleses que adoram temperar seus alimentos com bastante sal e notei que a maioria apresentava inchaço nas pernas, o que não acontecia com aqueles que se resguardavam dessa prática. Transportando o exemplo para o Brasil, imagino que possivelmente encontraríamos pessoas com esses mesmos sintomas. Sem dúvida, é importante que nos dediquemos à pesquisa sobre essas duas substâncias, pois um estudo mais aprofundado poderá resultar em grandes benefícios para a saúde da humanidade.

"Como cirurgião, acho válido para vocês que hoje iniciam uma nova e maravilhosa fase de suas vidas, fazer um breve retrospecto das técnicas cirúrgicas utilizadas atualmente em contraposição aos procedimentos do passado. Na realidade não posso me orgulhar dos métodos que ainda são utilizados em nosso século. No entanto, tenho que confessar que também não tenho todas as soluções e respostas

3 https://drauziovarella.uol.com.br/drauzio/artigos/a-historia-do-diabetes-artigo/

ao meu alcance. Cada um de vocês deverá se dedicar a pesquisas que resolverão alguns dos problemas tão importantes para a saúde e procurarão a todo custo aperfeiçoar o que os nossos antecessores nos ensinaram.

"Por exemplo, uma das nossas principais preocupações é com a higiene nas salas de cirurgia e dos hospitais em geral. O ambiente minuciosamente limpo é de importância fundamental para o sucesso de uma operação, pois a negligência com respeito à limpeza pode ser um fator adicional de perigo além da própria doença que se deseja curar. Isso se refere também à guarda dos alimentos, dos instrumentos cirúrgicos e a erradicação de animais nocivos como ratos, insetos e outros bichos existentes nas proximidades.

"Pior do que a falta de higiene, chamo a atenção para o sistema adotado por muitos falsos médicos, tais como monges e mesmo reis que tomaram para si a incumbência de realizar cirurgias, achando que eram dotados de poderes especiais para tratar dos doentes. O sistema consistia no uso de um anestésico chamado dwale[4], composto de uma mistura de suco de alho, suco de cicuta, ópio, vinagre e vinho. Até hoje ainda é usado por pessoas absolutamente não qualificadas. O suco de cicuta sozinho pode ser fatal, pois é tão forte como anestésico que o paciente simplesmente para de respirar[5]. É necessário que achemos urgentemente outro produto que não coloque em risco desnecessário a vida do paciente e que possa ao mesmo tempo aliviar as suas dores durante o procedimento cirúrgico.

"Outro assunto que demandará uma profunda reflexão por parte de vocês, agora e após se tornarem profissionais, é a crença muito difundida entre os cristãos de que as orações têm um poderoso poder de cura. Ao mesmo tempo em que as rezas e as crenças religiosas devem ser respeitadas, é importante frisar que muitas doenças menos graves podem desaparecer sem necessitarem de qualquer tipo de medicação ou intervenção cirúrgica, bastando para isso manter o

4 http://www.oversodoinverso.com.br/como-era-a-medicina-na-idade-media/.

5 http://hypescience.com/dez-tratamentos-agonizantes-da-idade-media/

paciente em repouso, com boa alimentação e deixar que sua resistência física promova a recuperação. Além disso, deve-se meditar sobre o que ocorre quando o paciente não melhora ou morre apesar das preces e orações.

"Vocês, profissionais da medicina, deverão também analisar o conceito emitido pela religião católica de que a doença é uma forma de castigo de Deus. Um bom exemplo é o das vítimas da peste bubônica, que deveriam fazer uma penitência e confessar os seus pecados a um padre. Caso admitissem a culpa, poderiam ser perdoados e a sua vida talvez fosse poupada. Se vocês tiverem a curiosidade de estudar a epidemia de peste bubônica, ou peste negra, que, em 1347, matou quase um terço da população europeia, inclusive cinco dos meus antepassados, verão que não houve falta de orações ou pedidos a Deus para salvar os infectados pela fé. Quem contraía a peste não estava sendo castigado por Deus. Havia sido infectado pelos transmissores da moléstia os quais, por mais incrível que possa parecer, eram as pulgas de uma espécie de rato, o chamado rato-preto. Depois de alastrada, a peste também é transmitida pelo contato entre os doentes. Uma das únicas formas de controlá-la é o isolamento das suas vítimas por um prazo maior do que a duração média da doença.

"Para finalizar, gostaria de compartilhar com vocês alguns dos conceitos que pude aprender, não só durante a minha vida, bem como nesta maravilhosa universidade. Em primeiro lugar, analisem sempre os fatos objetivamente, procurando ouvir e respeitar os pensamentos, costumes e as ideias dos outros, sem se deixar levar por abstrações sem lógica ou provas. Em segundo lugar, a sua dedicação deve ter como prioridade o paciente, ao qual devem mostrar as suas noções de ética, provar a sua competência, mantendo-o a par, com toda a franqueza, das possibilidades positivas e negativas do seu estado. Em terceiro lugar, procurem sempre planejar suas ações com vistas a alternativas melhores e técnicas cada vez mais aperfeiçoadas. Por último, considero como fator mais importante da profissão o sentimento de amor pelo paciente, comparável com o amor que sentem pela sua profissão, pela sua família e pelos seus semelhantes.

"Felicidades a todos e um ótimo curso de medicina."

Piatã foi aplaudido de pé por toda a plateia, pela sua família e, em especial, pelos alunos que iniciariam o curso em 1578.

44

Os anos seguintes foram plenos de alegrias e tristezas. Entre as alegrias estava o contínuo sucesso dos maridos e a gravidez de Trudy e Elizabeth, apesar do acordo de evitar a gravidez devido às aulas de balé. Em 1580, Trudy foi premiada com um menino com o nome de Charlie e, em 1581, Elizabeth também, com um menino de nome Alex. A notícia triste foi o falecimento de Angélica, Mayara e Yjara em 1580, todas por razões ligadas à idade avançada. Mesmo Yjara, a mais saudável das três, não conseguiu resistir à passagem do tempo. O enterro foi realizado na Baltimore Estate com a presença de uma infinidade de amigos conquistados durante as suas vidas. Lamentavelmente faleceu também o tio Aloísio, pelos mesmos motivos. Aloísio ainda teve tempo de nomear um representante da família que cuidaria da residência em Lisboa até a chegada dos seus proprietários.

Notícias tristes também chegaram à Baltimore Estate sobre um evento que afetou profundamente os portugueses. O drama ocorreu em 1578, no Marrocos, na cidade de Alcácer Quibir[1]. Numa batalha que ficou conhecida como a Batalha dos Três Reis, porque nela morreram três soberanos, os exércitos portugueses liderados pelo rei D. Sebastião foram derrotados pelos mouros do Marrocos.

[1] http://www.fcsh.unl.pt/cham/eve/content.php?printconceito=1219.

Para tentar se livrar da pressão dos mouros sobre as suas fortalezas, Portugal constituiu uma força militar composta de 17 mil homens, entre os quais havia 5 mil mercenários estrangeiros. A armada partiu de Lisboa em junho de 1578 e, depois de fazer uma escala em Cádiz, na Espanha, aportou em Tangiers e seguiu para Arzila, a noroeste de Marrocos, e depois para a cidade de Larache, um pouco mais ao sul.

Em vez de usarem a via marítima, o que permitiria maior descanso às tropas, eles foram obrigados a fazer esse percurso a pé, o que reduziu a resistência física e aumentou a necessidade de usarem maior quantidade de víveres e água. Após chegarem a Larache, a força se afastou em direção a Alcácer Quibir, situada no interior a sudeste do mar. Com essa manobra, os portugueses perderam sua maior vantagem, pois estavam acostumados a vencer suas batalhas na zona costeira, onde faziam valer o poder de fogo dos seus navios de guerra.

As tropas passaram a enfrentar um calor abrasador da região semidesértica e se defrontaram com um exército de 60 mil homens, muito superior em número e que combatia no seu próprio território. O rei D. Sebastião se recusara terminantemente a seguir os conselhos dos seus oficiais mais experientes. A estratégia adotada pelos muçulmanos deu resultado, pois em vez de avançar sobre os portugueses, decidiram esperar pelo seu ataque. No início da batalha, os líderes muçulmanos utilizaram duas táticas, sendo a primeira disparar os seus arcabuzes contra os portugueses, para em seguida enviar uma carga de cavalaria ligeira que forçava as linhas portuguesas a recuar. O exército português estava extenuado e retrocedeu desordenadamente. Após esboçar uma rápida reação, foram subjugados pelos mouros, metade de suas tropas acabou morrendo e a outra foi aprisionada. Acredita-se que o rei D. Sebastião tenha morrido, pois acabou desaparecendo. A batalha de Alcácer Quibir custou caro aos cofres de Portugal, endividado e com as finanças arrasadas.

A ausência de D. Sebastião provocou uma crise dinástica em Portugal. Para sucedê-lo, assumiu o trono o cardeal D. Henrique, seu tio-avô, que veio a falecer dois anos depois. A crise que se desenvolveu em seguida ameaçou a independência de Portugal, pois um dos candidatos à sucessão do trono português era Felipe II (1527–1598) da Espanha, que acabou assumindo o trono em 1580 após uma demorada disputa. Passou a ter o nome de Felipe II de Espanha e Felipe I de Portugal[2].

Felipe era filho de Carlos V, imperador da Alemanha, e da imperatriz D. Isabel, filha do rei D. Manuel de Portugal. Felipe desejava de todas as formas consolidar o seu reinado. Valeu-se para isso dos trabalhos de um renegado de nome Cristóvão de Moura, nomeando-o seu agente. Este, cujo apelido era "demônio do meio-dia", conseguiu corromper com ouro castelhano os cinco governadores aos quais estava entregue o governo do país. Como o povo ainda hesitava em reconhecê-lo como rei de Portugal, Felipe decidiu conquistar o reino à força, uma tarefa aparentemente fácil, considerando que os governadores eram "criaturas" de Cristóvão de Moura.

Um dos seus opositores era D. Antônio, o prior do Crato, que dispunha de poucas tropas. Felipe, então, reuniu um poderoso exército sob o comando do duque de Alba, confiando a marinha ao marquês de Santa Cruz e alojou-se próximo da fronteira de Badajoz. O duque de Alba marchou sobre Lisboa, derrotou o prior do Crato na batalha de Alcântara, a quatro de agosto de 1580, perseguiu-o até a província do Minho e preparou o reino para receber a visita do seu novo soberano[3].

Em 1581, Felipe ainda teve que derrotar uma resistência remanescente na Ilha Terceira, onde o prior do Crato havia sido jurado rei de Portugal, com apoio da França. Esta foi igualmente destroçada em julho de 1582. A ilha foi inicialmente chamada Terceiras, como era designado o arquipélago dos Açores. A designação Terceiras aplicava-se a todo o arquipélago do Açores visto terem sido as terceiras ilhas descobertas no Atlântico (o arquipélago das Canárias era designado de Ilhas Primeiras e o arquipélago da Madeira de Ilhas

2 http://www.arqnet.pt/dicionario/filipe1.html

3 http://www.arqnet.pt/dicionario/filipe1.html

Segundas, de acordo com a ordem cronológica da descoberta). Com o avançar dos anos, essa ilha passou a ser conhecida apenas por Ilha Terceira[4].

É importante considerar o imenso poderio conquistado por Felipe II. O seu verdadeiro império abrangia, na Europa, toda a Península Ibérica, Nápoles, Sicília, Milão, Sardenha e Bélgica; na Ásia, as feitorias portuguesas da Índia, da Pérsia, da China, da Indochina, e da Arábia; na África, Angola, Moçambique, Madeira, Cabo Verde, São Tomé e Príncipe, Canárias, toda a América menos algumas das Antilhas, parte dos atuais Estados Unidos e do Canadá e uma porção de terrenos na Guiana; na Oceania tudo o que então havia sido conhecido e pertencente aos europeus. Como diziam na época, ele estendeu seus domínios sobre uma área direta "onde o sol jamais se punha" superando, portanto, Ghengis Khan, até então o homem mais poderoso de todos os tempos. Basta verificar os títulos que Felipe amealhou durante a sua vida real:

> *Pela Graça de Deus, Rei de Castela, de Leão, de Aragão, das Duas Sicílias, de Jerusalém, de Portugal, de Navarra, de Granada, de Toledo, de Valência, da Galiza, de Maiorca, de Sevilha, da Sardenha, de Córdova, da Córsega, de Múrcia, de Jáen, dos Algarves, de Algeciras, de Gibraltar, das Ilhas Canárias, das Índias Orientais e Ocidentais, Ilhas e Terra Firme do Mar-Oceano, Conde de Barcelona, de Habsburgo, da Flandres e do Tirol, Senhor da Biscaia e de Molina, Duque de Atenas e de Neopátria, Conde de Rossilhão e da Cerdanha, Marquês de Oristano e de Gociano, Arquiduque de Áustria, Duque da Borgonha, de Brabante e de Milão*[5].

Com o nascimento de Charlie e Alex, as quatro esposas passaram a administrar a Baltimore Estate, mas estavam preocupadas

[4] https://viagens.sapo.pt/viajar/viajar-portugal/artigos/terceira_uma_ilha_de_cores_gentes_e_tradicoes

[5] https://groups.google.com/forum/#!topic/tradicional/Vrlq3OuxGGI

com a propriedade da família Vivone em Portugal. Decidiram que seria necessário dar mais atenção a ela, pois havia perigo crescente de invasões, tendo em vista a precária situação financeira do país. Entretanto, no ano de 1583, Portugal estava sob o total domínio da Espanha de Felipe II, e alguns fatores desaconselhavam uma viagem a Lisboa. Em primeiro lugar, as quatro esposas eram inglesas e havia um estremecimento das relações entre os dois países, pois a Espanha se ressentia da pirataria da Inglaterra contra as suas possessões e seus navios. Em segundo lugar, Felipe, por motivos religiosos, não conseguira se casar com Isabel, herdeira do trono da Inglaterra, que era protestante, já que ele era essencialmente católico e desejava que o mundo fosse convertido ao catolicismo[6]. Em terceiro lugar, Isabel decidiu auxiliar a Holanda, para onde Felipe havia enviado o duque de Parma para sufocar os rebeldes, tentando erradicar o protestantismo do país, o que foi mais uma razão para o seu ódio. Considerando todos esses motivos, no início de 1584, Felipe decidiu que era chegada a hora de invadir a Inglaterra.

Não seria, portanto, uma boa hora de viajar para Portugal pela total instabilidade da situação política e religiosa entre os dois países.

No ano seguinte, 1585, os Vivone decidiram se reunir para avaliar as perspectivas futuras da família, composta no momento de Piatã, Ybyajara, Cauã e Teodoro, todos eles com 54 anos. Sílvia com 41, Trudy e Sherry com 43, Elizabeth com 42. Elza e Bruno com 7, Charlie com 5 e Alex com 4. A Royal School continuava tendo extraordinário sucesso e influenciando outras escolas por todo país, enquanto os quatro maridos eram considerados profissionais do mais alto nível. Portanto, com exceção dos problemas políticos que poderiam surgir, não se viam maiores problemas no horizonte.

As crianças seguiam os ensinamentos de Piatã que lhes mostrou como tratar as raposas que, afinal, ainda eram animais selvagens. O contato com os animais foi uma bênção e influenciou positivamente o crescimento dos jovens. Aos sábados e domingos, a família

6 http://centros.edu.xunta.es/cpiocruce/etm/ainvencible/aies/texto.pdf

se dedicava aos animais de estimação e as crianças passaram a se embrenhar cada vez mais fundo na floresta, sempre acompanhadas pelos pais. Num dos domingos, Elza achou um buraco coberto de gravetos e folhas ao lado de uma árvore e perguntou a Piatã do que se tratava.

— Elza, me parece que é um buraco onde moram os coelhinhos que são muito assustados. É muito difícil fazer amizade com coelhos porque eles têm medo da gente. Além disso, se a gente levar um coelho para casa, as raposas podem comê-lo, então é muito complicado deixá-los juntos. Em todo caso, vamos esperar um pouco para ver se aparece um filhote que deve ser mais manso. Segure esta cenoura que eu trouxe para o caso de aparecer algum coelho. Então, para ele não se assustar, fique deitada perto da toca e bem quieta com a cenoura na mão. Foi assim que eu consegui ficar amigo de uma arara azul no Brasil.

— Pai, depois você me ensina a falar com o coelho? — pediu Elza.

Ela tinha 7 anos e já conseguia brincar com as raposas. Os outros ficaram mais longe para não estragar a brincadeira.

Depois de meia hora de espera, apareceu um filhote marrom, lindo, cheirando a vegetação na saída da toca. Elza permaneceu imóvel enquanto Piatã observava a uns trinta metros de distância. Os outros estavam mais longe ainda. Aparentemente o coelho deve ter pensado que Elza era uma pedra ou um pedaço de madeira no chão, e começou a farejar a cenoura enquanto Elza permanecia feliz e totalmente imóvel. O coelho olhou para Elza que piscou para ele o que foi um erro. O coelho voltou correndo para dentro da toca.

— Bem — disse Piatã — agora vamos até em casa pegar mais cenouras, mas vocês quatro vão ter que picá-las em pedacinhos pequenos e assim vão poder esperar os coelhos.

Entusiasmados com a oportunidade, correram para casa e, em pouco tempo estavam todos deitados ao lado da toca, imóveis. Não demorou nem cinco minutos, apareceram dois coelhos que começaram sem qualquer cerimônia a beliscar os pedaços de cenoura nas mãos das crianças. Foi a maior aventura deles, e até Alex, com 4 anos, ficou perplexo. Depois do grande evento, voltaram no colo dos pais falando dos coelhos sem parar.

— Agora vocês quatro são amigos e domadores de coelhos. Estão de parabéns porque souberam ficar imóveis e não assustaram os bichinhos. Amanhã, se quiserem, as suas mães poderão acompanhá-los à floresta novamente.

Passados mais vinte dias de visitas diárias ao ninho dos coelhos, cada uma das quatro crianças conseguiu domesticar um deles. Os bichinhos aparentemente esperavam por eles diariamente e devoravam as cenouras sobre as suas mãos, sem qualquer medo, tensão ou susto. Em pouco tempo, as crianças conseguiram acariciar os coelhos e levá-los a passear pela floresta. Tudo isso, porém, longe de casa, pois receavam a investida das raposas ao verem essa apetitosa refeição.

Imaginem o que significou esse episódio para as crianças da família Vivone. É evidente que o amor pela natureza permanecerá para sempre na mente e que certamente transmitirão essa experiência aos amigos. Não é um bom início para que esse amor contribua para a formação de pessoas virtuosas?

45

Mais uma geração dos Vivone estava desabrochando. Em todos esses anos, a família dedicou-se quase exclusivamente à educação dos filhos. Depois de formados nas escolas elementares e na Royal School, os pais acharam importante proporcionar a todos uma mudança de ambiente. Era o ano de 1598, e a idade dos jovens já beirava os 20 anos, a dos pais 67 e das mães se aproximando dos 54. Piatã, Teodoro, Cauã e Ybyajara estavam firmemente resolvidos a se aposentar depois de uma vida de trabalho e dedicação.

Para cumprir esse objetivo, as mulheres sugeriram que todos fossem para Lisboa. A ideia foi recebida com entusiasmo, pois finalmente a família estaria reunida numa viagem de grande utilidade, especialmente para as esposas, pois poderiam aperfeiçoar o seu português, algo fundamental para a vida na cidade. No curso que fizeram na Royal School aprenderam italiano, francês, um pouco do tupi e melhoraram obviamente a sua língua natal, o inglês. Para os filhos, o português foi também considerado muito importante.

Quando chegaram a Lisboa, no final de 1598, tomaram conhecimento do que ocorrera no país desde 1585, ou seja, desde a última vez em que planejaram a viagem a Portugal.

— Imaginem só o que encontramos aqui no nosso querido Portugal — falou Teodoro. — Bastou mudar o rei em 1580 e, como num passe de mágica, todas as terras de Portugal passaram para a Espanha. Os portugueses não estavam lá muito satisfeitos com essa situação, mas a força de Felipe foi extraordinária. Por outro lado, a Europa como um todo, assustou-se com esse poderio, receosa de que Felipe pudesse realmente realizar o sonho de dominar o mundo.

"Em 1588, finalmente, Felipe decidiu invadir a Inglaterra. Para cumprir esse objetivo, criou o que ele chamou de Invencível Armada[1], uma enorme frota de navios de guerra. O rei desejava, de todas as formas, restaurar o catolicismo na Inglaterra protestante, evitar que os ingleses apoiassem a rebelião nos Países Baixos, que eram domínio da Espanha e, finalmente, impedir que o capitão inglês Francis Drake continuasse a saquear os navios espanhóis que transportavam tesouros da América para a Espanha. O efetivo de Felipe era de quase 30 mil homens, mas seria necessário primeiro derrotar a marinha de guerra da Inglaterra.

"A Armada saiu da Espanha em maio, com 130 navios e 27 mil homens, e chegou ao Canal da Mancha no final de julho, onde conseguiu travar algumas batalhas. Entretanto, os ingleses, apesar de possuírem menos navios, tinham um poder de fogo muito maior. Comandados por Francis Drake, os seus canhões alcançavam distâncias muito superiores, o que impedia a aproximação dos espanhóis.

"Enfim, em junho de 1588, bombardeada pelos inimigos e sofrendo os efeitos de violentas tempestades, a frota espanhola fugiu para o norte, contornando a Escócia na tentativa de voltar à Espanha. Somente sessenta navios retornaram. Essa fragorosa derrota da Invencível Armada salvou a Inglaterra da invasão pretendida por Felipe II. Na verdade, essa foi a primeira grande batalha marítima da história do mundo decidida por canhões. O reflexo dessa derrota reduziu o poder da Espanha na Europa e mudou a estratégia das batalhas marítimas."

— E quais foram as consequências da derrota de Felipe pelos ingleses? — perguntou Elizabeth.

1 *Invencível Armada*. In Britannica Escola Online. *Enciclopédia Escolar Britannica*, 2015. Web, 2015. Disponível em: <http://escola.britannica.com.br/article/480660/Invencivel-Armada>

— Felipe tomou algumas providências que foram muito prejudiciais para Portugal. Em 1589, ele fechou os portos portugueses aos ingleses e, em 1591, fez o mesmo com os holandeses. Como os ingleses e holandeses não podiam buscar as mercadorias que os portugueses importavam do Oriente, os holandeses decidiram adquirir as mercadorias diretamente do leste, onde a decadência das colônias portuguesas era sensível. Por outro lado, os ingleses passaram a saltear as possessões portuguesas mais próximas, como os Açores e Cabo Verde.

"Mas a tenacidade de Felipe era extraordinária. Apesar da destruição da Invencível Armada, ele não desistiu do seu objetivo e, em 1596, enviou uma frota à Irlanda, onde perdeu mais quarenta navios devido a tempestades.

"Felipe II, um rei ambicioso e desumano e que a todos esmagava com o seu feroz despotismo, faleceu em 1598, depois de uma doença que lhe causou um demorado e doloroso sofrimento[2]. Em setembro do mesmo ano, assumiu o reino o seu filho como Felipe III de Espanha e Felipe II de Portugal[3]."

2 http://www.arqnet.pt/dicionario/filipe1.html

3 Felipe III de Espanha (1578–1622). http://www.arqnet.pt/portal/portugal/temashistoria/filipe2.html

CONCLUSÃO DO PRIMEIRO VOLUME

Avaliar figuras tão proeminentes como os reis que conduziram os destinos dos seus países, emitir parecer sobre o comportamento dos pontífices e sacerdotes das diversas igrejas, avaliar os chefes de Estado, os políticos e os nobres que atuaram nos vários governos nesse período de quatrocentos anos é, sem dúvida, uma tarefa difícil. A minha pretensão principal nesta conclusão e no livro como um todo é determinar quais desses líderes poderiam ser qualificados como **Virtuosos**. Entretanto, foi mais fácil listar os **Não Virtuosos**, pois esses existiram em grande quantidade. Por essa razão, o exame identificou os dois.

Uma característica marcante entre os reis e os papas no século XII e seguintes foi o seu ódio aos hereges, vítimas da Inquisição. Referimo-nos não somente a Frederico II e ao papa Gregório IX (Capítulo 1), mas praticamente a todos os pontífices e monarcas da época. Bastaria que alguém não esposasse as ideias da Igreja Católica ou discordasse das regras impostas pelos reis, para ser sacrificado da forma mais cruel possível.

Quinze Cruzadas foram enviadas entre 1096 até 1410 pela Igreja Católica à Palestina, com a intenção de restituir o acesso dos peregrinos cristãos à Cidade Santa (Capítulo 2). No entanto, além desse propósito, cometeram grande número de excessos, tendo sido o mais violento o massacre de Constantinopla pela quarta cruzada, em 1204[1].

No período analisado neste primeiro volume, fica evidente que todos os pontífices da Igreja Católica que apoiaram castigo aos hereges ou enviaram tropas à Palestina devem ser qualificados como **Não Virtuosos**. O mesmo pode ser dito a respeito dos monarcas que apoiavam esses castigos.

No entanto, conforme o exposto no Capítulo 2, entre os sacerdotes católicos desta e de outras épocas destacam-se como virtuosos aqueles que se opõem aos castigos de hereges e aos massacres perpetrados pelos cruzados, e os que admitem que as pessoas professem outras religiões que não a católica. Incluem-se ainda nessa categoria os prelados que seguem rigorosamente a sua vocação de bondade e apoio aos necessitados e cumprem fielmente os dogmas prescritos pela igreja.

Adiante faremos a classificação dos personagens cujos atos foram discutidos neste primeiro volume.

1. **Felipe VI da França**. Um episódio que envolveu a disputa de dois reis, Felipe VI e Eduardo III foi a Guerra dos Cem Anos, um episódio infeliz que custou a vida de milhares de ingleses e franceses. Como é possível dois reis serem considerados virtuosos se a guerra se iniciou em virtude da briga pelo trono da França? A sua ambição os colocou na categoria de **Não Virtuosos**. Não teria sentido também um dos países alegar que agiu em legítima defesa por ter sido atacado (Capítulo 9).
2. **Eduardo III da Inglaterra**. Conforme exposto no Capítulo 9, em 1337, após uma campanha bem-sucedida na Escócia, Eduardo III se declarou herdeiro legítimo do trono francês, desrespeitando a chamada Lei Sálica, o que provocou o referido conflito (Guerra dos Cem Anos). Essa guerra entre os

1 http://users.uoa.gr/~nektar/history/2romanity/reflections_on_the_sack_of_constantinople_%281204 %29.htm.

dois monarcas determinou a sua classificação como **Não Virtuoso**.

3. **Armagnacs da França**. Em 1380, um dos grupos da nobreza francesa visava tomar o poder. Como consequência, deflagrou-se uma guerra civil provocando a morte de inúmeros franceses. Foram classificados como **Não Virtuosos** (Capítulo 15).
4. **Borguinhões da França**. Foi o grupo que também se propunha a tomar o poder na França e, como os Armagnacs, foram incluídos na categoria de **Não Virtuosos** (Capítulo 15).
5. **Papa Bonifácio IX da Itália**. Uma absurda e infantil disputa, de natureza um pouco diferente, ocorrida entre dois papas, Bonifácio IX, papa de Roma e Clemente VII do Pontificado de Avignon na França, fez com que fossem incluídos na divisão dos **Não Virtuosos**. Nessa crise religiosa, consequência do Cisma da Igreja Católica, cada um dos papas promoveu a excomunhão do outro. O problema permaneceu de 1378 a 1417, ou seja, 39 anos (Capítulo 15).
6. **Antipapa Clemente VII de Avignon, França**. Descrito no item 5, também classificado como **Não Virtuoso**.
7. **Carlos VII da França**. Um drama abalou a França no reinado de Carlos VII, por volta de 1430. Trata-se da vida de Joana d'Arc, uma jovem francesa que se dispôs a salvar a França dos ingleses. A ingratidão e o abandono de Carlos VII, demonstrados quase no fim de sua vida, são provas da injustiça sofrida por Joana d'Arc. Essa falta mostrou que Carlos foi um indivíduo **Não Virtuoso** (Capítulo 18).
8. **Joana d'Arc da França**. No Capítulo 18, são mostrados mais detalhes sobre a vida de Joana d'Arc que, após lutar heroicamente pela França, foi queimada na fogueira pelos ingleses sob a alegação de bruxaria e heresia. A sua história de sacrifício feito pela França e abandonada por Carlos

VII foi algo inexplicável. A sua classificação foi de uma personalidade **Virtuosa**.

9. **Genghis Khan da Mongólia**. Apesar de ser um personagem que nasceu antes do ano de 1200, Gengis Khan foi incluído no texto pela sua grande importância como uma das figuras mais poderosas da qual se tem conhecimento. Genghis Khan viveu no século XII e XIII na Mongólia. Além da sua brilhante inteligência, era também um gênio militar. No entanto, não passava de um bárbaro que permitia às suas tropas massacrar todos os seus inimigos e destruir tudo por onde passavam, sendo considerado um diabo vindo do inferno e filho de uma raposa cinzenta. Portanto, ele engrossa a lista dos **Não Virtuosos** (Capítulo 19).
10. **Kublai Khan da Mongólia**. Kublai era neto de Genghis Khan. Foi imperador da dinastia Yuan da China, onde viveu no século XIII. Apesar de sua ânsia por aprender os costumes do ocidente, era igualmente implacável com os seus inimigos e acabou incluído na categoria dos **Não Virtuosos** (Capítulo 19).
11. **Marco Polo da Itália**. Outra personalidade importante que viveu no século XIII foi Marco Polo. Aventureiro e dotado de brilhante inteligência, caiu nas graças do imperador Kublai Khan e, por sua ordem, conseguiu realizar diversos serviços internacionais para ele. Pelas informações históricas sobre Marco Polo, não se verificaram atos que pudessem desqualificá-lo em termos de princípios morais. Portanto, salvo melhor juízo, ele pode constar da lista dos **Virtuosos** (Capítulo 19).
12. **Johannes Gutenberg da Alemanha**. Um dos homens que tiveram uma influência fabulosa no mundo da técnica foi certamente o alemão Johannes Gutenberg, com a sua invenção da imprensa, por volta do ano de 1450, inaugurando

assim uma nova era no campo da cultura. Pelo que se conhece do seu trabalho e de sua honestidade, ele pode ser incluído no rol dos <u>**Virtuosos**</u> (Capítulo 23).

13. **Infante D. Henrique, o Navegador de Portugal**. Mais uma grande figura pode ser incluída como um homem <u>**Virtuoso**</u>, de acordo com as informações que se tem sobre a sua vida. Ele foi responsável pelo desenvolvimento extraordinário da ciência por volta de 1450 e anos seguintes, especialmente devido aos seus descobrimentos na costa africana, à aplicação de novos instrumentos de navegação e à sua grande sabedoria em matemática e cosmografia. Foi ele quem deu início ao grande ciclo de navegação dos portugueses (Capítulo 24).
14. **Cristóvão Colombo da Itália**. É impossível não mencionar o nome de Cristóvão Colombo, o descobridor da América, no fim do século XV. Apesar do seu valor, sua coragem e seu amor pelas descobertas, Colombo foi intimado pelos tripulantes a voltar para a Espanha, receosos de que a viagem tivesse sido em vão. No entanto, através de um artifício, conseguiu convencê-los a continuarem na viagem, mentindo sobre a distância percorrida. Tal artimanha, infelizmente, colocou-o na categoria dos <u>**Não Virtuosos**</u>. A prova de que o conceito emitido está correto veio mais tarde, pois Colombo impôs terríveis sofrimentos aos nativos, escravizando-os e obrigando-os a trabalhos forçados em minas de ouro e prata (Capítulo 28).
15. **Pedro Álvares Cabral de Portugal**. Fica óbvio que não poderíamos esquecer o ilustre português responsável pela descoberta do Brasil. Como se viu no Capítulo 29, Cabral foi um homem de uma coragem extraordinária que cumpriu à risca as ordens de D. Manuel I, rei de Portugal. Ele está definitivamente incluído como homem <u>**Virtuoso**</u>.

16. **Cristóvão Jacques de Portugal**. Famoso navegador português, lamentavelmente foi incluído entre os **Não Virtuosos**, em virtude da brutalidade com que tratava os prisioneiros franceses, enviando-os para Portugal ou executando-os (Capítulos 30 e 31).
17. **Jesus Cristo da Palestina**. É obrigatória a inclusão de Jesus Cristo na categoria dos **Virtuosos**. Mesmo que algumas das histórias que cercam a sua existência possam ser consideradas inverossímeis por aqueles que as analisam, é evidente que um homem que dedicou a sua vida ao próximo e viveu dentro dos mais altos princípios morais é merecedor dessa definição (Capítulo 31).
18. **Papa Alexandre VI e filhos, da Espanha**. Destaca-se na categoria dos **Não Virtuosos** o papa Alexandre VI e toda a família Bórgia à qual ele pertencia. As crueldades perpetradas por eles foram realmente de estarrecer, chegando ao cúmulo de um dos irmãos assassinar o outro sem qualquer indício de arrependimento (Capítulo 31).
19. **D. Manuel I de Portugal**. D. Manuel I de Portugal, que viveu entre 1469 e 1521, chamado "O Venturoso", foi um rei famoso pelas suas realizações no campo das navegações, mas pecou quando pleiteou junto ao papa o estabelecimento da Inquisição em Portugal. Dessa forma, teve que ser incluído entre os **Não Virtuosos** (Capítulo 32).
20. **João III de Portugal**. Enquadra-se também na categoria de **Não Virtuosos.** O rei D. João III pela mesma razão, ou seja, o desejo de ver implantada a Inquisição no país (Capítulo 33).
21. **Martim Afonso de Souza de Portugal**. Foi o primeiro governador-geral do Brasil. Pela sua postura como homem de um caráter inquebrantável, foi considerado **Virtuoso** (Capítulo 33).
22. **João Ramalho de Portugal**. Ramalho vendia e era conhecido pela sua crueldade com os indígenas escravizados.

Apesar dos serviços que prestou a Martim Afonso de Souza, encaixa-se na categoria dos **Não Virtuosos** (Capítulo 33).

23. **Papa Paulo III da Itália**. Mais um papa **Não Virtuoso**, responsável por implantar a Inquisição em Portugal através do chamado Tribunal do Santo Ofício, instalado em todo o país e nos territórios portugueses (Capítulo 34).
24. **Henrique VIII da Inglaterra**. Chegou agora a vez de analisar o comportamento do rei Henrique VIII, um homem que conseguiu mandar matar duas de suas esposas e teve como conselheiro e ministro-chefe Thomas Cromwell, que maquinava as ações do rei da forma que achava conveniente. Henrique III foi classificado como **Não Virtuoso** (Capítulo 34).
25. **Thomas Cromwell da Inglaterra**. Cromwell era um hábil político e manobrava com astúcia para conseguir o que queria, mas não era um ser humano sórdido. Foi um homem equilibrado, que tentou salvar a pele dos condenados à morte, como Thomas More, punido por se recusar a jurar a favor da união de Henrique VIII e Ana Bolena. Nas referências não constam atos que poderiam classificá-lo negativamente. Portanto, decidimos incluí-lo entre os **Virtuosos** (Capítulo 34).
26. **Martinho Lutero da Alemanha**. Um importante personagem no campo da religião, Lutero se opôs a muitas das ideias adotadas pela religião católica. Foi ele, com suas teorias religiosas próprias, quem conseguiu convencer milhares de fiéis a seguirem seus ensinamentos. Entretanto, Lutero preconizava a violência, conforme seu folheto *Contra a Horda dos Camponeses que Roubam e Assassinam*[2], Lutero dizia aos príncipes:

    "Empunhai rapidamente a espada, pois um príncipe ou senhor deve lembrar, neste caso, que é ministro de Deus e

[2] https://www.veritatis.com.br/a-inquisicao-protestante/

servidor da Sua ira (Romanos 13) e que recebeu a espada para empregá-la. Se pode castigar e não o faz — mesmo que o castigo consista em tirar a vida e derramar sangue — é culpável de todos os assassinatos e todo o mal que esses homens cometerem."

Os protestantes perpetraram alguns atos de extrema violência, como o que ocorreu durante o chamado Saque de Roma[3]. Pelo fanatismo de sua maneira de proceder, Lutero deve ser qualificado entre os **Não Virtuosos** (Capítulo 35).

27. **Papa Leão X da Itália**. Seu nome era Giovanni di Lourenço de Médici. Leão X excomungou Lutero, vendia as chamadas indulgências, uma espécie de perdão pelos pecados que as pessoas cometem, concedidas com o único propósito de enriquecer a igreja. Esse ato desonesto fez com que ele fosse qualificado como **Não Virtuoso** (Capítulo 35).
28. **Tomé de Souza de Portugal**. Apesar de ter sido fundamental o seu trabalho em benefício do país, ele forçou os indígenas a trabalharem em suas obras. Por esse motivo, tivemos que considerá-lo como um homem **Não Virtuoso** (Capítulos 37, 38 e 39).
29. **Manuel da Nóbrega de Portugal**. Pela dedicação e por seu trabalho de catequese dos índios, o jesuíta Manoel da Nóbrega foi considerado um homem **Virtuoso** (Capítulo 38).
30. **José de Anchieta das Ilhas Canárias**. O mesmo pode ser informado do jesuíta José de Anchieta, ou seja, um homem abnegado, classificado como **Virtuoso** (Capítulos 39 e 40).
31. **Mem de Sá de Portugal**. Governador Geral do Brasil, apesar de homem honesto e cumpridor das ordens recebidas de Portugal, foi responsável por incentivar o tráfico de pessoas escravizadas para o Brasil. Foi classificado como **Não Virtuoso** (Capítulo 40).

[3] http://farfalline.blogspot.com.br/2014/02/luteranos-o-saque-de-roma.html

32. **Felipe II da Espanha**. Felipe II da Espanha foi um rei desumano e ambicioso. Com a sua obstinação, sacrificou a vida de milhares de homens em sua guerra sem sentido, visando de todas as formas implantar o catolicismo na Inglaterra cuja maioria de seus habitantes era protestante. Sem dúvida está classificado como **Não Virtuoso** (Capítulos 44 e 45).

Abaixo, segue um quadro com a referida classificação.

Classificação dos Personagens Analisados entre 1200 e 1600

Virtuosos	**Capítulo**	**Não Virtuosos**	**Capítulo**
Joana d'Arc da França	18	Felipe VI da França	9
Marco Polo da Itália	19	Eduardo III da Inglaterra	9
Johannes Gutenberg da Alemanha	23	Armagnacs da França	15
D. Henrique, o Navegador de Portugal	24	Borguinhões da França	15
Pedro Álvares Cabral de Portugal	29	Papa Bonifácio IX da Itália	15
Jesus Cristo da Palestina	31	Antipapa Clemente VII, de Avignon, França	15
Martim Afonso de Souza de Portugal	33	Carlos VII da França	18
Thomas Cromwell da Inglaterra	34	Genghis Khan da Mongólia	19
Manuel da Nóbrega de Portugal	37	Kublai Khan da Mongólia	19
José de Anchieta das Ilhas Canárias	39 e 40	Cristóvão Colombo da Itália	28
Mem de Sá de Portugal	40	Cristóvão Jacques de Portugal	30 e 31
		Papa Alexandre VI e filhos, da Espanha	31
		D. Manuel I de Portugal	32
		D. João III de Portugal	33
		João Ramalho de Portugal	33
		Papa Paulo III da Itália	34
		Henrique VIII da Inglaterra	34
		Martinho Lutero da Alemanha	35
		Papa Leão X da Itália	35
		Felipe II da Espanha	44 e 45

Apenas onze dos principais personagens do primeiro volume foram classificados como **Virtuosos**, contra vinte **Não Virtuosos**.

As avaliações dos personagens apresentados nesta obra refletem apenas a opinião pessoal do autor. Todos os atos, bem como os nomes dos membros da família Vivone, são fictícios. Para o final deste primeiro volume e início do segundo, foi julgado importante registrar mais uma vez a genealogia da família Vivone, pois será necessária de 1600 em diante.

ÁRVORE GENEALÓGICA DA **FAMÍLIA VIVONE** ATUALIZADA EM 1600

Francesco Vivone (1200–1257) e
Larissa Fracti Vivone (1201–1258)

- Rolando (1232–1310) e Giovanna (1234–1311)
  - Alfredo (1273–1338)
  - Salvatore (1273–1338)
- Sinibaldo (1232–1303) e Anabela (1236–1316)
  - Alina (1274–1338)
  - Bianca (1274–1338)
- Godofredo (1232–1312) e Matilda (1240–1313)
  - Michele (1274–1338) e Robert Valois (1273–1338)
    - Luigi (1275–1367) e Sigrid Andersen (1305–1369)
      - Houston (1338–1404) e Grace Baltimore (1346–1404)
        - Anderson (1374–1448) e Samira Amal (1390–1461)
          - Zachary (1416–1493) e Joaquina Querubim (1432–1510)
            - Clarinha (1467–1541) e Paul Demignon (1461–1540)
            - Esmeralda (1468–1541) e Eric Demignon (1463–1540)
          - Gordon (1416–1488) e Margarida de Souza (1438–1510)
            - Florêncio (1470–1560) e Mayara (1498–1580)
              - Piatã (1531–) e Silvia Taylor (1544–)
                - Elza (1578–)

Fabiano (1472–1560) e Yjara (1495–1580)

Ybyajara (1531–) e Trudy Watson (1542–)

Charlie (1580–)

Cauã (1531–) e Sherry Paulson (1542–)

Bruno (1578–)

Orson (1418–1488) e Manuela Dias (1434–1510)

Bartolomeu (1470–1560) e Angélica de Albuquerque (1495–1580)

Teodoro (1530–) e Elizabeth Evans (1543–)

Alex (1581–)

Cristiano (1472–1553)

Jefferson (1375–1448)

Harold (1338–1404) e Audrey (1346–1404)

Lilian (1376–1448) e Frederic (1390–1455)

Emily (1377–1377)

ÁRVORE GENEALÓGICA DA **FAMÍLIA DEMIGNON**

Claude (1430–1503) e Gabrielle (1434–1504)

Paul (1461–1540) e Clarinha Vivone (1437–1541)

Jean Pierre (1433–1505) e Jeanette (1436–1497)

Eric (1463–1540) e Esmeralda Vivone (1468–1541)

Hugo (1435–1505)

Olivier (1436–1500)

SOBRE O AUTOR

Rolf é brasileiro, economista e ex-professor doutor da Faculdade de Economia, Administração e Contabilidade da Universidade de São Paulo (USP), com pós-graduação em Finanças na Universidade Stanford, onde foi professor visitante. Foi também *fellow* na Universidade de San Francisco, Califórnia. Autor de duas dezenas de livros didáticos, atuou ainda como diretor de empresas públicas e privadas, no setor de economia e finanças. A presente obra é uma fuga dos seus livros técnicos, tendo optado por escrevê-la em três volumes, contendo partes de **Ficção** e de **Não Ficção**.

Impressão e Acabamento | Gráfica Viena
www.graficaviena.com.br